简明自然科学向导丛书

科学名言

主 编 马来平

山东科学技术出版社

主　编　马来平

副主编　宋芝业　王宜凯　吕晓钰　陈洪娟

编　委　马来平　王宜凯　吕晓钰　何莉萍
　　　　宋芝业　陈洪娟　曾三侠

作　者　（以姓氏笔画为序）
　　　　马来平　马东凯　王宜凯　孔庆玲
　　　　田稳稳　吕晓钰　牟　杰　何莉萍
　　　　宋芝业　沈　鑫　陈洪娟　赵学德
　　　　曾三侠

前言

利用科学名言普及深层科学文化

近些年,尤其2006年《全民科学素质行动计划纲要》(以下简称《纲要》)颁布以来,我国的科学文化普及事业进展迅速,有了质的飞跃。不过,也还有一些难题困扰着科普界,影响了科普工作向纵深发展,其中难题之一就是深层科学文化的普及问题。

按照《纲要》的解释:"全民具备基本科学素质一般指了解必要的科学技术知识,掌握基本的科学方法,树立科学思想,崇尚科学精神,并具有一定的应用它们处理实际问题、参与公共事务的能力"。科学知识、科学方法、科学思想和科学精神都是对人的科学素质有重大影响的科学文化的有机构成部分。倘若把科学文化划分为表层和深层两个层次的话,那么科学知识可说是表层,而科学方法、科学思想和科学精神则可视为深层。种种迹象表明,在科学文化普及中存在失衡现象,即重科技知识尤其民生技术知识的普及,轻深层科学文化的普及,以致深层科学文化普及严重滞后。

大致说来,科学文化普及中失衡现象的表现主要是:

1. 在各地所开展的落实《纲要》行动及其相应开展的科学文化普及活动中,做得比较扎实、比较深入的是以民生技术知识为主的科技知识普及,而深层科学文化的普及几乎成为点缀。社会基层所开展的所谓科技培训、就业培训、职业培训、科普大篷车、科普专栏村村通、科普富民兴边、科普示范县(市、区、乡、村、户)和科普示范基地建设、社区科普益民计划和科普惠农兴村计划等大量有声有色的活动,大都是针对科技知识普及的。

2. 与上述情况相适应,在《纲要》所划定的四个重点人群中,科学文化的普及工作出现了明显的不平衡现象:领导干部及公务员科学素质普及行动开展得不如城镇劳动人口科学素质普及行动;城镇劳动人口科学素质普及行动和领导干部及公务员科学素质普及行动开展得不如农民科学素质普及行动;成年人科学素质普及行动开展得不如未成年人科学素质普及行动等等。总之,科学素质行动在文化程度高的人群中开展得不如文化程度低的人群,其源盖出于科学素质行动的重心偏向了科技知识普及。

3. 在一些领导干部那里,流行着"不切实际论"和"代替论"等错误观点。"不切实际论"认为,科学方法、科学思想和科学精神过于抽象,普通老百姓根本接受不了,所以向普通老百姓普及科学方法、科学思想和科学精神有点对牛弹琴,是不切实际的;"代替论"认为,科学方法、科学思想和科学精神寓于科学知识之中,只要做好科学知识传播,科学方法、科学思想和科学精神自然而然地也就得到了传播。这两种观点都是站不住脚的。一方面,科学方法、科学思想、科学精神等深层科学文化的确抽象,但任何抽象都不是凝固不变的;通过合理阐释等途径,抽象可以转化为具体、转化为贴近现实和浅显易懂的东西。另一方面,科技知识之中固然寓有深层科学文化,但科技知识绝不等同于深层科学文化。深层科学文化不仅不会从科技知识中自动呈现出来,而且,它们也并不仅仅蕴含于科技知识之中,而是更经常、更大量地存在于科学家所从事的科学活动的实践之中。因此,科技知识的普及是无法代替深层科学文化普及的。

显然,科学文化普及中,深层科学文化普及的滞后严重制约着科学文化普及向纵深发展,成为困扰科普界的一大难题。深层科学文化是科学文化的精髓,是影响和支配公民科学素质的关键因素。一个人的科学素质高低未必与其科技知识水平成正比,但一个人的科学素质高低肯定与其深层科学文化所达到的水平成正比。事实表明,对于一个人整体上的科学素质而言,深层科学文化的影响远大于科学知识的影响。为此,科学文化普及工作不能因小失大、失去重心。换言之,深层科学文化缺位的科普是肤浅的科普、低效率的科普和不合格的科普。深层科学文化普及薄弱的问题必须予以解决。

令人欣慰的是,多年来,在深层科学文化的普及方面,人们已经进行了大量探索,创造了丰富的经验。现在,我们在本书中所做的初步尝试就是利用关于科学的名人名言普及深层科学。

科学名言表达了人们对于科学各个侧面文化的真知灼见。尤其是科学家、哲学家和政治家等社会各界精英，基于他们的睿智和超人才华，以及对于科学的独特感悟和犀利洞察，他们关于科学所发表的大量言论往往就是对深层科学文化鞭辟入里的揭示和表达。因此，科学名言无疑是深层科学文化一种难得的载体。

本书锁定的社会精英范围包括中外政治家，中外一流科学家，中外著名哲学家、思想家，以及中外著名科学哲学家、科学社会学家和科学史家等；所选名言内容包括：科学性质、科学精神、科学方法、科学品质、科学体制、科学知识、科学与文化等；所选名言力求简捷明了、一语中的，置之座右，受益终生。所依据的主要参考文献包括：政治人物著作与文集，中外科学家著作与文集，中外哲学家著作与文集，科学哲学家、科学社会学家、科学史家著作与文集，科学人物传记，以及各种名人名言词典、名人论科技或科学家论方法等书籍。经过全体编写人员的广泛搜罗、严格筛选和分类整理，最后汇集了名人名家科学名言千余条，其中不乏启人心智、妙语连珠、脍炙人口者，堪称科学名言经典。但愿本书能够成为广大科技工作者案头随时备查的工具书，成为广大青少年向往科学、追求科学的良师益友。

马来平
2013 年 6 月 1 日
于山东大学儒学高等研究院

目录

一、何为科学
1. 客观性 /1
2. 逻辑性 /8
3. 简单性 /11

二、科学精神
1. 求真 /14
2. 创新 /23
3. 谦虚 /30
4. 严谨 /36
5. 怀疑 /40
6. 无私 /45

三、科学方法
1. 实验 /51
2. 观察 /59
3. 逻辑 /64
4. 非理性 /72
5. 假说 /82

四、科学品质
1. 好奇 /86

2. 志向 /90
3. 勤奋 /96
4. 勇气 /110
5. 毅力 /116
6. 信念 /126

五、科学体制

1. 人才 /135
2. 交流 /143
3. 传播 /152
4. 管理 /154

六、科学知识

1. 发现 /161
2. 发明 /162
3. 事实 /163
4. 理论 /168
5. 检验 /172
6. 真理 /177
7. 模式 /185

七、科学与文化

1. 哲学 /193
2. 宗教 /210
3. 伦理 /224
4. 艺术 /232
5. 教育 /238
6. 人文 /243
7. 文明 /248

一、何为科学

1. 客观性

我不是一个实证论者,我相信外部实在的世界构成一个我们不可放弃的基础。

[美]爱因斯坦. 爱因斯坦文集·第三卷. 商务印书馆,1979,383

我们认为真理具有一种超乎人类的客观性,这种离开我们的存在、我们的经验以及我们的精神而独立的实在,是我们必不可少的——尽管我们还讲不出它究竟意味着什么。

[美]爱因斯坦. 爱因斯坦文集·第一卷. 商务印书馆,1977,271

世界是离开人的精神而独立的实在。

[美]爱因斯坦. 爱因斯坦文集·第一卷. 商务印书馆,1977,269

科学态度在于撇开成见,搁开感情,只认得事实,只跟着证据走。

胡适. 引自:邱若宏编. 传播与启蒙——中国近代科学思潮研究. 湖南人民出版社,2004,200

这种客体,无形且不可见,但对于科学家的设想来说,这种无形且不可见的理论实体对于观察和实验发现的类别而言绝非是不可靠的。

[英]巴里·巴恩斯. 邢冬梅等译. 科学知识:一种社会学的分析. 南京大学出版社,2004,101

知识必须奠定在认知者和实在之间的一种因果相互作用的基础上。

[英]巴里·巴恩斯.邢冬梅等译.科学知识：一种社会学的分析.南京大学出版社，2004,1

科学——为支配自然而将自然转化为概念——属于"手段"之列。但是人的目的和意志必须同样生长，为了整体。

[德]尼采.周国平译.偶像的黄昏.光明日报出版社,1996,184

从整体看，整个自然科学的不断完善意味着它越来越接近自身，越来越接近它的"最终的"、真正的存有，意味着它更好地"表述""真正的自然"。

[德]埃德蒙德·胡塞尔.张庆熊译.欧洲科学危机和超验现象学.上海译文出版社，1988,50

我们无法随心所欲地改变客观事实，只有承认这种必然性，而不妄想对必然性置之不理，才能得到自由。

[英]贝尔纳.陈体芳译.科学的社会功能.商务印书馆,1982,552

迄今，大部分科学家太忙于发展描述宇宙为何物的理论，以至于没工夫去过问为什么的问题。另一方面，以寻根究底为己任的哲学家不能跟得上科学理论的进步。

[英]史蒂芬·霍金.许明贤,吴忠超译.时间简史——从大爆炸到黑洞.三联书店,1993,154

自然规律绝不会受人类头脑的影响。相反，在地球上有任何生命之前，这些规律早就存在了，并且在最后一个物理学家死了很久以后也仍然会继续存在下去——在感觉世界的后面，还有另一个实在世界的存在。实在世界是独立于人类之外而存在的。

[德]普朗克.引自：赵鑫珊著.普朗克之魂·感觉世界·物理科学世界·实在世界.文汇出版社,2000,473

我决心献身于我的科学，并且从青年时代起就使我热衷于它的，正是

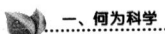

出于下面这一绝非不说自明的事实:我们的思维规律和我们从外部世界获得印象过程的规律性,是完全一致的,所以人们就有可能通过思维去洞悉外部世界的规律。在这个事实中,具有重要意义的是,外部世界乃是一个独立于我们的绝对的东西,而寻找那些适用于这个绝对东西的规律,这在我看来就是科学生涯最美好的使命。

　　　[德]普朗克.引自:赵鑫珊著.普朗克之魂:感觉世界·物理科学世界·实在世界.
　　　　　　　　　　　　　　　　　　　　　　　　　文汇出版社,2000,22

所谓科学哲学……就意味着它应当是普遍地洞察一切实在知识的本质和条件,并能提示出发现新真理的最好方法的学问。

　　　[英]休厄尔.引自:野家启一著.毕小辉译.库恩—范式.河北教育出版社,
　　　　　　　　　　　　　　　　　　　　　　　　　　　　　　　2002,66

近代科学建立在经验事实的牢靠基础之上;当人们从中世纪经院哲学的空洞诡辩转向对自然的直接观察,近代科学就诞生了。

　　　[美]理查德·S·韦斯特尔福.彭万年译.近代科学的建构.复旦大学出版社,2000,20

确实存在一个外部世界,它大体上不依赖于我们对它的观察。我们也许永远不能全面了解这个外部世界,但是我们能够通过我们的感觉和大脑的操作获得外部世界某些方面的近似信息。

　　　[英]弗朗西斯·克里克.汪云九等译校.惊人的假说——灵魂的科学探索.
　　　　　　　　　　　　　　　　　　　　　　　　湖南科学技术出版社,1998,13

一个思想家在进行哲学研究时,只应怀有追求真理的热忱,否则,他的思想就有被感情引入歧途的危险。他的意欲、希望和顾虑会把一切诚实的科学研究的首要前提——客观性给破坏了。

　　　[德]石里克.引自:洪谦主编.逻辑经验主义·下卷.商务印书馆,1989,619

科学使人立足于感性可靠的简单事件之上。

　　　[俄]赫尔岑.李原译.科学中华而不实的作风.商务印书馆,1983,73

不管多么可怕，科学是正当的，因为在科学那里只有一个普遍的、思想的领域。

[俄] 赫尔岑. 李原译. 科学中华而不实的作风. 商务印书馆, 1983, 73

坚信科学的人必须牺牲自己的个性，必须懂得个性并非真实的而是偶然的，从而从个人的信念中把它抛掉，而走进科学的殿堂。

[俄] 赫尔岑. 李原译. 科学中华而不实的作风. 商务印书馆, 1983, 73

科学是一个无个性的王国，这个王国摆脱了情欲而颇为镇静，它长眠于高傲的自知之中，被贯穿一切的理性之光照耀着，这是观念的王国。

[俄] 赫尔岑. 李原译. 科学中华而不实的作风. 商务印书馆, 1983, 85

在科学中响彻着天体交响乐，其每一个音响之中都包含着永恒性，因为其中具有必然性，因为暂时的东西的偶然呻吟声是不会这样深沉的。

[俄] 赫尔岑. 李原译. 科学中华而不实的作风. 商务印书馆, 1983, 85

多些客观的研究，少些主观的臆想，这才能使思路不是越想越窄，而是越来越宽。

[英] 威廉·约翰·麦考凡·兰金. 引自：文三甲主编. 名人与你同生日丛书·第七辑. 山西人民出版社, 2000, 20

推而至于各种人类的科学，都是如此。不要靠天，靠旁人，靠机会，要用科学的智识来指挥一切，向导一切。

[美] 杜威. 胡适译. 杜威五大讲演, 安徽教育出版社, 1999, 9

我们必须记得，我们所观测的不是自然的本身，而是由我们用来探索问题的方法所揭示的自然。在物理学中，我们的科学工作在于用我们所掌握的语言来提出有关自然的问题，并且试图从我们随意部署的实验得到答案。正如玻尔所表明的，这样，量子论就使我们想起一个古老的格言：当寻找生活中的和谐时，人们决不应当忘记，在生活的戏剧中，我们自己既是演

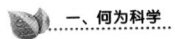

员,又是观众。可以理解,在我们与自然的科学关系中,当我们必须处理只有用最精巧的工具才能深入进去的那部分自然时,我们本身的活动就变得很重要了。

[德]海森伯.范岱年译.物理学和哲学——现代科学中的革命.商务印书馆,1981,24

纯科学研究是没有具体实用目的的研究。它导出有关自然及其规律的普遍知识和理解。

[美]V·布什.范岱年译.科学——没有止境的前沿.商务印书馆,2004,156

我们不能等待自然的恩赐,我们的任务是向自然的争取。

[前苏联]米丘林.米丘林全集·第一卷,财经出版社,1955,4

宇宙用一种数学般的精确完美安排一切物质的运动,数学是永恒的。

[美]巴克敏斯特·富勒.力民译.预见明天的人——巴克敏斯特·富勒.台港与海外文摘.1985,(9):18

记住这一点是重要的:在自然科学中,我们并不对包括我们自己在内的整个宇宙感兴趣,我们只注意宇宙的某一部分,并将它作为我们研究的对象。

[德]海森伯.范岱年译.物理学和哲学——现代科学中的革命.商务印书馆,1981,20

既然无论在哪里,科学所研究的对象,都是那个最基本的、其他的东西所依靠并赖以得名的东西,那么,如果这是实体的话,哲学就必须掌握各种实体的各种本原和原因。

[希]亚里士多德.引自:北京大学哲学系外国哲学史教研室编译.西方哲学原著选读·上卷,商务印书馆,2003,124

自然界是检验辩证法的试金石。

[德]恩格斯.马克思恩格斯全集·第19卷,222

不应当根据书本来学习与教授,而应当根据标本。学问不在教条中,而在精巧的大自然中。

[英]哈维.引自:元文玮编.医学辩证法.人民出版社,1982,12

自然界是解决科学难题的最好的和最客观的老师。

[前苏联]道库恰耶夫.引自:洪松编译.外国名言一千句.新蕾出版社,1981,54

如果一个人以诚实的态度看待自己,他总会从错误中学到一些东西,并能改正错误的观点、假设或前提,从而使研究更为深入,最终达到目标。

[美]罗杰·吉尔曼.引自:王恒等编.48位诺贝尔科学奖获得者寄语中国.

海南出版社,2001,94

我认为今天科学技术不仅仅是自然科学工程技术,而是人类认识客观世界、改造客观世界整个的知识体系,而这个知识体系最高概括是马克思主义哲学。我们完全可以建立起一个科学体系,而且运用这个体系去解决我们中国社会主义建设中的问题。

钱学森.引自:北京大学现代科学与哲学研究中心编.钱学森与现代科学技术.

人民出版社,2001,2

考察大自然是艰苦的……但也是令人愉快、有益和神圣的。

[前苏联]罗蒙诺索夫.引自:叶·谢·利希滕施泰因主编.印佳翔等译.科学名言集.

上海科学技术出版社,1986,52

只有服从大自然,才能战胜大自然。

[英]达尔文.引自:叶·谢·利希滕施泰因主编.印佳翔等译.科学名言集.

上海科学技术出版社,1986,49

医学只能根据事实建立,只能通过事实的分析获得理解……真正的事实,可靠的资料,只有密切注意调查,时刻牢记可能出错的地方才能获得……我们不再企图将某个体系强加于自然,而是尽最大努力去揭示生命

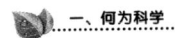

与事实的本来面貌。

  [德]温德利希.引自:吴阶平等编.世界著名科学家传记·医学家.科学出版社,1996,191

  实践,是个伟大的揭发者,它暴露一切欺人和自欺,不但在实践的事情上,甚至在感情和思想的事情上也是如此。因此,今天在科学上,实践是判断一切争端的主要标准。"凡在理论上必须争论的一切,那就干脆用现实生活的实践来解决"。

  [俄]车尔尼雪夫斯基.引自:北京大学哲学系外国哲学史教研室编译.西方哲学原著选读·下卷.商务印书馆,2003,542

  毋宁说,任何一门科学都力求更加深入地洞察现实,对于现实获得比现在已经知道的更多的了解。

  [德]H·李凯尔特.涂纪亮译.文化科学和自然科学.商务印书馆,1986,89

  科学就是关于一切事物的原因的可以得到的知识(个别事物的原因,是由一般的或简单的事物的原因组合而成的)。

  [英]霍布斯.引自:北京大学哲学系外国哲学史教研室编译.十六—十八世纪西欧各国哲学.三联书店,1958,67

  理性总是要求科学有固定的形式,然而这种固定的形式永远受科学内容,即受自然的制约。

  [乌]马克西莫维奇.引自:叶·谢·利希滕施泰因主编.印佳翔等译.科学名言集.上海科学技术出版社,1986,52

  凡是真正深入地研究过这问题的人,都不会否认唯一决定理论体系的,实际上是现象世界,尽管在现象同他们的理论原理之间并没有逻辑的桥梁;这就是莱布尼兹非常中肯地表述的"先定的和谐"。

  [美]爱因斯坦.爱因斯坦文集·第一卷.商务印书馆,1977,102

自然科学的目的就在于,以客观有效的、严格科学的方式来认识这种自明的被给予性。

[德]胡塞尔.倪梁康译.哲学作为严格的科学.商务印书馆,1999,13

在研究者的不倦的努力后面,潜存着一种强烈得多的,而且也是一种比较神秘的推动力:这就是人们希望去理解的存在和实在。

[美]爱因斯坦.爱因斯坦文集·第一卷.商务印书馆,1977,298

2. 逻辑性

从逻辑观点来看,如果一种理论并不是从那些等价的和以类似方式构造起来的理论中任意选出的,那么我们就给予这种理论以较高的评价。

[美]爱因斯坦.爱因斯坦文集·第一卷.商务印书馆,1977,11

这理论主要吸引人的地方在于逻辑上的完整性。从它推出的许多结论中,只要有一个被证明是错误的,它就必须被抛弃;要对它进行修改而不摧毁其整个结构,那似乎是不可能的。

[美]爱因斯坦.爱因斯坦文集·第一卷.商务印书馆,1977,113

把科学与非科学一比较,便明白了。有许多知识不能称科学,就因为它没有条理、次序。科学所以不同,就是因为有条理、次序。故科学的知识是有组织的知识。他所以有组织,是因为有人的动作加进去,把他安排得将条理、次序明显出来。

[美]杜威.胡适译.杜威五大讲演.安徽教育出版社,1999,138

在我们看来,科学可以说是关于自然现象的有条理的知识,可以说是对于表达自然现象的各种概念之间的关系的理性研究。

[英]W·C·丹皮尔.李珩译.科学史.广西师范大学出版社,2001,8

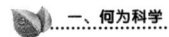

科学家的目的是要得到关于自然界的一个逻辑上前后一贯的摹写。逻辑之对于他,有如比例和透视规律之对于画家一样;而且我同意昂利·彭加勒,相信科学是值得追求的,因为它揭示了自然界的美。这里我要说的是,科学家所得到的报酬是在于昂利·彭加勒所说的理解的乐趣,而不是在于他的任何发现可以导致应用的可能性。我以为科学家是满足于以数学形式构成一幅完全和谐的图像的,通过数学公式把图像的各个部分联系起来,他就十分满意了,而不再去过问这些是不是外在世界中因果作用定律的证明,以及证明到什么程度。

[美]爱因斯坦.爱因斯坦文集·第一卷.商务印书馆,1977,304

科学在确实存在的领域中进行破坏,在逻辑领域中进行建设——它的使命就是如此。

[俄]赫尔岑.李原译.科学中华而不实的作风.商务印书馆,1983,86

英国有些科学著作家在他们的通俗书籍里是不讲究逻辑的,是浪漫的,但是在他们的科学工作中,他们却是严谨的逻辑推理者。

[美]爱因斯坦.爱因斯坦文集·第一卷.商务印书馆,1977,304

某种"收敛式思维"也同发散式思维一样,是科学进步所必不可少的。

[美]托马斯·库恩.范岱年,纪树立译.必要的张力.北京大学出版社,2004,223

事实上,具体工作中少有反思未介入的时候,并且这种反思还反作用于具体工作。

[英]罗宾·柯林伍德.吴国盛,柯映红译.自然的观念.华夏出版社,1999,2

现代物理学理论,特别是爱因斯坦理论,是高度思辨、高度抽象的,远远离开了可称为其"观察基础"的东西。

[英]卡尔·波普尔.纪树立等译.猜想与反驳.中国美术学院出版社,2003,326

科学远远不仅是许多已知的事实、定律和理论的总汇,而是许多新事实、新定律和新理论的继续不断的发现。它所批评的，以及常常摧毁的东西，同它所建造的东西一样多。然而科学的整个构造永远滋长不停；不妨说它永远在修整中，却也永远在使用中。

[英]贝尔纳. 伍况甫等译. 历史上的科学. 科学出版社，1983，15

现代科学有它自己根本性的和绝对的理性权利。

[英]巴里·巴恩斯. 鲁旭东译. 科学知识与社会学理论. 东方出版社，2001，150

像我这种类型的人，其发展的转折点在于，自己的主要兴趣逐渐远远地摆脱了短暂的和仅仅作为个人的方面，而转向力求从思想上去掌握事物。

[美]爱因斯坦. 爱因斯坦文集·第一卷. 商务印书馆，1977，3

科学是理性必不可少的要素。

[德]雅斯贝尔斯. 余灵灵，徐信华译. 存在与超越——雅斯贝尔斯文集. 三联书店，1988，4

几何学并不研究它所涉及的观念同经验客体之间的关系，而只研究这些观念本身之间的逻辑联系。

[美]爱因斯坦. 爱因斯坦文集·第一卷. 商务印书馆，1977，94

一直到18世纪20年代，为科学家和哲学家所接受的方法论主流是归纳主义的方法论。遵照培根、洛克和牛顿本人的看法，研究者都坚信，唯一合法的理论是那些从观察数据通过简单概括而归纳推得的理论。

[美]L·劳丹. 刘新民译. 进步及其问题. 华夏出版社，1990，58

物理定律的性质和内容，都不可能单纯依靠思维来获得；唯一可能的途径就是致力于对自然的观察，尽可能搜集最大量的各种经验事实，并把这些事实加以比较，然后以最简单、最全面的命题总结出来。换句话说，我们必须采用归纳法。

[德]普朗克. 何清译. 从近代物理学来看宇宙. 商务印书馆，1959，26

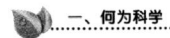

当一个人在讲科学问题时，"我"这个渺小的字眼在他的解释中应当没有地位。但是，当他是在讲科学的目的和目标时，他就应当允许讲到他自己，因为一个人所经验到的没有比他自己的目标和愿望更直接的了。十分有力地吸引住我的特殊目标，是物理学领域中的逻辑的统一。

[美]爱因斯坦. 爱因斯坦文集·第一卷. 商务印书馆,1977,299

3. 简单性

一种理论的前提的简单性越大，它所涉及的事物的种类越多，它的应用范围越广，它给人们的印象也就越深。

[美]爱因斯坦. 爱因斯坦文集·第一卷. 商务印书馆,1977,15

这些不能在逻辑上进一步简化的基本概念和基本假设，组成了理论的根本部分，它们不是理性所能触动的。一切理论的崇高目标，就在于使这些不能简化的元素尽可能简单，并且在数目上尽可能少，同时不至于放弃对任何经验内容的适当表示。

[美]爱因斯坦. 爱因斯坦文集·第一卷. 商务印书馆,1977,314

逻辑简单的东西，当然不一定就是物理上真实的东西。但是，物理上真实的东西一定是逻辑上简单的东西，也就是说，它在基础上具有统一性。

[美]爱因斯坦. 爱因斯坦文集·第一卷. 商务印书馆,1977,380

我们在寻找一个能把观察到的事实联结在一起的思想体系，它将具有最大可能的简单性。我们所谓的简单性，并不是指学生在精通这种体系时产生的困难最小，而是指着体系所包含的彼此独立的假设或公理最少；因为这些逻辑上彼此独立的公理的内容，正是那种尚未理解的东西的残余。

[美]爱因斯坦. 爱因斯坦文集·第一卷. 商务印书馆,1977,298

你会反对我由谈论简单性和美而引进了真理的美学标准，我坦白承认,我被自然界向我们显示的数学体系的简单性和美强烈地吸引住了。

[美]爱因斯坦.爱因斯坦文集·第一卷.商务印书馆,1977,216

这五个特征——精确性、一致性、广泛性、简单性和富有成果性——都是评价一种理论是否适当的标准准则。

[美]托马斯·库恩.范岱年,纪树立译.必要的张力.北京大学出版社,2004,313

科学开端于对简明性的追求。简明性标志着真理似乎是它的基本意愿之一。

[德]恩斯特·卡西尔.甘阳译.人论.上海译文出版社,2003,328

迄今为止,我们的经验已经使我们有理由相信,自然界是可以想象到的最简单的数学观念的实际体现。我坚信,我们能够用纯粹数学的构造来发现概念以及把这些概念联系起来的定律,这些概念和定律是理解自然现象的钥匙。

[美]爱因斯坦.爱因斯坦文集·第一卷.商务印书馆,1977,316

从前以为只有自然现象可以用科学的方法去研究,关于人生方面何等繁复,何等不规则,绝不能用科学方法去研究的。但是近来却知道人生虽是繁复,虽是不规则,也可分析到简单,并找出他的规则来,便也可用科学的方法去研究。这点可以证明人类的思想是变迁了。

[美]杜威.胡适译.杜威五大讲演.安徽教育出版社,1999,7

我们所谓科学方法,不外将世界上的事实分起类来,求他们的秩序,等到分类秩序弄明白了,我们再想出一句最简单明白的话来概括这许多事实,这(概括的话)叫做科学的公例。

丁文江.引自:胡适编.丁文江的传记.安徽教育出版社,1999,90

它(物理学)还诱导生物学家以一种非常简单的方法来处理生命现象。

[美]爱因斯坦.爱因斯坦文集·第三卷.商务印书馆,1979,391

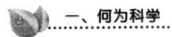

在几种基础同样"简单"的理论中,那种对理论体系的可能性限制最严格的理论(即含有最确定的论点的理论)被认为是比较优越的。

[美]爱因斯坦.爱因斯坦文集·第一卷.商务印书馆,1977,10

经验事实不论收集得多么丰富,仍然不能引导到提出如此复杂的方程。一个理论可以用经验来检验,但是并没有从经验建立理论的道路。像引力场方程这样复杂的方程,只有通过发现逻辑上简单的数学条件才能找到,这种数学条件完全地或者几乎完全地决定着这些方程。

[美]爱因斯坦.爱因斯坦文集·第一卷.商务印书馆,1977,40

我们可以把物理学中的理论分成不同种类。其中大多数是构造性的(constructive)。它们企图从比较简单的形式体系出发,并以此为材料,对比较复杂的现象构造出一幅图像。

[美]爱因斯坦.爱因斯坦文集·第一卷.商务印书馆,1977,109

从希腊哲学到现代物理学的整个科学史中,不断有人力图把表面上复杂的自然现象归结为一些简单的基本观念和关系,这就是一切自然哲学的基本原理,它也表现在原子论者的著作中。

[美]爱因斯坦.爱因斯坦文集·第一卷.商务印书馆,1977,375

从简单的事物中,人们将认识真理。

[奥]格里戈·约翰·孟德尔.引自:文三甲主编.名人与你同生日丛书·第七辑.
山西人民出版社,2000,91

人们总想以适当的方式来画出一幅简化的易领悟的世界图像;于是他就试图用他的这种世界体系来代替经验的世界,并来征服它。这就是画家、诗人、思辨哲学家和自然科学家所做的,他们都按自己的方式去做。各人都把世界体系及其构成作为他的感情生活的支点,以便由此找到他在个人经验的狭小范围里所不能找到的宁静和安定。

[美]爱因斯坦.爱因斯坦文集·第一卷.商务印书馆,1977,101

二、科学精神

1. 求真

即使在我们这样的时代，政治狂热和暴力像剑一样悬在痛苦和恐惧的人的头上，可是我们追求真理的理想的鲜明旗帜还是高举着。

[美]爱因斯坦.爱因斯坦文集·第一卷.商务印书馆,1977,445

在真理面前一步也不退让！

[意]布鲁诺.引自：北京市西城区教育教学研究中心编.科学家的品格.

新蕾出版社,1983,11

科学精神者何？求真理是矣。真理者,绝对名词也。此之为是者,必彼之为非,非如庄子所云："此亦一是非,彼亦一是非。"

科学家之所知者,以事实为基,以试验为稽,以推用为表,以证验为决,而无所容心于已成之教,前人之言。又不特无容心已也,苟已成之教,前人之言,有与吾所见之真理相背者,则虽艰难其身,赴汤蹈火以与之战,至死而不悔。若是者,吾谓之科学精神。

任鸿隽.引自：中国科学社编.民国图书科学技术史类·科学通论.上海书店出版社,

1934,3-4

科学精神在于寻求事实,寻求真理。

胡适.胡适文选.上海亚东图书馆,1930,自序

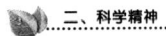

对科学的不满是求真意志的表现,它的要求超出了科学可以提供的完满性。

[德]雅斯贝尔斯.余灵灵,徐信华译.存在与超越——雅斯贝尔斯文集.三联书店,1988,22

学者的纪律是献身于追求真理。这包括愿意作出这种献身所要求的那种实际牺牲,例如牺牲金钱或者名誉;在极端的情况下(不是没有先例的),甚至牺牲个人的生命。

[美]维纳.周昌忠译.我是一个数学家.上海科学技术出版社,1987,306

一个人如果不承认追求客观真理和知识是人的最高的和永恒的目标,他就会不受人重视。

[美]爱因斯坦.爱因斯坦文集·第三卷.商务印书馆,1979,149

读者从这些信里,就应当知道开普勒是在何等艰苦的条件下完成这项艰巨的工作的。他没有因为贫困,也没有因为那些有权支配着他的生活和工作条件的同时代人的不了解,而使自己失去战斗力或者灰心丧气。而且他所研究的课题还给宣扬真理的他以直接的危险。但开普勒还是属于这样的一类少数人,他们要是不能在每一领域里都为自己的信念进行公开辩护,就决不甘心。

[美]爱因斯坦.爱因斯坦文集·第一卷.商务印书馆,1977,487

存在着求理解的热情,正像存在着对音乐的热情一样。那种热情,在儿童中间是相当常见的,但多数人以后就失去了。要是没有这种热情,就不会有数学,也不会有自然科学。

[美]爱因斯坦.爱因斯坦文集·第一卷.商务印书馆,1977,495

想起他(指牛顿)就要想起他的工作。因为像他这样一个人,只有把他的一生看做为寻求永恒真理而斗争的舞台上的一幕,才能理解他。

[美]爱因斯坦.爱因斯坦文集·第一卷.商务印书馆,1977,401

我深信,热烈追求正义和真理的热忱,其为改善人类的状况所作的贡献,要胜过政治上的权谋术数,后者终究只会引起普遍的不信任。谁会怀疑摩西是一位比马基雅弗利更好的人类领袖呢?

[美]爱因斯坦.爱因斯坦文集·第三卷.商务印书馆,1979,150

不停地斗争,为真理而献身,为科学和人民死而无怨。

[俄]罗巴切夫斯基.引自:陈守义著.数学家的性格、思想与功绩.

北京师范大学出版社,1990,118

关于几何命题的"真理性"的信念,完全是建立在一种不大完善的经验上的。我们会看到这种"真理性"是有局限性的。

[美]爱因斯坦.爱因斯坦文集·第一卷.商务印书馆,1977,96

对科学知识成长的重大贡献之得以实现,不是在大胆的推测得到确证的时候,就是在小心的推测被证伪的时候。

[英]A·F·查尔默斯.查汝强等译.科学究竟是什么?.商务印书馆,1982,66

科学是一种探索,它是为了找寻新的基本知识,以解释我们周围的世界。

[美]罗杰·吉尔曼.引自:王恒等编.48位诺贝尔科学奖获得者寄语中国.

海南出版社,2001,93

一个科学家对某一科学理论价值的判断所牵涉的因素是多种多样的。

[英]A·F·查尔默斯.查汝强等译.科学究竟是什么?.商务印书馆,

1982,109

我对科学的兴趣,是以致力于为真理服务,而不是以致力于为人类服务为起点的。

[美]维纳.王福译.昔日神童——我的童年和青年时期.上海科学技术出版社,

1982,61

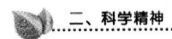

在掌握真理方面，现在有四种主要的障碍，它妨碍每一个人，无论人们怎样学习，都无法弄清楚他所学的问题，而总是屈从于谬误甚多、毫无价值的权威，习惯的影响，流行的偏见，以及由于我们认识的骄妄虚夸而来的我们自己的潜在的无知。

[英] 罗吉尔·培根. 引自：北京大学哲学系外国哲学史教研室编译.
西方哲学原著选读·上卷. 商务印书馆 2003，285

一切科学有着一个目的，就是寻求自然的理论。

[美] 爱默孙. 胡仲持译. 自然论. 商务印书馆，2000，9

科学的源泉不是权力意志（虽然权力确实偶尔对科学有刺激作用），而是求真意志。

[德] 雅斯贝尔斯. 余灵灵，徐信华译. 存在与超越——雅斯贝尔斯文集. 三联书店，1988，21

求真意志，这一人类尊严的源泉，是现代科学及其特征的根源；它支配着人的求知欲望。

[德] 雅斯贝尔斯. 余灵灵，徐信华译. 存在与超越——雅斯贝尔斯文集. 三联书店，1988，21

我的错误给我一个好的教训，那就是，绝不要相信在科学上有排他的定律。

[英] 达尔文. 谢蕴贞译. 物种起源. 科学出版社，1955，397

我始终努力保持自己思想的自由，我可以放弃任何假说，无论是如何心爱的，只要事实证明它是不符的。

[英] 达尔文. 引自：王通讯，朱彤编. 科学家名言. 河北人民出版社，1980，59

我的头脑拒绝把宇宙看成早就设计好的，只是按照宇宙的本来面目去了解它。但人们却非常希望在有感觉的动物的构造上，看到设计的痕迹。我对宇宙的了解越多，我就越少能够看出设计的证据。

[英] 达尔文. 引自：孙观清等编著. 达尔文传. 长春出版社，2003，165

17

把功绩归功于自己的唯一权利，在于他胜任地完成了自己的工作，而与命名毫无关系……整个自然科学中有一种非常错误的趋势，就是：一个只是命名和记述物种的人，似乎应当得到某种功劳……如果他仔细解剖研究一个物种，或者有系统地研究一个类群，那就应居其功……在我自己采集的物种后面，永远不加写"我"或"达尔文"等文字。

[英]达尔文. 引自:周邦立编著. 达尔文年谱. 科学出版社,1982,172

我们的争论对哲学本身来说只会是有益无害，因为如果我们的见解被证明是对的，哲学就会取得新的成果；如果是错的，这些辩论就会进一步证实原来的学说。所以不要担心，你倒是要为某些哲学家思想去帮助他们，为他们辩护吧。至于科学，它只能前进。

[意]伽利略. 上海外国自然科学哲学著作编译组译. 关于托勒密和哥白尼两大世界体系的对话. 上海人民出版社,1974,263

为原则而斗争要比实践原则来得容易。

[奥]埃尔弗雷德·阿德勒. 引自:文三甲主编. 名人与你同生日丛书·第二辑. 山西人民出版社,2000,31

当然，并不是每一个学过使用那些直接或间接地看来像"科学的"工具和方法的人，都能算是我的心目中的科学家。在我讲到科学家时，我只是指那些科学精神状态真正是生气勃勃的人。

[美]爱因斯坦. 爱因斯坦文集·第三卷. 商务印书馆,1979,291

所谓科学精神，即人们所自夸的掌握严格区分知识和推测的试金石，不过是基于一种本能的实践，并非基于明了的认识和真正的理论。

[德]约瑟夫·狄慈根. 杨东莼译. 狄慈根哲学著作选集. 三联书店,1978,7

朝闻道，夕死可矣。

孔子. 论语·里仁.

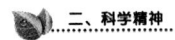

君子谋道不谋食。

孔子.论语·卫灵公.

当仁,不让于师。

孔子.论语·卫灵公.

科学是要用科学的方法的,哲学也要采取科学的方法,换言之,即具有科学的精神,方能成为科学。

王星拱.科学概论.商务印书馆,1932,210

科学精神是什么?我姑且从最广义解释:"有系统之真知识,叫做科学;可以教人求得有系统之真知识的方法,叫做科学精神。"

梁启超.引自:吴嘉勋,李华兴编.梁启超选集.上海人民出版社,1984,794

人由求了解真理,而又普遍之概念知识,而有判断推理,而又知识之积累,而又知识系统之形成,以表现吾人之理性活动。

唐君毅.文化意识与道德理性.中国社会科学出版社,2005,199

西方思想,大体可分为三系:一为宗教,二为科学,三为哲学。此三系思想,均以探讨真理为目标。所谓真理,则可有两种看法:一认真理为超越而外在,绝对而自存。一认真理即内在于人生,而仅为人生中之普遍与共同的。

钱穆.中国思想史.学生书局,1988,1

基本科学研究是为求知而求知,这种求真理的态度,是西方自希腊以来最重要的传统。求真理的本身,并非为了特定的目的,即庄子所谓的"无用之用"。基本科学之下,才有应用科学与技术。

余英时.引自:刘华杰主编.生命的颜色.北京大学出版社,2007,131

有韧性地干一件事情,这本身就意味着一个人知道自己心里有某种矛盾。心里没有某种矛盾就不可能有研究;事实上,这就是研究的本质。换句话说,这个人心里有某个地方是黑暗的、朦胧的、模糊的和迷惑的,因而他就努力在其中寻找光明。于是,一旦当他找到了一线光明,他就努力一点一点地扩大它,逐步驱逐黑暗。我认为,这就是创造力显示的典型过程。

[日]汤川秀树.周林东译.创造力和直觉——一个物理学家对于东西方的考察.
复旦大学出版社,1987,103

天文学从来就不是一成不变的。不过,天文学中的这些革命性转变(包括对托勒密体系的错误所作的直观说明在内),并非是由望远镜"导致"的,而是由伽利略精神导致的。

[美]科恩.鲁旭东等译.科学中的革命.商务印书馆,1998,10

凡献身于科学研究的人都有一种上下求索、不知休止的精神,喜欢为探索未知而冒险。

[法]约里奥·居里.引自:F·B·凯得洛夫著.龚立译.风雨兼程九十年——卡皮察生平及其发现.中国科学技术大学出版社,1988,155

无论在科学上,还是在艺术中,一切创造都诞生于人类对现实的不满足之中。科学家不满足他那个科学领域的现有理论和知识水平,而作家通常是不满足于人们现存的生活条件、人们之间的相互伦理关系和社会结构的。

[前苏联]卡皮察.引自:F·B·凯得洛夫著.张焕文译.范志坤校.
苏联著名科学家卡皮察.新华出版社,1987,175

只要一门科学分支能够产生大量重要而富有价值的问题,它就充满着生命力;而问题缺乏则预示着独立发展的衰亡或中止。正如人类的每项事业都追求着确定的目标一样,数学研究也需要自己的问题。

[德]希尔伯特.引自:赵树智著.希尔伯特的科学精神.山东教育出版社,1992,116

大自然中没有任何一个事物——即便是最微小的——能被我们最有才智的理论家全面理解。那种自命懂得一切事物的人,实际上并不懂得任

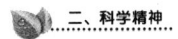

何事物。一个人只要曾经体验过一次完全弄懂了一件事情,并真正尝到取得真知的味道,就会认识到自己对其他无数多的真理毫无所知。

[意]伽利略. 引自:德雷克著. 唐云江译. 伽利略. 中国社会科学出版社,1987,25~26

自然哲学家应当是这样一种人:他愿意倾听每一种意见,却下定决心要自己作出判断。他应当不被表面现象所迷惑,不对某一种假设有偏爱,不属于任何学派,在学术上不盲从大师。他应当重事不重人。真理应当是他的首要目标。如果有了这些品质,再加上勤勉,那么他确实可以有希望走进自然的圣殿。

[英]法拉第. 引自:秦关根著. 法拉第. 中国青年出版社,1982,257

科学要求一切人不是别有用心地而是心甘情愿地献出一切,去领受沉甸甸的清醒知识十字勋章。

[俄]赫尔岑. 李原译. 科学中华而不实的作风. 商务印书馆,1983,74

科学是精神的现实,是精神在其自己的因素里为自己所建造的王国。

[德]黑格尔. 贺麟、王玖兴译. 精神现象学. 商务印书馆,1997,15

不必为死者的荣誉铺张,他们既失去感觉,对于石建的纪念物也无从留意,还是救济困乏的活人要紧。

[瑞典]诺贝尔. 引自:庄葳等编. 古今中外三百名人. 学林出版社,1985,561

培养科学的空气是什么?就是"科学精神"。科学精神是什么?科学精神就是"只问是非,不计利害"。这就是说只求真理,不管个人的利害,有了这种科学的精神,然后才能够有科学的存在。

竺可桢. 引自:樊洪业,段异兵编. 竺可桢文录. 浙江文艺出版社,1999,34

提倡科学,不但要晓得科学的方法,而尤贵在乎认清近代科学的目标。近代科学的目标是什么?就是探求真理。科学方法可以随时随地而改变,这科学目标,蕲求真理也就是科学的精神,是永远不改变的。

竺可桢.引自:樊洪业,段异兵编.竺可桢文录.浙江文艺出版社,1999,41

要而言之,科学是为学问而学问,为真理而求真理。至于怎样的用他(它),在乎其人。科学本身只是有功无罪。

梁启超.科学精神与东西文化.科学.1922,7(9):862

据我了解,伽利略这部书的主要目的是要竭力反对任何根据权威而产生的教条。他只承认经验和周密的思考才是真理的标准。

[美]爱因斯坦.爱因斯坦文集·第一卷.商务印书馆,1977,584

科学不但无所谓"向外",而且是教育同修养最好的工具。因为天天求真理,时时想破除成见,不但使学科学的人有求真理的能力,而且有爱真理的诚心。

丁文江.引自:胡适编.丁文江的传记.安徽教育出版社,1999,86

科学探索、科研工作、自由的科学信念和个人创造性的寻求真理,在我的生活中占据并正在占据着首要地位。

[前苏联]韦尔纳茨基.引自:叶·谢·利希滕施泰因主编.印佳翔等译.科学名言集.上海科学技术出版社,1986,71

天下事惟患于不能知耳,倘能由科学之理则以求得其真知,则行之决无所难,此已十数回翻覆证明,无可疑义矣。

孙中山.引自:刘波编.孙中山箴言录.中国文联出版公司,1998,130

科学之力日盛,则迷信之力日衰;自由之界日涨,则神权之界日缩。

梁启超.引自:吴小龙,张芝梅编.梁启超箴言录.中国文联出版公司,1998,145

如果我不是由于像功名利禄之类的外在原因,也不是,或者至少也不完全是由于爱好锻炼智力的游戏作乐而从事一门科学,那么,作为这门科

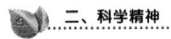

学的新手,我必定会急切地关心这样的问题:我现在所献身的这门科学将要达到而且能够达到什么样的目的?它的一般结果究竟在多大程度上是"真的"?哪些是本质的东西,哪些则只是发展中的偶然的东西?

[美]爱因斯坦.爱因斯坦文集·第一卷.商务印书馆,1977,83

2. 创新

一个以伟大的创造性观念造福于世界的人,不需要后人来赞扬。他的成就本身就已经给了他一个更高的报答。

[美]爱因斯坦.爱因斯坦文集·第一卷.商务印书馆,1977,445

研究科学最宝贵的精神之一,是创造的精神,是独立开辟荒原的精神。科学之所以得有今日,多半是得力于这样的精神,在"山重水复疑无路"的时候,卓越的科学家往往另辟蹊径,创造出"柳暗花明又一村"的境界。所以独立开创能力的培养,是每一个优秀科学家所必须具备的优良品质之一。

华罗庚.华罗庚科普著作选集.上海教育出版社,1984,258

不去探索更新道路,只是跟着别人的脚印走路,总会落后别人一步;要想赶过别人,非有独创精神不可。

华罗庚.华罗庚科普著作选集.上海教育出版社,1984,294

要接受和支持新生事物,要用创新精神去从事科学研究和其他一切工作,并且要有百折不挠的毅力和勇气去完成它。

钱三强.钱三强科普著作选集.上海教育出版社,1990,192

创造力不是一种天外飞来的东西。遗传、环境等等无疑都会起到它们的作用,但是,不管人们多么想显示创造力,最重要的问题却是这种显示创造力的可能性始终是存在的,某种隐藏着的东西,潜伏着的东西,将会显露出来,表现出来。

[日]汤川秀树.周林东译.创造力和直觉——一个物理学家对于东西方的考察.
复旦大学出版社,1987,98

所以在科学研究上光凭搬用别人的经验是不行的;而且客观事物不断地在发生变化,科学事业也在时时刻刻向前发展,只是套用别人的经验就往往会发生格格不入的毛病,甚至每个人自己也不能靠老经验去尝试新问题,而应该不断地推陈出新,大胆创造。

华罗庚.华罗庚科普著作选集.上海教育出版社,1984,284

在相同的情况面前,并不是所有的科学家都会作出相同的决定,采取相同的应付办法的。

[英]A·F·查尔默斯.查汝强等译.科学究竟是什么?.商务印书馆,1982,113

实际上,我认为对我们来说,重要的是摆脱理性主义传统中的决定性因素。

[英]卡尔·波普尔.纪树立等译.猜想与反驳.中国美术学院出版社,2003,157

在科学中,我们不是在与单一的静态的传统打交道,而是与一个不断变化的传统的一些局域性变量打交道。

[英]巴里·巴恩斯.邢冬梅等译.科学知识:一种社会学的分析.南京大学出版社,
2004,31

有重要的独创性贡献的科学家,常常是兴趣广泛的人,或是研究过他们专修学科之外科目的人。

[英]贝弗里奇.陈捷译.科学研究的艺术.科学出版社,1979,58

成功的科学家往往是兴趣广泛的人。他们的独创精神可能来自他们的博学。

[英]贝弗里奇.陈捷译.科学研究的艺术.科学出版社,1979,4

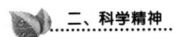
二、科学精神

多样化会使人观点新鲜,而过于长时间钻研一个狭窄的领域则易使人愚钝。

[英]贝弗里奇.陈捷译.科学研究的艺术.科学出版社,1979,4

对于创造性思维来说,见林比见树更重要。

[英]贝弗里奇.陈捷译.科学研究的艺术.科学出版社,1979,5,31

只有建立在科学传统牢固基础上的研究,才能打破这种传统,引起新的传统的产生。

[美]库恩.引自:野家启一编.毕小辉译.库恩.河北教育出版社,2002,114

一位成功的科学家不能不同时向我们显示出它具有传统主义者和偶像的破坏者两方面的特征。

[美]库恩.引自:野家启一编.毕小辉译.库恩.河北教育出版社,2002,114

科学高峰上的道路是崎岖难行的,并且有时还无路可循,必须独辟蹊径。

华罗庚.华罗庚科普著作选集.上海教育出版社,1984,277

学问是累积起来的,所以必须要先学习别人所做的东西,然后才可能有自己的见解。不过,在学习过了一个相当程度以后,必须要发展自己的见解。不能老跟着当时"权威性"的看法跑。

[美]杨振宁.引自:徐胜南,孟东明编.杨振宁传.复旦大学出版社,1997,181

学科学要能创造,但也要善于接受已有的成果。

华罗庚.华罗庚科普著作选集.上海教育出版社,1984,258

现在,大家都知道,科学不能仅仅在经验的基础上成长起来,在建立科学时,我们免不了要自由地创造概念,而这些概念的适用性可以后验地用经验方法来检验。这种状况被前几代人疏忽了,他们认为,理论应当用纯粹归纳的方法来建立,而避免自由地、创造性地创造概念。

[美]爱因斯坦. 爱因斯坦文集·第一卷. 商务印书馆,1977,309

这些概念和基本原理都是人类理智的自由发明,既不能用这种理智的本性,也不能以其他任何先验的方式来证明它们是正确的。

[美]爱因斯坦. 爱因斯坦文集·第一卷. 商务印书馆,1977,314

广义相对论表明,人们可以在完全不同于牛顿的基础上,以更加令人满意和更加完备的方式,来考虑范围更广泛的经验事实。

[美]爱因斯坦. 爱因斯坦文集·第一卷. 商务印书馆,1977,315

借助于思维(运用概念、创造并且使用概念之间的确定的函数关系,并且把感觉经验同这些概念对应起来),我们的全部感觉经验就能够整理出秩序来,这是一个使我们叹服的事实,但却是一个我们永远无法理解的事实。

[美]爱因斯坦. 爱因斯坦文集·第一卷. 商务印书馆,1977,343

人类对自然的和身体的认识了解,仍处于伽利略开始的启蒙阶段,很多都有待于人们去探索和揭示。

[美]津泽. 引自:吴阶平等编. 世界著名科学家传记·医学家 I. 科学出版社,1996,197

我们最大的进展,寄托于那些愿意而且能够不受人为的科学分类所束缚的人,那些准备跨过这些界线追随科学设想前进的人。

[美]卡尔文. 引自:卢良恕主编. 世界著名科学家传记·生物学家 II. 科学出版社,1996,22

创造性地思考——这就是说不是对任何事情都是一个劲地相信,而是提出自己对各种不同现象的解释;这就是研究和比较事实,进行概括,有效地去改造自然。

[前苏联]奥·波·勒柏辛斯卡娅. 引自:王通讯,朱彤编. 科学家名言. 河北人民出版社,1980,109

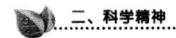
二、科学精神

创新,不断地创新,这应当是科学的永远的主题。

[美]迈克尔·毕晓普. 引自:文三甲主编. 名人与你同生日丛书·第二辑.

山西人民出版社,2000,107

科学研究常常要跳出常规。

[美]亚瑟·科恩伯格. 引自:文三甲主编. 名人与你同生日丛书·第三辑.

山西人民出版社,2000,15

打破常规往往受人指责,但科学发现却欢迎这样做。

[美]佩西瓦尔·洛威尔. 引自:文三甲主编. 名人与你同生日丛书·第三辑.

山西人民出版社,2000,57

科学的敌人之一就是知识陈旧而又故步自封。

[法]约瑟夫·马里尔·雅卡尔. 引自:文三甲主编. 名人与你同生日丛书·第七辑.

山西人民出版社,2000,27

如果一个人没有自己的见解,就绝不可能成为科学上的创新者,最多只是一个具体项目的执行者。

[法]奥古斯特·米歇尔·莱维. 引自:文三甲主编. 名人与你同生日丛书·第八辑.

山西人民出版社,1999,29

阅读传统的教科书容易使人墨守成规,而摆脱陈规和解决这个问题本身一样费劲,很多成功的发明家并不是在他们受到训练的科学领域作出了辉煌的发现。

[美]查里斯·凯特林. 引自:文三甲主编. 名人与你同生日丛书·第八辑.

山西人民出版社,1999,129

只有博采众长,用前人的经验来丰富自己,才会有所成就和创新。

[英]戈弗雷·纽特尔德·豪斯菲尔德. 引自:文三甲主编. 名人与你同生日丛书·第八辑.

山西人民出版社,1999,124

不要模仿别人,要敢于为新的题目不懈努力,开创新成就。

  [加]马斯卡依·当塞罗. 引自:文三甲主编. 名人与你同生日丛书·第十辑.

山西人民出版社,2000,24

科学需要有从旧模式中走出来的智慧和勇气。

  [荷]布易斯·百贝罗. 引自:文三甲主编. 名人与你同生日丛书·第十辑.

山西人民出版社,2000,44

天才不仅需要有理想,更需要的是要敢于创新。

  [美]乔治·华盛顿·皮尔斯. 引自:文三甲主编. 名人与你同生日丛书·第一辑.

山西人民出版社,2000,127

任何事物发展到一定程度都会变化,变的过程力求创新。

  [英]罗纳德·爱尔曼·弗希尔. 引自:文三甲主编. 名人与你同生日丛书·第二辑.

山西人民出版社,2000,82

任何创新都离不开探索,所以,大胆的探索无疑是值得肯定的。

  [瑞士]罗伯特·埃姆登. 引自:文三甲主编. 名人与你同生日丛书·第三辑.

山西人民出版社,2000,17

天才不会满足已有的成果,而是要创新。

  [比]阿贝·若尔日·勒梅特. 引自:文三甲主编. 名人与你同生日丛书·第七辑.

山西人民出版社,2000,73

独辟蹊径虽然比传统模式办事费力,但对于创新来说,却是必由之路。

  [德]费迪南德·波尔舍. 引自:文三甲主编. 名人与你同生日丛书·第九辑.

山西人民出版社,2000,10

保持创造的欲望,就会永远充满进取的活力。

  [英]威廉·亨利·塔尔伯特. 引自:文三甲主编. 名人与你同生日丛书·第二辑.

山西人民出版社,2000,49

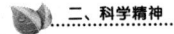
二、科学精神

我的后继者们,在继续我的工作的同时,应该超过我,驳斥我,甚至推翻我的工作。也只有由这种彻底的破坏工作,才能够造成进步。

[前苏联]米丘林.引自:王通讯,朱彤编.科学家名言.河北人民出版社,1980,20

构成我们学习上最大的障碍的是已知的东西,不是未知的东西。

[法]贝尔纳.引自:韩振峰主编.中外名言大全.河北人民出版社,1987,344

科学研究者在科学上必须力图保持头脑的适应性,避免抱一成不变的观点。

[英]贝弗里奇.引自:王通讯,朱彤编.科学家名言.河北人民出版社,1980,76

科学上的伟大发现在做出的时候,人们对它们的看法与现在迥然不同。

[英]贝弗里奇.陈捷译.科学研究的艺术.科学出版社,1979,110

前人留下的脚印,并不是要后人踩着脚印亦步亦趋,而是启示后人理当往那一个方向迈进!

[英]希尔.引自:李澄之编译.诺贝尔医学奖金获得者传略.科学普及出版社,1981,52

强求一律就是死亡,因为它对一切进步都是一扇紧闭着的大门;而且所有的强制都是毫无成果和令人憎恶的。

[法]彭加勒.引自:李醒民著.昂利·彭加勒——杰出的科学开拓者和敏锐的思想家.
自然辩证法通讯.1984,(3):68

世上有什么痛苦,比得上作茧自缚?

[美]富兰克林.米子译.富兰克林自传.花城出版社,2004,225

应当不间断地学习,应当不间断地思考,应当不间断地实践,应当不间断地创新。

[英]约翰·艾特肯.引自:文三甲主编.名人与你同生日丛书·第九辑.
山西人民出版社,2000,78

29

科学是不断创新,不断前进,永不停步,永无止境的。在科学上没有禁区,没有绝对的权威,也没有千古不易的定论和所谓"终极真理"。

钱三强.钱三强科普著作选集.上海教育出版社,1990,134

要取得世界水平的业绩,就需要发挥创造力,要向热爱自己的恋人和孩子一样,热爱自己选中的研究课题。

[日]利根川进.引自:文三甲主编.名人与你同生日丛书·第九辑.
山西人民出版社,2000,21

3. 谦虚

科学的态度是极谦和的。知道知识界同空间一样,看不见边际的;我们现在所已知道有限,将来所知道的无穷。

丁文江.引自:张君劢等编.科学与人生观.山东人民出版社,1997,193

敏而好学,不耻下问。

孔子.论语·公冶长.

谦卑给伟人带来双倍的名声。

[美]富兰克林.米子译.富兰克林自传.花城出版社,2004,218

有了机智和学问,还需加上智慧和谦虚。

[美]富兰克林.米子译.富兰克林自传.花城出版社,2004,226

我不知道世人对于我是怎样看法,但是在我看来,我不过像一个在海滨玩耍的孩子,偶尔很高兴地拾到几颗光滑美丽的石子或贝壳;但那浩瀚无涯的真理的大海,却还在我的前面未曾被我发现呢。

[英]牛顿.引自:缪克成编.近代四大物理学家.华东师范大学出版社,
1986,131

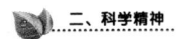二、科学精神

我们中许多人都是幼稚的,其中有些人比别人更幼稚些。但是如果一个人知道了他是幼稚的,那么这种自知之明就会成为一种冲淡的因素。

[美] 爱因斯坦. 爱因斯坦文集·第一卷. 商务印书馆,1977,625

谁要是把自己标榜为真理和知识领域里的裁判官,他就会被神的笑声所覆灭。

[美] 爱因斯坦. 爱因斯坦文集·第三卷. 商务印书馆,1979,315

在知识高度专门化的今天,每个人的知识都是有限的。自觉无知和学术上的诚实,对研究人员来说,是两个重要的品格。

[英] 贝弗里奇. 引自:王通讯,朱彤编. 科学家名言. 河北人民出版社,1980,38

微小的知识使人骄傲,丰富的知识使人谦虚,故空心的禾穗高傲地举头向天,而充实的谷穗则低头向着大地,向着它的母亲。

[意] 达·芬奇. 引自:王开彬,曹希沙选编. 劝学珍言. 福建人民出版社,1986,85

当我历数了人类在艺术上和文学上所发明的那许多神妙的创造,然后再回顾一下我的知识,我觉得自己简直就是浅陋之极。

[意] 伽利略. 上海外国自然科学哲学著作编译组译. 关于托勒密和哥白尼
两大世界体系的对话. 上海人民出版社,1974,136

缺乏谦虚是科学家最致命的一个错误。

[法] 雅克·莫诺. 引自:文三甲主编. 名人与你同生日丛书·第二辑.
山西人民出版社,2000,43

生活在前进,科学在发展,我们决不能为昨日的成就而自满,那就会在生活中掉队,在科学上落伍。

[德] 阿尔布雷希特·彭克. 引自:文三甲主编. 名人与你同生日丛书·第九辑.
山西人民出版社,2000,108

科学上的重大发现都是社会协作的产物,因此它们属于社会所有。

[美]R·K·默顿.鲁旭东,林聚仁译.科学社会学.商务印书馆,2003,369

缺乏谦逊的态度,将不利于进一步的思考和探索。

[瑞士]古斯塔夫·雷齐乌斯.引自:文三甲主编.名人与你同生日丛书·第十辑.

山西人民出版社,2000,78

我们知道的东西是有限的,我们不知道的东西则是无穷的。

[法]拉普拉斯.引自:傅明伟等编.世界名人名言精选.上海交通大学出版社,2004,47

谦逊绝不是随波逐流,而是更懂得如何自信,进而勇往直前。

[美]道纳德·洛德菲勒·格里劳.引自:文三甲主编.名人与你同生日丛书·第八辑.

山西人民出版社,1999,12

在成功面前,首先应该想到的是获得成功之前的挫折和教训,不是成功的赞扬和荣誉,这对年轻人尤为重要。

[前苏联]巴甫洛夫.引自:罗刚等主编.青年人才学.安徽人民出版社,1991,75

要谦虚。你们在任何时候也不要以为自己什么都知道。不管别人怎么器重你们,你们总要有勇气对自己说:我没有知识。

[前苏联]巴甫洛夫.引自:王通讯,朱彤编.科学家名言.河北人民出版社,1980,50

当你做成功一件事,千万不要等待着享受荣誉,应该再做那些需要的事。

[法]巴斯德.引自:谢德铣编.名人格言.山西人民出版社,1982,32

与其夸大胡说,不如宣布那个聪明的、智巧的谦逊的警句:"我不知道"。

[意]伽利略.引自:王通讯,朱彤编.科学家名言.河北人民出版社,1980,50

不谦虚的话只能有这个辩解,即缺少谦虚就是缺少见识。

[美]富兰克林.引自:张起著.十戒篇.辽宁人民出版社,1984,55

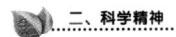二、科学精神

即使我敢于相信自己用谦虚将它完全克服,我很可能又因为自己的谦逊而感到骄傲。

[美]富兰克林. 引自:傅明伟等编. 世界名人名言精选. 上海交通大学出版社,2004,452

大多数的科学家,对于最高级的形容词和夸张手法都是深恶痛绝的,伟大的人物一般都是谦虚谨慎的。

[英]贝弗里奇. 引自:王通讯,朱彤编. 科学家名言. 河北人民出版社,1980,50

保持虚心。善于吸取来自各方面的思想,问题不在于是谁提出了答案,而在于什么是对的,什么是错的。

[美]布朗尼科夫斯基. 引自:王通讯,朱彤编. 科学家名言. 河北人民出版社,1980,51

我清楚地看到,如果没有那些可钦佩的观察家们搜集到的材料,我根本写不成那本书;即便写成了,也不会在公众的脑海中留下什么印象。因此,光荣基本上属于他们。

[英]达尔文. 引自:孙观清等编. 达尔文传. 长春出版社,2003,251

我不喜欢积聚个人财物,我不喜欢宣扬。我想到的只是退隐到一个安静的实验室里,继续从事我所热爱的工作。

[美]巴巴拉·麦克林托克. 引自:路易斯·哈伯著. 张金水等译. 世界著名女科学家. 中国妇女出版社,1986,130

假如科学知识未能使一个人变得更加聪明的话,那么极其自然的是,会使他徒有虚名,骄傲自大。

[美]爱迪生. 引自:叶·谢·利希滕施泰因主编. 印佳翔等译. 科学名言集. 上海科学技术出版社,1986,105

一切大事业的开始都会遇到许多困难,这些困难将随着时间推移而被人们的忍耐力和掌握本领克服。

[意]伽利略. 引自:鲍·格·库兹涅佐夫著. 陈太先,马世元译. 伽利略传. 商务印书馆,2001,305

一个人的生活应该像一条河一样——起源是很小,两岸的范围也很狭窄,然后很快地冲过了圆石,越过了瀑布,渐渐地河床变大了,两岸退却了,一片大水流得更为平静,最后没有任何视觉的短路,直接会合入海洋中,毫无痛苦地消失他们个体的存在。

[英] 罗素. 引自:李学数著. 数学和数学家的故事 4. 新华出版社,1999,100

至于我自己,我曾不断地追随科学,并且把我的一生献给了科学,我相信我这样做是正确的。我没有犯过任何重大的罪,所以我不会感到悔恨;但使我一再感到遗憾的是,我所做的没有使人类得到更直接的好处。

[英] 达尔文. 引自:F·达尔文著. 叶笃庄,叶晓译. 达尔文生平. 科学出版社,1983,395

科学家们在互相攻击时所常用的那些粗暴语言是没有好处的,而且只能降低科学的价值。

[英] 达尔文. 引自:F·达尔文著. 叶笃庄,叶晓译. 达尔文生平. 科学出版社,1983,384

这种诚挚的、友爱的同情比已铸造和将铸造的一切奖章更有价值。

[英] 达尔文. 引自:F·达尔文著. 叶笃庄,叶晓译. 达尔文生平. 科学出版社,1983,297

我知道,为各门学科设置并且向全世界开放的柯普雷奖章是一种巨大的荣誉。向我颁发奖章,这说明自然选择理论正在英国取得一些进展,而且在国外也脱离了险境,这真让我高兴。至于那个奖章,那只不过是个圆形的小金牌,对我来说是无所谓的。

[英] 达尔文. 引自:孙观清等编著. 达尔文传. 长春出版社,2003,242

我没有研究自然规律,没有作出重大的科学发现。我没有像牛顿、开普勒、法拉第和亨利那样为了弄清其真理而去研究它们。我只是一个职业发明家。我所有的探讨和试验只是为了寻找某些具有实用价值的东西而进行的。

[美] 爱迪生. 引自:陈俊熹编著. 爱迪生传. 长春出版社,2003,163

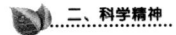

无论在什么时候,永远不要以为自己知道了一切。不管人们把你们评价得多么高,但你们要有勇气对自己说:我是个毫无所知的人。

[前苏联]巴甫洛夫.赵璧如等译.巴甫洛夫选集.科学出版社,1955,31~32

在现实生活中,恐怕没有哪种天性比自负更难以降伏。

[美]富兰克林.米子译.富兰克林自传.花城出版社,2004,114

人们将该项公益设施(路灯)带来的荣耀同样归功于我,可它却是属于那位绅士。

[美]富兰克林.米子译.富兰克林自传.花城出版社,2004,152

傲慢突前,卑微殿后。

[美]富兰克林.米子译.富兰克林自传.花城出版社,2004,217

谦逊好品质,羞怯不足取。

[美]富兰克林.米子译.富兰克林自传.花城出版社,2004,253

伟大的谦逊往往藏着高贵的仁慈。

[美]富兰克林.米子译.富兰克林自传.花城出版社,2004,269

我自己只求满足于生命永恒的奥秘,满足于觉察现存世界的神奇的结构,窥见它的一鳞半爪,并且以诚挚的努力去领悟在自然界中显示出来的那个理性的一部分,即使只是其极小的一部分,我也就心满意足了。

[美]爱因斯坦.爱因斯坦文集·第三卷.商务印书馆,1979,46

不论在哪一门科学里,即使是简短的提示与有瑕疵的实验,发表之后都能够引起才智之士对该项题目的注意而导致更精确的探讨,以及更完整的发现。有鉴于此,你们可任意散播这篇论文。因为重要的是知识的精进,而不是你们的朋友能够被人认为是个见解精辟的科学家。

[美]富兰克林.引自:约翰·霍姆斯,凯伦·巴杰编著,陈霞译.富兰克林的智慧.
华夏出版社,2003,167

科学家的态度,应该是知之为知之,不知为不知,丝毫不能苟且。

竺可桢.竺可桢文集.科学出版社,1979,232

科学是老老实实的学问,搞科学研究工作就要老老实实、实事求是的态度,不能有半点虚假浮夸。

华罗庚.华罗庚科普著作选集.上海教育出版社,1984,305

科学的真理作为理论与经验的配合由于此,是随时面临考验,随时准备放弃自己的。因之真正的科学家不自认自己是最后真理的阐述人,反而认为科学的真理只是一种解释及预测事件的权宜之计,可以不断要求完全,却仍脱不了假设的本质。这一点常被一般人或肤浅的科学家所遗忘,以致造成科学真理意义的不清及科学知识价值的混乱。一个深刻而严正的科学家是最谦虚的,最喜欢放弃错误的,以及最盼望修正自己的。

[美]成中英.引自:李翔海,邓克武编.成中英文集:论中西哲学精神.湖北人民出版社,2006,29

科学家变得非常谦虚,甚至缺乏信心:对自然我们到底能了解多少?这就是一种对人类认知能力的谦虚。

[美]杜维明.引自:卢风著.现代性与物欲的释放:杜维明先生访谈录.中国人民大学出版社,2009,109

这个奖(诺贝尔医学奖)可以说是集体奖,因为许多人对我的工作作出了贡献。

[英]J·布莱克.引自:吴阶平等编.世界著名科学家传记·医学家.科学出版社,1996,28

4. 严谨

人与人之间的差别确实很大,审慎不见得随年龄增长,年轻也未必意味着草率。

[美]富兰克林.米子译.富兰克林自传.花城出版社,2004,49

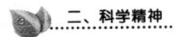

二、科学精神

决定结果的正是我们在处理微不足道、枯燥乏味而且不胜麻烦的细枝末节时所采取的谨慎小心的态度。

[美]西奥博尔德·史密斯. 引自:W·I·B. 贝弗里奇著. 陈捷译. 科学研究的艺术.
科学出版社,1979,17

一个有创造性的研究工作者,往往不怕担风险犯错误,而且,在报告自己的发现前,进行严格的试验,寻找错误。

[英]贝弗里奇. 陈捷译. 科学研究的艺术. 科学出版社,1979,63

让我们严肃地老老实实地对待这些事物,让我们习惯于按照事物是什么样就把它们说成什么样吧。

[法]皮埃尔·伽桑狄. 引自:安徽劳动大学《西欧近代哲学史》编写组编.
西欧近代哲学史. 商务印书馆,1974,72

试验就是为了寻求真理,要达到这个目的,就必须有严格的科学态度和老老实实的作风。

[德]奥托·海因里希·瓦勃格. 引自:文三甲主编. 名人与你同生日丛书·第十辑.
山西人民出版社,2000,34

研究科学一定要坚持这样的态度:不要乱说别人的见解是错误的。

[美]威廉·帕里·墨菲. 引自:文三甲主编. 名人与你同生日丛书·第二辑.
山西人民出版社,2000,26

我学到的最重要的东西是从事科学的必需品质,即绝对不能粗制滥造和蒙混过关,即使是很小的细节。

[美]詹姆斯·洛夫洛克. 引自:希瑟·纽博尔德编. 甄宏等译. 生命的故事.
北京大学出版社,2004,4

虚假的事物可以随意想象,唯有真实的事物才能被理解。

[英]牛顿. 引自:迈克尔·怀特著. 陈可岗译. 最后的炼金术士——牛顿传. 中信出版社,2004

世人何尝知道,在那些通过科学研究工作者头脑的思想和理论当中,有多少被他自己严格的批判、非难的考察而默默地、隐蔽地扼杀了。就是最有成就的科学家,他们得以实现的建议、希望、愿望以及初步结论,也只不到十分之一。

[英]法拉第.引自:缪克成编.近代四大物理学家.华东师范大学出版社,1986,193

你们从一开始工作起,就要在积累知识方面养成严格循序渐进的习惯。

[前苏联]巴甫洛夫.赵璧如等译.巴甫洛夫选集.科学出版社,1955,31

科学家必须善于倾听各种不同的意见,但又必须自己作出判断。科学家不应由于表面现象而采取偏颇的立场。他不应有先入为主的假说,他不应属于任何学派,不崇拜任何权威。他不应是个人的崇拜者,而应该是事物的崇拜者。真理的探求应是他唯一的目标。如果在这些品质之上再加上刻苦勤奋精神,他就有可能揭开自然界殿堂的奥秘,而达到自己的欲望。

[英]法拉第.引自:缪克成编.近代四大物理学家.华东师范大学出版社,1986,191~192

无知者偶尔可做预言家,聪慧者不留神也会失算。

[美]富兰克林.米子译.富兰克林自传.花城出版社,2004,216

你相信你在科学上发现了一个重要的事实,你很殷切地想发表,而你一天一天地、一周一周地、一年一年地忍耐着,总想推翻你自己的实验,必要等到一切相反的假设完全消灭了之后,才宣布你的发明。是的,这的确是很不容易的事啊。

[法]巴斯德.引自:戴友夫主编.著名科学家演讲鉴赏.山东人民出版社,1995,28

科学研究的习惯使人在承认证据的时候保持了审慎的态度,除此以外,科学同基督没有任何关系。

[英]达尔文.引自:F·达尔文著.叶笃庄,叶晓译.达尔文生平.科学出版社,1983,88~91

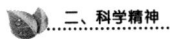

永远不要企图掩饰自己知识上的缺陷,即使用最大胆的推测和假设去掩饰,这也是要不得的。无论这种肥皂泡的色彩多么使你们眩目,但肥皂泡必然是要破裂的,于是你们除了惭愧以外,是会毫无所得的。

[前苏联]巴甫洛夫. 赵璧如等译. 巴甫洛夫选集. 科学出版社,1955,31

企图兼有智慧和权利,极少能获得成功,即使成功,也不过是昙花一现。

[美]爱因斯坦. 爱因斯坦文集·第三卷. 商务印书馆,1979,314

忠实记录所得的结果,谨慎地提出对结果发解释,严格区分事实与解释。

[英]贝弗里奇. 引自:王通讯,朱彤编. 科学家名言. 河北人民出版社,1980,75

越是经常地通过认真的批评来抛弃观察和判断的一切错误,得出的规律越是具有普遍性,感觉与事实就越具有更大的意义。

[德]卡尔·威廉·冯·耐格尔. 引自:普勒塞,鲁克斯著. 燕宏远等译. 世界著名生物学家传记. 科学出版社,1985,210

把自然界中所有的现象都解释清楚,对于任何一个人甚至一个时代来说,都是一项极其困难的任务。对一个人来说,最好的做法是做你有把握的事情,把剩下的留给后来者。

[英]牛顿. 引自:詹姆斯·格雷克著. 吴铮译. 牛顿传. 高等教育出版社,2004,160

科学家知道,仍然有大量领域的现象还无法归之于严格的规律和精确的数的规则。

[德]恩斯特·卡西尔. 甘阳译. 人论. 上海译文出版社,2003,346

知之为知之,不知为不知,是知也。

孔子. 论语·为政.

5. 怀疑

富于怀疑态度,这对科学家是有利的,因为这可以使他们不致损失大量时间。

[英]达尔文.毕黎译注.达尔文回忆录.商务印书馆,1982,94

怀疑论对于那门神圣的学问是危险的,可是对于自然科学和国家似乎并不如此。

[法]贝尔.引自:北京大学哲学系外国哲学史教研室编译.西方哲学原著选读·下卷.商务印书馆,2003,3

不怀疑不能见真理。所以我希望大家都取一种怀疑的态度,不要为已成的学说压倒。

李四光.李四光纪念文集.地质出版社,1981,125

科学的精神气质是谨慎、试探和琐碎的;它并不认为自己知道全部真理,或者说,连自己最佳的知识也不认为是完全正确的。它懂得,任何一种学说迟早都要修正,而这种必要的修正需要研究和讨论的自由。

[英]罗素.徐奕春,林国夫译.宗教与科学.商务印书馆,1982,131

科学之最精神的处所,是抱定怀疑的态度;对于一切事物,都敢于怀疑,凡无真凭确据的都不相信。这种态度虽然是消极的,然而有很大的功劳,因为这态度可以使我们不为迷信与权威的奴隶。怀疑的态度是建设性的、创造性的,是寻求真理的唯一途径。怀疑的目的,是要胜过疑惑,而建立一个新的信仰。它不只是反对旧的信仰,而且引起了许多新的问题,促成了许多新的发明。

胡适.引自:余英时等著.胡适与中西文化.水牛图书出版事业有限公司,1984,76

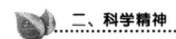

这种经验引起我对所有权威的怀疑,对任何社会环境里都会存在的信念完全抱一种怀疑态度,这种态度再也没有离开过我;即使在后来,由于更好地搞清楚了因果关系,它已失去了原有的尖锐性时也是如此。

[美]爱因斯坦. 爱因斯坦文集·第一卷. 商务印书馆,1977,2

我认为,马赫的真正伟大,就在于他的坚不可摧的怀疑态度和独立性。

[美]爱因斯坦. 爱因斯坦文集·第一卷. 商务印书馆,1977,10

感觉经验是既定的素材,但是要说明感觉经验的理论却是人造的。它是一个极其艰辛的适应过程的产物:假设性的,永远不会是完全最后定论的,始终要遭到质问和怀疑。

[美]爱因斯坦. 爱因斯坦文集·第一卷. 商务印书馆,1977,384

整个科学不过是日常思维的一种提炼。正因为如此,物理学家的批判性的思考就不可能只限于检查他自己特殊领域里的概念。如果他不去批判地考查一个更加困难得多的问题,即分析日常思维的本性问题,他就不能前进一步。

[美]爱因斯坦. 爱因斯坦文集·第一卷. 商务印书馆,1977,341

我感到在我的工作中没有任何一个概念会很牢靠地站得住的,我也不能肯定我所走的道路一般是正确的。

[美]爱因斯坦. 爱因斯坦文集·第一卷. 商务印书馆,1977,485

我总是首先对自己采取严厉的批判态度,然后才给别人以这样的机会。即使现在,我想,对于我的观念,我能够提出的反对意见,比其他任何人都要强烈。

[英]法拉第. 引自:秦关根著. 法拉第. 中国青年出版社,1982,259

科学并非始于观察陈述,因为某种理论先于所有的观察陈述;观察陈述并不构成科学知识能够在其上建立的可靠基础,因为它们是易谬的。

[英]A·F·查尔默斯. 查汝强等译. 科学究竟是什么?. 商务印书馆,1982,41

批判是科学的生命。

[英]卡尔·皮尔逊.李醒民译.科学的规范.华夏出版社,1999,扉页

学者和一般人都会看到,我决不回避任何批评。对数学一窍不通的无聊的空谈家会摘引圣经的章句对我的著作进行非难和攻击。对这种意见,我决不予以理睬,我鄙视反对者。

[波]尼古拉·哥白尼.引自:鲁大振等主编.世界科学名著导读手册.中国城市出版社,2003,526

所有理论(以往的理论以及今天为科学家接受的理论)实际上都会遇到反常。

[美]L·劳丹.刘新民译.进步及其问题.华夏出版社,1990,36

有著名的事例(例如牛顿和伽利略)可以表明,科学家实际研究工作与他用来做做表面文章的一切方法论规则相违背。

[美]L·劳丹.刘新民译.进步及其问题.华夏出版社,1990,57

"吾与方伎游,即欲通其艺也;遇物欲知其名也。物理无可疑者,吾疑之,而必欲深求其故也。"

"副墨洛诵,推至疑始,始作此者,自有其故,不可不知,不可不疑也。"

"天地间一疑海也。"

"善疑者,不疑人之所疑,而疑人之所不疑。"

方以智.引自:袁运开,周瀚光编著.中国科学思想史·下.安徽科学技术出版社,2000,126

科学工作者,对世界上的万事万物就是要问个为什么。

李四光.李四光纪念文集.地质出版社,1981,124

学而不思则罔。

孔子.论语·为政.

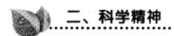

盖科学家对一切事物俱存怀疑态度,忍耐求之,不达到真理目的不止也。

杨铨.引自:李醒民编著.中国现代科学思潮.科学出版社,2004,59

我必须从大量事实出发,而不是从原理出发,我总怀疑原理中有谬误。

[英]达尔文.引自:王通讯,朱彤编.科学家名言.河北人民出版社,1980,76

新发现必定会受到人们出于怀疑,并常常是反对态度的严厉批评。这可能是最难过的一关。也正是由于此,科学家有时必须进行战斗,在过去,有的甚至要付出生命。

[英]贝弗里奇.引自:王通讯,朱彤编.科学家名言.河北人民出版社,1980,25

科学上为害最大的莫过于舍弃批判的态度,代之以轻信佐证不足的假说。

[英]贝弗里奇.引自:王通讯,朱彤编.科学家名言.河北人民出版社,1980,74

许多伟大的发现都是由于全然不顾公认的信念来设计实验而作出的。

[英]贝弗里奇.引自:王通讯,朱彤编.科学家名言.河北人民出版社,1980,109

做学问而不疑,则永远不得真正的进步!我人若不疑,这世界还是停顿在牛顿三定律的时代里。

[德]奥托·迈耶霍夫.引自:李澄之编译.诺贝尔医学奖金获得者传略.科学普及出版社,1981,57

你没必要特别聪明,也不需要是个天才,你需要做的是思考现有的理论是否正确,因为科学中的一些已确立的理论并不一定都是真理。

[美]爱德华·B·刘易斯.引自:《北京青年报》社,《发现·图形科普》杂志社主编.与诺贝尔大师面对面.文化艺术出版社,2002,233

当我首次研究大自然的时候,我就发现它和所谓的"一切是上帝的造物"是矛盾的。于是,我抛弃了成见,成为一名怀疑主义者,我怀疑一切。

那时,我的眼睛才第一次睁开了,并且第一次看到了真理。

[瑞典]林纳. 引自:叶·谢·利希滕施泰因主编,印佳翔等译. 科学名言集.
上海科学技术出版社,1986,16

在各项实验工作中,要一直怀疑到客观事实没有任何疑问的时候。

[法]巴斯德. 引自:叶·谢·利希滕施泰因主编,印佳翔等译. 科学名言集.
上海科学技术出版社,1986,133

研究人员的职责之一是跟上科学文献。但是,若要不失独创精神和观点的新鲜,阅读时必须抱批评、思考的态度。

[英]贝弗里奇. 陈捷译. 科学研究的艺术. 科学出版社,1979,13

我们应当怀疑人们的信仰的一切,怀疑教会和"权威"奉为神圣的东西,怀疑那些声誉载道的东西。我们应当根据经验所认识到的、理性的光芒所照亮的真理,反对依靠信仰权威的一切"真理"。

[意]布鲁诺. 引自:王通讯,朱彤编. 科学家名言. 河北人民出版社,1980,34

学会质疑,就找到了探求知识的路径。

[英]乔治·詹姆斯·西蒙斯. 引自:文三甲主编. 名人与你同生日丛书·第八辑.
山西人民出版社,1999,78

所有科学都是不完善的,即使是那些备受颂扬的精确科学也是如此。它们一方面是不完备的,面对着众多未解答的问题的无限视域,这些问题使得认识的欲望永远无法得到安宁;另一方面,它们在已经构造出来的学说内容中带有某些缺陷,在这里或那里会表露出在证明的系统秩序和理论方面的不清晰和不完善。

[德]胡塞尔. 倪梁康译. 哲学作为严格的科学. 商务印书馆,1999,2

科学不仅是知识的本体,更主要的,它是一种思维方法。这种思维以严格的怀疑观与对新思想的开放性的结合为其特征。

[美]卡尔·萨根. 引自:戴友夫主编. 著名科学家演讲鉴赏. 山东人民出版社,1995,234

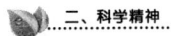

科学具有其自主性及起源。自由的它并不以权威为转移;使人得到解放的它并不屈服于权威。

[俄]赫尔岑.李原译.科学中华而不实的作风.商务印书馆,1983,20

但无论自然科学的令人振奋的进步还是抽象科学的领域的扩展,都不能阻止对科学的怀疑的日益蔓延。自然科学缺乏一个综合的观点。不管自然科学的统一程度如何,它们的基本概念比起最终获得的真理来说更具经验方法的本性。抽象科学缺乏人本主义文化的情感。的确,它们取得了有价值的论证,但它们是排他主义的,并且给人们以这样的印象,即尽善尽美的可能性是不存在的。

[德]雅斯贝尔斯.余灵灵,徐信华译.存在与超越——雅斯贝尔斯文集.三联书店,1988,194

6. 无私

我走完了我的人生之路,我奉献了我所能奉献的最好的一切。

[美]爱迪生.引自:陈俊熹编著.爱迪生传.长春出版社,2003,216

科学需要人的全部生命。

[前苏联]巴甫洛夫.引自:萨织彤编.中外名人治学的故事.人民出版社,1980,188

大多数科学家并不自私,他们愿意与别人一同分享他们的欢乐。

[瑞]沃纳·阿尔伯.引自:王恒等编.48位诺贝尔科学奖获得者寄语中国.海南出版社,2001,125

因为我们享用了别人的发明创造带来的极大便利,我们也应该乐于用自己的发明创造去服务大众,并且在做这一切的时候,应该是无偿而慷慨的。

[美]富兰克林.米子译.富兰克林自传.花城出版社,2004,142

一个人的真正价值首先决定于他在什么程度上和在什么意义上从自我解放出来。

[美]爱因斯坦.爱因斯坦文集·第三卷.商务印书馆,1979,35

我绝对深信,世界上的财富并不能帮助人类进步,即使它是掌握在那些对这事业最热诚的人的手里也如此。只有伟大而纯洁的人物的榜样,才能引导我们具有高尚的思想和行为。金钱只能唤起自私自利之心,并且不可抗拒地会招致种种弊端。

[美]爱因斯坦.爱因斯坦文集·第三卷.商务印书馆,1979,37

一个人对社会的价值首先取决于他的感情、思想和行动对增进人类利益有多大作用。

[美]爱因斯坦.爱因斯坦文集·第三卷.商务印书馆,1979,38

我每天上百次地提醒自己:我的精神生活和物质生活都依靠着别人(包括生者和死者)的劳动,我必须尽力以同样的分量来报偿我所领受了的和至今还在领受着的东西。我强烈地向往着俭朴的生活,并且时常为发觉自己占用了同胞的过多劳动而难以忍受。

[美]爱因斯坦.爱因斯坦文集·第三卷.商务印书馆,1979,42

为知识而追求知识,几乎狂热地酷爱正义,以及要求个人独立的愿望——这些都是犹太人传统的特征,并使我为自己属于它而感到庆幸。

[美]爱因斯坦.爱因斯坦文集·第三卷.商务印书馆,1979,50

科学家很少因自己的劳动而获得大笔金钱酬报,所以对于工作成果带给他的一切正当声誉,他是当之无愧的。但是,最大的报酬是新发现带来的激动。

[英]贝弗里奇.陈捷译.科学研究的艺术.科学出版社,1979,147

我既然在寻找世界上需要的东西,我就一直地寻找下去,并试着创造它。我只希望把一件事做到成功,很少想到怎样从中获得金钱。

[美]爱迪生.引自:陈俊熹编著.爱迪生传.长春出版社,2003,35

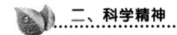

成功需要终生不渝的奋斗精神,而且还需要不期望个人从成功中获取什么私利的思想准备。

[美]罗伯特·博罗斯·梅里菲尔德. 引自:文三甲主编. 名人与你同生日丛书·第七辑. 山西人民出版社,2000,65

我们是学者,决不能迷恋金钱。

[英]阿切尔·J·P·马丁. 引自:《诺贝尔奖金获得者传》编委会编. 诺贝尔奖金获得者传·第3卷. 湖南科学技术出版社,1985,215

偏见比近视还有危害。

[英]罗伯特·布朗. 引自:文三甲主编. 名人与你同生日丛书·第八辑. 山西人民出版社,1999,140

没有利己主义,没有推动我们去做巨大牺牲的激情,任何伟大的、崇高的事情都不可能发生。

[德]恩斯特·海因利希·海克尔. 引自:戴镏龄主编. 世界名言大辞典. 广西人民出版社,1996,185

如果我曾经或多或少地激励了一些人的努力,我们的工作曾经或多或少地扩展了人类的理解范围,因而给这个世界增添了一分快乐,那我也就感到满足了。

[美]爱迪生. 引自:杨栩编. 外国名人名言录. 新华出版社,1983,72

我的人生哲学是工作,我要揭示大自然的奥秘,并以此为人类造福。我们在世的短暂的一生中,我不知道还有什么比这种服务更好的了。

[美]爱迪生. 引自:王通讯,朱彤编. 科学家名言. 河北人民出版社,1980,1

我的劳作的果实是对广大劳动群众有益处的,而这对实验家,对于每一个学者来说,是生活中最主要的。

[前苏联]米丘林. 引自:王通讯,朱彤编. 科学家名言. 河北人民出版社,1980,2

什么也不怕,热爱神圣事物而轻视其他快乐,对自己的生命毫不挂虑。

[意]布鲁诺.引自:王通讯,朱彤编.科学家名言.河北人民出版社,1980,15

我把全部科学工作贡献给他们,因为在我的生活中除掉为人民服务外,没有任何其他目的。我永远力图使农业科学成为广大人民群众的财富,使其成为土壤肥沃性创造者的有力助手。

[前苏联]威廉斯.引自:王通讯,朱彤编.科学家名言.河北人民出版社,1980,2

人能为自己心爱的工作贡献出全部的力量、全部精力、全部知识,那么这一工作将完成得更出色,收效也更大。

[前苏联]弗·阿·奥布鲁切夫.引自:王通讯,朱彤编.科学家名言.河北人民出版社,1980,5

攻克科学堡垒,就像打仗一样,总会有人牺牲,有人受伤,我要为科学而献身。

[前苏联]罗蒙诺索夫.引自:刘卫东等编.企业家、科学家名言录.中国工人出版社,1991,14

我由于对研究工作感到异常高兴,殷切希望要把自己所发现的一些事实,增添到自然科学的伟大的知识宝库中去,所以总是竭尽全力地不断工作着。

[英]达尔文.毕黎译注.达尔文回忆录.商务印书馆,1982,47

科学是个很厉害的女主人,对于为她献身的人,只给很少的报酬。

[英]牛顿.引自:陈浩民编著.科学家的甜酸苦辣.北京工业大学出版社,1990,205

荣誉就像玩具,只能玩玩而已,绝不能永远守着它,否则就将一事无成。

[法]居里夫人.北京市西城区教育教学研究中心.科学家的品格.新蕾出版社,1983,38

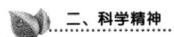

我年轻的时候研究过逻辑.后来我只研究医学,我抛弃了娱乐,不求身外之物……我将全部时间用在行医上,整天思考它……能像我这样做的人,可以说献身于伟大的科学了。

[希]盖仑.引自:吴阶平等编.世界著名科学家传记·医学家 I.科学出版社,1996,60

我欲尽力之所能,消除人间一切疑难病症。

[德]罗伯特·柯赫.引自:舒虹编著.诺贝尔奖获得者传略·医学和生理学奖.
吉林人民出版社,1996,141

科学研究中的尝试和努力,往往需要自我牺牲的精神。

[英]威廉·胡克.引自:文三甲主编.名人与你同生日丛书·第七辑.
山西人民出版社,2000,24

对学术真理的忠诚,莫过于为之献出生命。

[法]纪尧姆·隆德莱.引自:文三甲主编.名人与你同生日丛书·第九辑.
山西人民出版社,2000,119

每一个科学工作者,都应该有一种觉悟,即在整个蜂窝中,也贡献他的一滴蜂蜜。

[俄]瓦西里·罗卜尔维奇·威廉斯.引自:许安琪,杨鸿英编.科学史上的明星——外国生物学家的故事.山东人民出版社,1985,198

我们应该公开发表我们的研究成果,这是唯一的道路。获取专利权将是违背科学精神的。我们自己有实验室当然是好事,但我们发现的镭将用来治疗疾病,用它可以救活濒于死亡的病人并使人们生活得更美好。因此获取专利,而且是从病人急需用来治病的东西上赚取钱是不光彩的行为。

[法]居里夫人.引自:伊里莎白·卢滨著.高志冲译.孙以桢校.居里夫妇.
原子能出版社,1982,49

人类当然需要注重实利的人,这些人虽然没有忘记公共利益,但是他

们从自己的工作中收益最大,并且注意保护自己的利益。然而,人类也需要富有理想的人,对于这种人说来,无私地发展一种事业是如此迷人,以至他们不能去关心他们个人的物质利益。

[法]居里夫人. 引自:卢永建编译. 居里夫人. 山东科学技术出版社,1979,54

我的收入近来大大地增加了,但是我自己的需要并没有改变。我极想捐献我可以拿出来的那一部分钱,资助或者促进地质学和生物学的研究和发展。我一生多病,但我在博物学中找到了安慰,同时由于从事博物学研究而得到了极大的愉快和荣誉,而协助或者促进科学的进展会使我感到更大的愉快。

[英]达尔文. 引自:孙观清等编著. 达尔文传. 长春出版社,2003,246

只要我们具有能改善事物的能力,我们的首要职责就是利用它并训练我们的全部智慧和能力,来为我们人类至高无上的事业服务。

[英]赫胥黎. 引自:王通讯,朱彤编. 科学家名言. 河北人民出版社,1980,2

科学的真正的、合法的目标说来不外是这样:把新的发现和新的力量惠赠给人类生活。

[英]弗兰西斯·培根. 许宝骙译. 新工具. 商务印书馆,1984,58

一切为了大众。

[英]詹纳. 引自:孙利强主编. 影响青少年成长的99位名人·世界篇.
当代世界出版社,2004,298

为了发现科学真理,以及为了发现道德真理,必须使精神不带偏见,不徇私情,必须绝对诚心诚意。这两种真理一旦被发现,它们将给我们带来同样的欢乐。

[法]米尔·昂利·彭加勒. 李醒民译. 科学的价值. 光明日报出版社,1988,188

三、科学方法

1. 实验

通过试验,从错误中汲取教训,向目标前进。

[美] 爱迪生. 引自:陈俊熹编著. 爱迪生传. 长春出版社,2003,176

因为我深深懂得,只要一次实验或确证足以推翻所有可能的理由。

[意] 伽利略. 引自:缪克成著. 近代四大物理学家. 华东师范大学出版社,1986,31~32

实验是最有力、最可靠的手段,能使我们揭开自然界的秘密。实验是判断假说应当保留还是应当放弃的最后鉴定。

[德] 伦琴. 引自:奥托·格拉塞尔著. 高耕田,吴逸翰译. 伦琴传. 原子能出版社,1980,23~24

科学的方法是什么呢?简单说,科学的方法便是试验的方法。这方法的大意,简单说,便是用人的动作将一方的心的作用和别的一方的天然界的事实连起来。

[美] 杜威. 胡适译. 杜威五大讲演. 安徽教育出版社,1999,137

做实验的长久习惯,使最粗糙的操作者拥有一种带灵感性质的预感。

[法] 狄德罗. 引自:北京大学哲学系外国哲学史教研室编译. 西方哲学原著选读·下卷. 商务印书馆,2003,157

实验应该反复地做，把各种情况的细节搞清楚，把适用的限度弄明白。应当把各项实验搬到不同的对象上去，使实验错综复杂，用一切可能的方式把它们组合起来。

[法]狄德罗. 引自：北京大学哲学系外国哲学史教研室编译.

西方哲学原著选读·下卷. 商务印书馆，2003，159

试验愈固，理愈靠实。

严复. 引自：肖万源著. 中国近代思想家的宗教和鬼神观. 安徽人民出版社，1991，169

科学之价值即在实验。

蔡元培. 引自：高平叔编. 蔡元培论科学与技术. 河北科学技术出版社，1985，48

实验有两个目的，彼此往往互不相干：观察迄今未知或未加释明的新事实；以及判断为某一理论提出的假说是否符合大量可观察到的事实。

[美]雷内·杜傅斯. 引自：王通讯，朱彤编. 科学家名言. 河北人民出版社，1980，68

感觉所决定的只接触到实验，而实验所决定的则接触到自然和事物本身。

[英]弗兰西斯·培根. 引自：北京大学哲学系外国哲学史教研室编译.

西方哲学原著选读·上卷. 商务印书馆，2003，352

研究科学的最大诀窍，在我看来，要计算正确，还要实验精细，而后虚心求证，如此则绝不至于有错。

[美]厄兰格. 引自：李澄之编译. 诺贝尔医学奖金获得者传略. 科学普及出版社，1981，115

把经验的态度同演绎的态度截然对立起来，那是错误的，而且也不代表伽利略的思想。

[美]爱因斯坦. 爱因斯坦文集·第一卷. 商务印书馆，1977，584

一件事实，除非亲眼目睹，我决不能认为自己已经掌握——我必须使

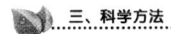

我的研究具有真正的实验性。

[英]法拉第. 引自:秦关根著. 法拉第. 中国青年出版社,1982,212

物理学家是在自然过程表现得最确实、最少受干扰的地方考察自然过程的,或者,如有可能,是在保证过程以其纯粹形态进行的条件下从事实验的。

[德]马克思. 马克思恩格斯全集·第23卷.8

近代科学的主要特征之一在于使用科学仪器。

[英]亚·沃尔夫. 周昌忠等译. 十六、十七世纪科学、技术和哲学史. 商务印书馆,1997,14

今之科学,固不能废推理,而大要本之实验。有实验而后有正确智识,有正确智识而后有真正学术,此固为学之正鹄也。

任鸿隽. 引自:樊洪业等选编. 科学救国之梦——任鸿隽文存. 上海科技教育出版社,上海科学技术出版社,2002,116

西洋文明最大的贡献是科学法。但科学可说就是精密有数量的实法。没有实验与算数,没有健实的实在之感,能有科学么?

张申府. 引自:丁守和编. 中国近代启蒙思潮·下卷. 社会科学文献出版社,1999,304

科学进展的历史告诉我们,新的知识只能通过实地实验而得到,不是由自我检讨或哲理的清谈就可求到的。

[美]丁肇中. 引自:戴友夫主编. 著名科学家演讲鉴赏. 山东人民出版社,1995,299

实验的过程不是消极地观察,而是积极地、有计划地探测……实验的过程不是毫无选择地测量,它需要有小心具体的计划。特别重要的,是要有一个适当的目标,以作为整个探索过程的向导。至于这目标怎样选定,就要靠实验者的判断力和灵感。一个成功的实验需要的是眼光、勇气和毅力。

<blockquote>[美]丁肇中. 引自:戴友夫主编. 著名科学家演讲鉴赏. 山东人民出版社,1995,299</blockquote>

自然科学(物理、天文、生物、化学等)是实验科学。一个理论无论它多么高明并合乎逻辑,若无法由实验加以印证,终究是毫无意义的。实验与理论交互影响的结果,促进了科学的进步。先进精确的实验结果和理论之预测互相对照,终致产生新的理论,而此新理论又面临新的实验之挑战。所以作为一个好的科学家,必须对理论与实验的基础有深入的理解。

<blockquote>[美]丁肇中. 丁肇中致同学们的一封信. 宁夏教育.2001,(11):47</blockquote>

试验并不总是获得成功,但成功必须经过试验。

<blockquote>[英]涅维尔·马斯基林. 引自:文三甲主编. 名人与你同生日丛书·第十辑. 山西人民出版社,2000,25</blockquote>

科学并不是从广泛的假设出发,而是从观察或实验所发现的特殊事实出发。从一些这类事实中得出一条普遍的规律,如果这个普遍规律是正确的,那么这些事实就是这个普遍规律的例证。

<blockquote>[英]罗素. 徐奕春,林国夫译. 宗教与科学. 商务印书馆,1982,4</blockquote>

要了解科学、获得一种可靠的探索真理的科学态度,需要每一个学生在实验室、研讨室、研究所里有这样一种实验方法,即井井有条地与物自身打交道——这需要方法论上的自觉。

<blockquote>[德]雅斯贝尔斯. 余灵灵,徐信华译. 存在与超越——雅斯贝尔斯文集. 三联书店,1988,26</blockquote>

凡是希望对于在现象背后的真理得到毫无怀疑地欢乐的人,就必须知道如何使自己献身于实验。

<blockquote>[英]罗吉尔·培根. 引自:北京大学哲学系外国哲学史教研室编译. 西方哲学原著选读·上卷. 商务印书馆,2003,288</blockquote>

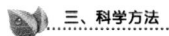

人们努力进行实验的时候,一开头都是提出一些特定的工作要求完成,都是怀着早熟的、过早的热情去追索的。这种努力,我说,寻求的是产生果实的实验,而不是带来光明的实验。

[英]弗兰西斯·培根.引自:北京大学哲学系外国哲学史教研室编译.

西方哲学原著选读·上卷.商务印书馆,2003,341

在17世纪初,人们对科学推理模式的主导看法是认为它应该是数学的和论证的,这一看法在笛卡尔的名著《论方法》一书中成了一种法规。而在18世纪和19世纪初,大多数自然哲学家坚信,科学方法应该是归纳的和实验的。

[美]L·劳丹.刘新民译.进步及其问题.华夏出版社,1990,56

但是,我们不仅要谋求并占有更大数量的实验,还要谋求并占有一种与迄今所行的实验不同种类的实验;还必须倡导一种完全不同的、足以促进和提高经验的方法、秩序和过程。

[英]弗兰西斯·培根.许宝骙译.新工具.商务印书馆,1984,79

一种实验如果不能把规律推广到新的事例上去,或者不能以某种例外来限制规律的有效范围,那就是毫无意义的实验。要弄明白自己的试验有多大价值,最简捷的办法就是把它当做一个直接推论的前提,看看得出什么结论。

[法]狄德罗.引自:北京大学哲学系外国哲学史教研室编译.

西方哲学原著选读·下卷.商务印书馆,2003,159

一种比较真正的对自然的解释只有靠恰当而适用的事例和实验才能做到,因为在那里,感官的裁断只触及实验,而实验则是触及自然中的要点和事物本身的。

[英]弗兰西斯·培根.引自:王太庆主编.西方自然哲学原著选辑.1993,15

科学的教授,在高级的学校里,这百年来经历了一大革命,就是添出一

种"试验室"的新方法。物理、化学等学科,都有试验室,可以实地试验。

[美]杜威.胡适译.杜威五大讲演.安徽教育出版社,1999,108

武断派认定一个观念,往前做去。怀疑派不承认绝对的真理,这是他好处。但他们都没有建设。试验的方法,有武断派的积极兼有怀疑派的研究态度,有两派之长,而没有两派之短。

[美]杜威.胡适译.杜威五大讲演.安徽教育出版社,1999,140

试验的方法是进步的方法,非但不反对变迁,而且注重变迁。事物不是一成不变的,都以境地不同而变迁。试验方法,最重要在新分子的随时加入,影响于进步的境地,为有计划、有把握的冒险。新分子加入以后,也以试验的结果来定价值。

[美]杜威.胡适译.杜威五大讲演.安徽教育出版社,1999,140

一个勇敢的实验,无疑地证明了一个伟大的成就。

[英]卢瑟福.引自:阎康年著.卢瑟福与现代科学的发展.科技文献出版社,1987,177

探求事物属性的准确方法是从实验中把它们推导出来。

[英]牛顿.引自:缪克成编.近代四大物理学家.华东师范大学出版社,1986,88

资历?很多人用资历装扮自己,就像用斗篷来遮盖赤裸裸的身体一样。有些人资历很深,在科学上却一事无成,甚至利用自己的资历去吓唬别人;有些人好像缺少足够的资历,甚至什么资历也没有,却能在科学上作出成就和贡献。您(指达尔文)有比较丰富的实践经验和敏锐的观察能力,这就是有利的条件。

[英]赖尔.引自:张秉伦等著.达尔文.中国青年出版社,1982,131

我知道,除非开展对活动物做实验,否则生理学不可能取得进步;我并且确信,那些阻挡生理学进步的人是对人类犯罪。

[英]达尔文.引自:孙观清等编.达尔文传.长春出版社,2003,38

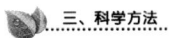

我是一个彻头彻尾的实验家。我的全部生活就是实验。

[前苏联]巴甫洛夫.引自:王通讯,朱彤编.科学家名言.河北人民出版社,1980,66

才智是实验的女儿。

[意]达·芬奇.引自:洪松编译.外国名言一千句.新蕾出版社,1981,77

任何人都承认实验是科学之母,这是确定不移的真理,谁也不会否认。

[前苏联]米丘林.引自:苏越著.应用逻辑学.山西人民出版社,1984,173

实验室和发明是两个双关的名词,如果没有实验室,自然科学就渐渐枯萎。

[法]巴斯德.引自:谢德铣编.名人格言.山西人民出版社,1982,62

科学是将领,实践是士兵。

[意]达·芬奇.引自:阎国忠著.基督教与美学.辽宁人民出版社,1989,410

在研究一个科学问题时,我首先安排几种实验。因为我的目的是根据经验来决定问题,然后指出为什么物体在什么原因下会有这样的效应。这是一切从事研究自然现象所必须遵循的方法。

[意]达·芬奇.引自:关士续主编.科学技术史教程.高等教育出版社,1989,109

任何一种想法或假说,只有经过实验的检验,才能在科学上有立足之地。

[美]托马斯·亨特·摩尔根.引自:尚克奇编.世纪智慧——20世纪影响人类发展进程的科学家.上海科学技术出版社,2000,39

我们有三种主要方法:对自然的观察、思考和实验。观察搜集事实;思考把它们组合起来;实验则证实组合的结果。对自然的观察应该专注,思考应该深刻,实验则应该精确。

[法]狄德罗.引自:北京大学哲学系外国哲学史教研室编译.西方哲学原著选读·下卷.商务印书馆,2003,155

在科学研究中,再没有比重复做一个实验,而实验又每次都会成功更令人愉快的了。

[美]爱德华·威尔逊.杨玉龄译.大自然的猎人——生物学家威尔逊自传.

上海科学技术出版社,2000,318

同大多数别的工作一样,实验的成功与否主要取决于准备工作的细致程度。

[英]贝弗里奇.陈捷译.科学研究的艺术.科学出版社,1979,12

实验有时也会给人以十分错误的印象。

[英]贝弗里奇.陈捷译.科学研究的艺术.科学出版社,1979,24

没有实验室,科学家就成了战场上被缴了械的兵。

[法]巴斯德.引自:李政主编.与名人有约.中国档案出版社,2004,221

我希望有这样一种实验,它在任何情况下都能重演,而且总是产生同一结果,正如人们习惯于对任何一种好的生理学实验所要求的结果一样。

[德]约翰内斯彼得·弥勒.引自:文三甲主编.名人与你同生日丛书·第七辑.

山西人民出版社,2000,57

在试验结束之前,不可对前景作乐观估计。

[美]亨利·亚·海姆利奇.引自:文三甲主编.名人与你同生日丛书·第二辑.

山西人民出版社,2000,14

只有"通过科学实验才能进行检验,而这种实验和实践者的所谓试验,是不能同日而语的。"

[德]卡尔·威廉·冯·耐格尔.引自:文三甲主编.名人与你同生日丛书·第三辑.

山西人民出版社,2000,115

我相信与其花工夫去为已经做过的实验争辩,还不如有空做做新实验。

[美]富兰克林.米子译.富兰克林自传.花城出版社,2004,187

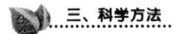

若与实验不符那就是错的。这样简单说说的东西,仍是科学的关键。不论你的猜测是多么美妙,也不论作出这一猜测的人有多么精明,他是谁,叫什么名字,都不会有任何区别——若与实验不符那就是错的。

[美]理查德·弗恩曼. 引自:约翰·格里宾,玛丽·格里宾著. 江向东译. 迷人的科学风采——弗恩曼传. 上海科技教育出版社,1999,191

科学就是这样由量变到质变,再由质变到量变不断地发展的。因此,科学实验也要不断进行,不断深化,不断积累,不能主观地要求科学实验不经过缓慢的量变过程而达到突变阶段。那样是违反科学发展规律的,事实上也是不可能的。

钱三强. 钱三强科普著作选集. 上海教育出版社,1990,7

实验上的失败,可能会成为发现的开端。

[前苏联]巴甫洛夫. 引自:谢德铣编. 名人格言. 山西人民出版社,1982,145

我生平从来没有做出过一次偶然的发明。我的一切发明都是经过深思熟虑,严格试验的结果。

[美]爱迪生. 引自:李明编著. 青少年发明创造的思路和方法. 海洋出版社,1993,93

做实验的时候,我们如果仅仅注意那些预期的事物,就很可能错过预料之外的现象。

[英]贝弗里奇. 陈捷译. 科学研究的艺术. 科学出版社,1979,107

言论应该用实验来证明。

[前苏联]巴甫洛夫. 引自:王通讯,朱彤编. 科学家名言. 河北人民出版社,1980,67

2. 观察

对我来说,观察的兴趣和写作的兴趣,我更喜欢前者。

[英]达尔文. 引自:孙观清等编. 达尔文传. 长春出版社,2003,194

培根像亚里士多德一样,把科学看做从观察上升到一般原理,然后再回到观察。

[美]约翰·洛西.邱仁宗,金吾伦译.科学哲学历史导论.华中工学院出版社,1982,65

观察和理解的乐趣,是大自然的最优美的礼物。

[美]爱因斯坦.爱因斯坦文集·第三卷.商务印书馆,1979,315

但是在原则上,试图单靠可观察量来建立理论,那是完全错误的。实际上,恰恰相反,是理论决定我们能够观察到的东西。

[美]爱因斯坦.爱因斯坦文集·第一卷.商务印书馆,1977,211

在歌德看来,对自然界的任何观察都是一种深沉而直接的个人心理经验,他不容许科学的抽象来干扰。

[美]爱因斯坦.爱因斯坦文集·第一卷.商务印书馆,1977,564

进行观察和实验是为了检验或阐明某个理论,只有被认为同那个任务有关的观察才应该被记录下来。

[英]A·F·查尔默斯.查汝强等译.科学究竟是什么?.商务印书馆,1982,42

科学语言包含若干分等级的层次,底层是记录仪器读数的陈述,顶层是理论。

[美]约翰·洛西.邱仁宗,金吾伦译.科学哲学历史导论.华中工学院出版社,1982,181

尽管从实验和观察出发的归纳论证并不能证明一般性结论,但它依然是事物的本性所容许的论证方法。

[英]牛顿.引自:约翰·洛西著.邱仁宗,金吾伦译.科学哲学历史导论.华中工学院出版社,1982,84

对客观化的经验科学而言,只有立足于观察之上的客观自然知识还大有前途,解释科学相反只有从交往参与者的行事立场中才能找到进入历

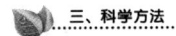

史—文化世界的途径。

[德]于尔根·哈贝马斯.曹卫东,付德根译.后形而上学思想.译林出版社,2001,34

从事医药研究的人,应该把眼光盯在显微镜下。

[德]罗伯特·柯赫.引自:舒虹编著.诺贝尔奖获得者传略·医学和生理学奖.

吉林人民出版社,1996,141

观察之前推理是必要的,观察之后推理是有用的,但观察之中推理是极端错误的。

[英]达尔文.引自:李板星主编.世界名人传记鉴赏辞典.中国工人出版社,1992,1091

自然界不会亏待认真观察的人。

[意]卡尔洛·皮亚季亚.引自:文三甲主编.名人与你同生日丛书·第一辑.

山西人民出版社,2000,76

观察的真正意义在于有所发现而不固守己见。

[意]卡尔洛·皮亚季亚.引自:文三甲主编.名人与你同生日丛书·第一辑.

山西人民出版社,2000,121

观察必须有明确目的,同时也必须有正确的方法。

[美]乔治·斯特宾斯.引自:文三甲主编.名人与你同生日丛书·第一辑.

山西人民出版社,2000,116

天才不过是一种用非常规的方式观察问题的能力。

[美]威廉·詹姆士.引自:文三甲主编.名人与你同生日丛书·第一辑.

山西人民出版社,2000,124

缺少观察的目光必然会减弱知识的力量。

[法]理查德·米克.引自:文三甲主编.名人与你同生日丛书·第九辑.

山西人民出版社,2000,77

观察使人变得聪明,没有周密细致的观察,科学研究将一事无成。

[美]塞维罗·奥乔亚.引自:文三甲主编.名人与你同生日丛书·第九辑.

山西人民出版社,2000,106

我的唯一的功劳是没有疏忽观察。

[英]亚历山大·弗莱明.引自:文三甲主编.名人与你同生日丛书·第八辑.

山西人民出版社,1999,26

实验在于使事件在已知条件下发生,尽量消除外界无关的影响;并能进行密切的观察,以便揭示现象之间的关系。

[英]贝弗里奇.陈捷译.科学研究的艺术.科学出版社,1979,14

在进行观察和实验时,如不十分注意保持客观态度,就有可能不自觉地歪曲结果。

[英]贝弗里奇.陈捷译.科学研究的艺术.科学出版社,1979,53

科学实验在于挑选出某些事物,借助适当的方法和工具进行观察。

[英]贝弗里奇.陈捷译.科学研究的艺术.科学出版社,1979,106

观察,观察,再观察。

[前苏联]巴甫洛夫.引自:王通讯,朱彤编.科学家名言.河北人民出版社,1980,56

应当先学会观察。不学会观察,你就永远当不了科学家。

[前苏联]巴甫洛夫.引自:王通讯,朱彤编.科学家名言.河北人民出版社,1980,57

观察是搜集自然现象所提供的东西,而实验则是从自然现象中提取它所愿望的东西。

[前苏联]巴甫洛夫.引自:王通讯,朱彤编.科学家名言.河北人民出版社,1980,58

只有那些进行了多年的观察,并且实地去做的科学家的论断才是很需

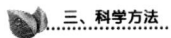

要的。

  [前苏联]米丘林.引自:王通讯,朱彤编.科学家名言.河北人民出版社,1980,57

  你们要给自己的热心找到一个不可分离的伴侣,这个伴侣就是严格的观察。

  [法]巴斯德.引自:王通讯,朱彤编.科学家名言.河北人民出版社,1980,57

  近来大科学家考察万事万物,不是专靠书。他们所出的书,不过是由考察的心得贡献到人类的记录罢了。他们考察的方法有两种:一种是用观察,即科学;一种是用判断,即哲学。人类进化的道理,都是由此两种学问得来的。

  孙中山.孙中山选集.人民出版社,1981,695

  我既没有突出的理解力,也没有过人的机智。只是在觉察那些稍纵即逝的事物并对其进行精细观察的能力上,我可能在众人之上。

  [英]达尔文.引自:王通讯,朱彤编.科学家名言.河北人民出版社,1980,58

  在研究工作中养成良好的观察习惯比拥有大量学术知识更为重要,这种说法并不过分。

  [英]贝弗里奇.引自:杨栩编.外国名人名言录.新华出版社,1983,25

  我愿说实话:青霉素是从一次偶然的观察中发现的。我的唯一功劳是我没有忽视观察,还有就是作为一个细菌学者,我研究了这个课题。

  [英]亚历山大·弗莱明.引自:牛荇煦,姜晓春编.中外名人趣闻.青海人民出版社,1983,196

  进行有效的科学观察还必须有良好的基础,因为只有熟悉正常情况,才能注意到不寻常或未加释明的现象。

  [英]贝弗里奇.陈捷译.科学研究的艺术.科学出版社,1979,109

  科学始于问题的看法同理论先于观察和观察陈述是完全相容的。科学并不始于纯粹的观察。

  [英]A.F.查尔默斯.科学究竟是什么?.查汝强等译.商务印书馆,1982,55

我发现,虽然是无意识地和不自觉地,观察和推论比起技艺和运动,是远为高等的一种令人愉快的事情。

[英]达尔文.引自:F•达尔文著.叶笃庄,叶晓译.达尔文生平.科学出版社,1983,89

3.逻辑

归纳法是自然科学的胜利,却是哲学的耻辱。

[德]石里克.引自:洪谦主编.逻辑经验主义.商务印书馆,1982,257

或曰论理学之要术有二,一曰演绎法,一曰归纳法。二者之于科学也,如车之有两轮,如鸟之有两翼,失其一则无以为用也。

任鸿隽.引自:樊洪业等选编.科学救国之梦——任鸿隽文存.上海科技教育出版社,
上海科学技术出版社,2002,21

归纳法尚官感,而演绎法尚心思。归纳法置事实于推理之前,演绎法置事实于推理之后是也。

任鸿隽.引自:樊洪业等选编.科学救国之梦——任鸿隽文存.上海科技教育出版社,
上海科学技术出版社,2002,21

今欲学术兴,真理明,归纳论理之术,科学实证之法,其必代圣教而兴欤。

陈独秀.三联书店编辑.陈独秀文章选.三联书店,1984,279

一般可以这样说:从特殊到一般的道路是直觉性的,而从一般到特殊的道路则是逻辑性的。

[美]爱因斯坦.爱因斯坦文集•第三卷.商务印书馆,1979,490~491

我们已经知道,归纳的物理学向演绎的物理学提出问题;反过来,演绎的物理学也向归纳的物理学提出问题。而回答这些问题,那是需要我们全力以赴的。愿我们通过我们团结一致的努力,在永恒的前进中迅速取

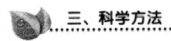

得胜利!

　　　　[美]爱因斯坦.爱因斯坦文集·第一卷.商务印书馆,1977,77

　　适用于科学幼年时代的以归纳为主的方法,正在让位给探索性的演绎法。这样一种理论结构,在它能导出那些可以同经验作比较的结论之前,需要加以非常彻底的精心推敲。

　　　　[美]爱因斯坦.爱因斯坦文集·第一卷.商务印书馆,1977,262

　　没有一种归纳法能够导致物理学的基本概念。对这个事实的不了解,铸成了19世纪多少研究者在哲学上的根本错误。这也许就是分子论和麦克斯韦理论只有在比较晚近的年代里才能确立起来的缘故。逻辑思维必然是演绎的;它以假设的概念和公理为基础。我们怎样能够指望来选择这些概念和公理,使我们可以希望那些从它们导出来的推论得以证实呢?

　　　　[美]爱因斯坦.爱因斯坦文集·第一卷.商务印书馆,1977,357

　　值得注意的是,普朗克从讨论很一般的问题开始了他的评论家的活动。这是普朗克的全部工作方式的特点,也可能是纯理论工作者一般采用的方法。他们总是从某些最一般的原理出发,从它推出个别特殊的结论,然后再把这些结论同经验相比较。

　　　　[美]爱因斯坦.爱因斯坦文集·第一卷.商务印书馆,1977,68

　　科学不同于伪科学或者形而上学的地方,是它的经验方法;这主要就是归纳方法,是从观察或实验出发的。但这(一说法)并不使我满意。

　　　　[英]卡尔·波普尔.纪树立等译.猜想与反驳.中国美术学院出版社,2003,43

　　培根新方法的两个主要特点是强调逐步的、渐进的归纳和排除法。

　　　　[美]约翰·洛西.邱仁宗,金吾伦译.科学哲学历史导论.华中工学院出版社,1982,66

　　一般而言,"关联式的思考"及"宇宙类比思想",在"新哲学"或"实验哲学"上的胜利下,不复能存在。实验、归纳法与自然科学的数学化,将一切的原始形式一扫而空,以迎接现代的世界。

[英]李约瑟. 陈立夫等译. 中国古代科学思想史. 江西人民出版社,1990,460

《礼记·大学》称:格物致知。学者类以为物理之专名,而不知实科学之大法也。科学大法二:曰归纳法,曰演绎法。归纳者,致曲而会其通,格物是也。演绎者,结一而毕万事,致知是也。二者互相为资,而独辟之智必取径于归纳。

蔡元培. 引自:高平叔编. 蔡元培论科学与技术. 河北科学技术出版社,1985,3

格致真术,存乎内籀,此说固确。

[英]耶方斯. 严复译. 名学浅说. 商务印书馆,1981,66

笛卡尔则认为,实验只与科学的细节有关,要建立自然哲学的一般原则,光靠推理就行了。

[美]理查德·S·韦斯特尔福. 彭万年译. 近代科学的建构. 复旦大学出版社,2000,122

言理不言其故,似理非理也

徐光启. 王重民辑校. 徐光启集·卷二·简平仪说序. 上海古籍出版社,1984,358

及观西人名学,则见其于格物致知之事,有内籀之术焉,有外籀之术焉。内籀云者,观察其曲而知其全者也,执其微以会其通者也。外籀云者,据公理以断众事者也,设定数以逆未然者也。

严复. 引自:汪奠基著. 中国逻辑思想史·第1辑. 人民出版社,1979,409

"内籀"东译谓之"归纳",乃总散见之事,而纳诸一例之中……"外籀"东译谓之"演绎"。外籀者,本诸一例而推散见之事者也。

严复. 胡伟希选注. 论世变之亟——严复集. 辽宁人民出版社,1994,159

倾注于科学与技术发明之中的思维工作是富有创造性的劳动,会使民众的知识更加丰富。

  [俄]梅奇尼科夫.引自:叶·谢·利希滕施泰因主编,印佳翔等译.科学名言集.
上海科学技术出版社,1986,29

  要深入自然的内部深处,必须用一种更稳当更审慎的方法,把概念和公理从事物中引申出来;必须要采取一种更好的和更确切的运用理智的方法。

  [英]弗兰西斯·培根.引自:北京大学哲学系外国哲学史教研室编译.
西方哲学原著选读·上卷.商务印书馆,2003,358

  离开科学的基础和方法——logical system（逻辑的系统）——便是诗人的想象或妄人的胡思乱想,和思想大两样。

  陈独秀.独秀文存.安徽人民出版社,1987,791

  寿命的缩短与思维的虚耗成正比。

  [英]查理·罗伯特·达尔文.引自:文三甲主编.名人与你同生日丛书·第二辑.
山西人民出版社,2000,54

  活跃的思维有助于快速的思考,有益于找到解决问题的办法。

  [美]苏布拉曼扬·昌德拉塞卡.引自:文三甲主编.名人与你同生日丛书·第十辑.
山西人民出版社,2000,88

  在严峻的生活中我学会了思考,在严肃的思考中我学会了探索。

  [英]查里斯·莱伊尔.引自:文三甲主编.名人与你同生日丛书·第九辑.
山西人民出版社,2000,60

  不管你喜不喜欢思考,人类就是因思考而存在的。

  [英]谭普尔.引自:文汇,刘爱荣编.佳句秀语大辞典.海洋出版社,
1991,209

不要用固定不变的观点思考,否则一切都将是凝固的。

　　　　[美]塞维罗·奥乔亚.引自:文三甲主编.名人与你同生日丛书·第九辑.

　　　　　　　　　　　　　　　　　　　　山西人民出版社,2000,106

要审慎地思考,但要果断地行动;要宽宏地谦让,但要坚决地反对。

　　　　[美]盖尔德内尔·科尔顿.引自:文三甲主编.名人与你同生日丛书·第二辑.

　　　　　　　　　　　　　　　　　　　　山西人民出版社,2000,30

如果你年轻时就没有学会思考,那么就永远不会思考。

　　　　[美]爱迪生.引自:李政主编.与名人有约.中国档案出版社,2004,298

不下决心培养思考的人,便失去了生活中最大的乐趣。

　　[美]爱迪生.引自:吴诚著.怎样当一个现代领导者.上海交通大学出版社,1986,127

真理是沉默和不断思考的后裔。

　　　　[英]牛顿.引自:盖尔·E·克利斯汀森著.陈明璐,李麟译.牛顿与科学革命.

　　　　　　　　　　　　　　　　　　　　百花文艺出版社,2001,29

在创作家的事业中,每一步都要深思而后行,而不是盲目地瞎碰。

　　　　[前苏联]米丘林.引自:王通讯,朱彤编.科学家名言.河北人民出版社,1980,31

善于思考的人,一旦从传统偏见的令人眩目的影响中解脱出来,将会在人类的低等祖先中找到人类伟大能力的最好证据;并且从人类过去的漫长进化过程中,将会找到人类对达到更崇高的未来的信心的合理根据。

　　　　[英]赫胥黎.引自:王通讯,朱彤编.科学家名言.河北人民出版社,1980,30

水若停滞即失纯洁,心不活动精气立消。

　　　　[意]达·芬奇.引自:王通讯,朱彤编.科学家名言.河北人民出版社,1980,27

没有时间思索的科学家,那是一个毫无指望的科学家;如果不能改变

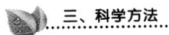

自己的日常生活制度,挤出足够的时间去思考,那他最好放弃科学。

[前苏联]柳比歇夫.引自:王通讯,朱彤编.科学家名言.河北人民出版社,1980,31

科学研究中最重要的工具必须始终是人的头脑。

[英]贝弗里奇.陈捷译.科学研究的艺术.科学出版社,1979,ix

创造性思考起始于对困难的认识。

[英]贝弗里奇.陈捷译.科学研究的艺术.科学出版社,1979,71

我们不能仅仅根据某一设想不符合一种盛行理论的逻辑演绎而予以舍弃。

[法]贝尔纳.引自:W·I·B·贝弗里奇著.陈捷译.科学研究的艺术.科学出版社,1979,93

寻求和发现真理的道路只有两条,也只能有两条。一条是从感觉和特殊事物飞到最普遍的公理,把这些原理看成固定和不变的真理,然后从这些原理出发,来进行判断和发现中间的公理。这条道路是现在流行的。另一条道路是从感觉与特殊事物把公理引申出来,然后不断地逐渐上升,最后才达到最普遍的公理。这是真正的道路,但是还没有试过。

[英]弗兰西斯·培根.引自:北京大学哲学系外国哲学史教研室编译.
西方哲学原著选读·上卷.商务印书馆,2003,358

但是对于科学和技术的发现和证明有用的归纳法,则必须要用适当的拒绝和排斥的办法来分析自然。然后,在得到足够数目的消极例证之后,再根据积极例证来作出结论。

[英]弗兰西斯·培根.引自:北京大学哲学系外国哲学史教研室编译.
西方哲学原著选读·上卷.商务印书馆,2003,361

科学的方法,便是归纳的方法,一切都从事实下手,从试验下手。思想界因此起了很大的影响,故可称之为思想界的大革命。

[美]杜威.胡适译.杜威五大讲演.安徽教育出版社,1999,125

科学依赖于知觉和推理；它的可信性是由于那些知觉是任何一个观察者都能够验证的。

[美]杜威．胡适译．杜威五大讲演．安徽教育出版社，1999，125

科学方法是什么呢？换一个名字说，就是实质的逻辑。这实质的逻辑，就是制造知识的正当方法。

王星拱．引自：丁守和编．中国近代启蒙思潮·中卷．社会科学文献出版社，

1999，122

科学的重要推理与逻辑和数学的推理不同，只具有概然性，这已经是人所共知的了；换句话说，如果前提真并且推理正确，那么结论仅仅可能真。

[英]罗素．张金言译．人类的知识．商务印书馆，2003，5

科学中的每一发明都不是仅靠一时的"灵感"或"启发"得来的，而是靠丰富的感性知识，并靠从这些知识中反复归纳和研究而得出的，其经过往往是一步一步地逼近，或者是推翻了不少推测和假设而得来的。

华罗庚．华罗庚科普著作选集．上海教育出版社，1984，278

近世科学又称归纳科学或实验科学，但是科学家从事工作，演绎法与归纳法必得并用。

竺可桢．引自：樊洪业，段异兵编．竺可桢文录．浙江文艺出版社，1999，39

科学家应该养成一种好习惯，决不信赖以推理为唯一依据的设想。

[英]贝弗里奇．陈捷译．科学研究的艺术．科学出版社，1979，94

物理学是从概念上掌握实在的一种努力，至于实在是否被观察，则被认为是无关的。人们就是在这种意义上来谈论"物理实在"的。

[美]爱因斯坦．爱因斯坦文集·第一卷．商务印书馆，1977，36

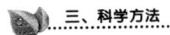

但是,科学按其本性来说,是分析性的和抽象的,它不能不尽可能用物理学术语表述科学的知识,因为物理学是一切自然科学中最基本的和最抽象的科学。

[英]W·C·丹皮尔.李珩译.科学史及其与哲学和宗教的关系·下.商务印书馆,1975,14~15

当科学解释由于当时的知识不足以获致正确概括而失败时,想象就代替了它,摆出一类朴素类比法的解释来满足要求普遍性的冲动。

[德]H·赖辛巴哈.伯尼译.科学哲学的兴起.商务印书馆,2004,11

但理论思维仅仅是一种天赋的能力。这种能力必须加以发展和锻炼,而为了进行这种锻炼,除了学习以往的哲学,直到现在还没有别的手段。

[德]恩格斯.自然辩证法.人民出版社,1971,27

然而恰好辩证法对今天的自然科学来说是最重要的思维形式,因为只有它才能为自然界中所发生的发展过程,为自然界中的普遍联系,为从一个研究领域到另一个研究领域的过渡提供类比,并从而提供说明方法。

[德]恩格斯.自然辩证法.人民出版社,1971,28

我们很难拿到一本理论自然科学书籍而不得到这样一个印象:自然科学家自己感觉到,这种纷扰和混乱如何厉害地统治着他们,现在流行的所谓哲学如何绝对不能给他们以出路。除了以这种或那种形式从形而上学的思维复归到辩证的思维,在这里没有其他任何出路,没有达到思想清晰的任何可能。

[德]恩格斯.自然辩证法.人民出版社,1971,29

无论如何,自然科学现在已发展到如此程度,以致它再不能逃避辩证的综合了。

[德]恩格斯.反杜林论.人民出版社,1970,12

实际上,单靠一些从经验中抽象出来的孤立的普遍定律,他甚至什么也做不出来。在他没有揭示出那些能作为演绎推理基础的原理之前,他在经验研究的个别结果面前总是无能为力的。

[美]爱因斯坦.爱因斯坦文集·第一卷.商务印书馆,1977,76

推理在研究工作中的作用不是作出事实性或者理论性的发现,而是证实、解释并发展它们,并形成一个普遍的理论体系。

[英]贝弗里奇.陈捷译.科学研究的艺术.科学出版社,1979,99

4．非理性

在探索新知识的过程中,想象力虽是灵感的源泉,但如不受到训练,也可能酿成危险;丰富的想象力须用批评与判断来加以均衡。

[英]贝弗里奇.陈捷译.科学研究的艺术.科学出版社,1979,62

今天我们难以估量,在精确地建立加速度概念的公式并且认识它的物理意义时,该显示出多么大的想象力。

[美]爱因斯坦.爱因斯坦文集·第一卷.商务印书馆,1977,583

想象力比知识更重要,因为知识是有限的,而想象力概括着世界上的一切,推动着进步,并且是知识进化的源泉。严格地说,想象力是科学研究中的实在因素。

[美]爱因斯坦.爱因斯坦文集·第一卷.商务印书馆,1977,284

在多次的实践中,就可能产生新的直觉的东西——经验。而这种直觉往往是科学研究工作中的重要环节。这种直觉存在的基础,是广深的知识和丰富的经验。

[美]杨振宁.引自:徐胜南,孟东明编.杨振宁传.复旦大学出版社,1997,174

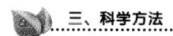

要用形象直感思维来思考问题,而不是单靠逻辑思维。

钱学森.引自:于景元,涂元季编.创建系统学.山西科学技术出版社,
2001,25

这使我联想起现代某些物理学家的论证来,它们确实很精细,很权威,但缺乏直觉。在理论方面对论证进行研究和检验,确实是一个直觉的问题。

[美]爱因斯坦.爱因斯坦文集·第一卷.商务印书馆,1977,453

灵感思维是人们在生活中真有的,我自己就有过多次,解决了研究中遇到的难题。这都是在半梦半醒时发生的。现在我想:这是在正常情形情况下,头脑中框框太多,阻碍大跨度的思维,所以要在半梦半醒中突破障碍,见到事理。但有一点必须明确:即灵感思维也是以人头脑中沉积的知识为基础的,如果没有人类的实践认识(自己的、他人告知的、书本上学得的),灵感思维也不能从天而降。

钱学森.引自:北京大学现代科学与哲学研究中心编.钱学森与现代科学技术.
人民出版社,2001,367

被作者所忽视的,也许是我性格中的非理性的、自相矛盾的、可笑的、近于疯狂的那些方面。这些东西似乎是那个无时无刻不在起着作用的大自然为了它自己的取乐而埋藏在人的性格里面的。但这些东西只有当一个人的心灵受到严重考验的时刻才会分别流露出来。

[美]爱因斯坦.爱因斯坦文集·第三卷.商务印书馆,1979,41

狭义相对论这一发现绝不是逻辑思维的成就,尽管最终的结果同逻辑形成有关。

[美]爱因斯坦.爱因斯坦文集·第一卷.商务印书馆,1977,44

不要摒弃幻想!

[前苏联]弗·阿·奥布鲁切夫.引自:王通讯,朱彤编.科学家名言.河北人民出版社,
1980,58

一个成功的科学家对机遇所提供的每一意外事件或观察现象予以注意,并对那些在他看来大有希望者进行研究。

[英]贝弗里奇.陈捷译.科学研究的艺术.科学出版社,1979,34

想象既是一切希望和灵感的源泉,而且同时也是沮丧失望的缘由。忘记这一点就会招致悲观绝望。

[英]贝弗里奇。引自:王通讯,朱彤编.科学家名言.河北人民出版社,1980,60

机遇只起提供机会的作用,必须由科学家去认出机会,抓住不放。

[英]贝弗里奇.陈捷译.科学研究的艺术.科学出版社,1979,35

新知识常常起源于研究过程中某种意外的观察或机遇现象。

[英]贝弗里奇.陈捷译.科学研究的艺术.科学出版社,1979,43

多数人发现:在紧张工作一段时间以后,悠游闲适和暂时放下工作的期间,更容易产生直觉。

[英]贝弗里奇.引自:王通讯,朱彤编.科学家名言.河北人民出版社,1980,29

逻辑是证明的工具,直觉是发明的工具;逻辑可以告诉我们走这条路或那条路保证不遇到任何障碍,但是它不能告诉我们哪一条路能引导我们到达目的地。为此,必须从远处瞭望目标,教导我们瞭望的本领是直觉。没有直觉,数学家便会像这样一个作家:他只是按语法写诗,但是却毫无思想。

[法]彭加勒,引自:李醒民著.彭家勒科学方法论的特色.
中国人民大学复印报刊资料,1984,5:77

机遇只垂青那些懂得怎样追求她的人。

[法]查理·尼科尔.引自:W·I·B·贝弗里奇著.陈捷译.科学研究的艺术.
科学出版社,1979,28

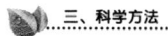

科学的灵感,绝不是坐待可以得来的。如果说,科学上的发现有什么偶然的机遇的话,那么这种"偶然的机遇"只能给那些学有素养的人,给那些善于独立思考的人,给那些具有锲而不舍的精神的人,而不会给懒汉。

华罗庚.华罗庚科普著作选集.上海教育出版社,1984,294

太阳在黄昏时渐渐退去,是为了让月亮和星星也有闪亮的机会。

[法]乌邦·让·约瑟夫·勒威耶.引自:文三甲主编.名人与你同生日丛书·第三辑.
山西人民出版社,2000,35

为做得更好,最好而斗争。

[德]哥特里普·戴姆斯.引自:文三甲主编.名人与你同生日丛书·第三辑.
山西人民出版社,2000,76

在观察的领域中,机遇只偏爱那种有准备的头脑。

[法]巴斯德.引自:W·I·B·贝弗里奇著.陈捷译.科学研究的艺术.科学出版社,
1979,35

我们需要训练自己的观察能力,培养那种经常注意预料之外事情的心情,并养成检查机遇提供的每一条线索的习惯。

[英]贝弗里奇.引自:王通讯,朱彤编.科学家名言.河北人民出版社,1980,56

有时,机遇带给我们线索的重要性十分明显,但有时只是微不足道的小事,只有很有造诣的人,其思想满载着有关论据并已发展成熟适于作出发现,才能看到这些小事的意义所在。

[英]贝弗里奇.引自:王通讯,朱彤编.科学家名言.河北人民出版社,1980,29

观察和机遇,亦即经验,在生物学"事实性"的发现中,有非常重要的作用。

[英]贝弗里奇.陈捷译.科学研究的艺术.科学出版社,1979,96

概念和命题只有通过他们同感觉经验的联系才获得其"意义"和"内

容"。后者同前者的联系纯粹是直觉的联系,并不具有逻辑的本性。科学"真理"同空洞幻想的区别就在于这种联系,即这种直觉的结合能够被保证的可靠程度,而不是别的什么。

[美]爱因斯坦. 爱因斯坦文集·第一卷. 商务印书馆,1977,5

在法拉第—麦克斯韦这一对同伽利略—牛顿这一对之间有非常值得注意的内在相似性——每一对中的第一位都直觉地抓住了事物的联系,而第二位则严格地用公式把这些联系表述了出来,并且定量地应用了它们。

[美]爱因斯坦. 爱因斯坦文集·第一卷. 商务印书馆,1977,15

这显然是由于我在数学领域里的直觉能力不够强,以致不能把真正带有根本性的最重要的东西同其余那些多少是可有可无的广博知识可靠地区分开来。

[美]爱因斯坦. 爱因斯坦文集·第一卷. 商务印书馆,1977,7

理论家的方法,在于应用那些作为基础的普遍假设或者"原理",从而导出结论。他的工作可分为两部分。他必须首先发现原理,然后从这些原理导出结论。对于其中第二步工作,他在学生时代已得到了很好的训练和准备。因此,如果在某一领域中或者在某一组相互联系的现象中,他的第一个问题已经得到解决,那么只要他相当勤奋和聪明,他就一定能够成功。可是第一步工作,即建立一些可用来作为演绎的出发点的原理,却具有完全不同的性质。这里并没有什么可以学习的和可以系统地用来达到目的的方法。科学家必须在庞杂的经验事实中间抓住某些可用精密公式来表示的普遍特征,由此探求自然界的普遍原理。

[美]爱因斯坦. 爱因斯坦文集·第一卷. 商务印书馆,1977,75

开普勒的惊人成就,是证实下面这条真理的一个特别美妙的例子,这条真理是:知识不能单从经验中得出,而只能从理智的发明同观察到的事实两者的比较中得出。

[美]爱因斯坦. 爱因斯坦文集·第一卷. 商务印书馆,1977,278

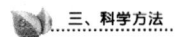

三、科学方法

我所指的是,正是在人的科学经验中,并非"铁的推论规律"(赫尔姆霍茨语)为他提供有成果的思想;相反,是不可预见的命运燃起了科学灵感的火花(例如牛顿对苹果落地的观察或其他偶然的观察)。

[德]伽达默尔.夏镇平,宋建平译.哲学解释学.上海译文出版社,1994,13

物理学家的最高使命是要得到那些普遍的基本定律,由此世界体系就能用单纯的演绎法建立起来。要通向这些定律,并没有逻辑的道路;只有通过那种以对经验的共鸣的理解为依据的直觉,才能得到这些定律。

[美]爱因斯坦.爱因斯坦文集·第一卷.商务印书馆,1977,102

从系统的理论观点来看,我们可以设想,经验科学的发展过程就是不断的归纳过程。人们发展起各种理论,这些理论在小范围内以经验定律的形式表达大量单个观察的陈述,把这些经验定律加以比较,就能探究出普遍性的规律。这样看来,科学的发展有点像编辑一种分类目录。它好像是一种纯粹的经验事业。

但是这种观点并没有看到整个实际过程;因为它忽略了直觉和演绎思维在精密科学发展中所起的重大作用。

[美]爱因斯坦.爱因斯坦文集·第一卷.商务印书馆,1977,115

我相信直觉和灵感。

[美]爱因斯坦.爱因斯坦文集·第一卷.商务印书馆,1977,284

我们在思维中有一定的"权利"来使用概念,而如果从逻辑的观点来看,却没有一条从感觉经验材料到达这些概念的通道。

[美]爱因斯坦.爱因斯坦文集·第一卷.商务印书馆,1977,409

从知觉材料到达"实在",到达理智,只有一条途径,那就是有意识的或无意识的理智构造的途径,它完全是自由地和任意地进行的。日常思维中属于"实在"领域的最基本的概念,是持续存在着的客体这个概念,比如我房子里的桌子这样的概念。但是给予我们的不是桌子本身,而不过是一种感觉的复合；对这个感觉的复合，我给它以"桌子"的名称和概念。这是一种以直觉为基础的思辨方法。在我看来，这对于认识如下的事实是极为重要的：这样的概念像其他一切概念一样，都是思辨—构造类型的概念。

[美]爱因斯坦.爱因斯坦文集·第一卷.商务印书馆，

1977，512

我们要多宣传这样一个观点：科学技术工作绝不能局限于抽象思维的归纳推理法，即所谓的"科学方法"，而必须兼用形象或直感思维。

钱学森.关于思维科学.上海人民出版社，1986，23

灵感是知识之泉涌动的浪花，是激情之火喷射的火焰。

[美]瓦尔特·吉尔伯特.引自：文三甲主编.名人与你同生日丛书·第三辑.

山西人民出版社，2000，97

灵感不光听智慧的使唤，更多的时候是投入信心的怀抱。

[比]阿贝·若尔日·勒梅特.引自：文三甲主编.名人与你同生日丛书·第七辑.

山西人民出版社，2000，73

灵感常常是瞬间的顿悟，却往往激励我们走向成功。

[美]吉蒂·黛丽莎·科里.引自：文三甲主编.名人与你同生日丛书·第八辑.

山西人民出版社，2000，65

灵感喜欢勤奋而博学的人，而将懒惰者或投机者拒之门外。

[英]克里斯托弗·雷恩.引自：文三甲主编.名人与你同生日丛书·第十辑.

山西人民出版社，2000，90

科学家永远不容许有一时一刻干瞪眼、瞎发呆。因为在理论和实验已有一定认识的基础上，突破性的创见往往得自心血来潮。

[英]霍金.引自：陈浩元编.科学家轶事.北京师范大学出版社，1983，107

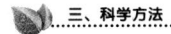

一旦科学插上了幻想的翅膀,它就赢得胜利。

[英]法拉第.引自:李政主编.与名人有约.中国档案出版社,2004,143

科学的每一项巨大成就,都是以大胆的幻想为出发点的。

[美]约翰·杜威.引自:洪松译编.外国名言一千句.开明出版社,1995,85

想象有如神话中的魔杖,常常会变幻出许多意想不到的东西。

[美]约翰·菲奇.引自:文三甲主编.名人与你同生日丛书·第一辑.山西人民出版社,2000,90

一个伟大的自然科学家根本不可能没有想象力这种高尚的资禀。我指的不是脱离客观存在而想入非非的那种想象力,而是站在地球的现实土壤上,根据真实的已知事物的尺度,来衡量未知的设想的事物的那种想象力。这样才可以证实这种设想是否可能,是否不违反已知规律。这种想象力的先决条件就是要有开阔的、冷静的头脑,把活的世界及其规律都巡视遍,而且能够运用它们。

[德]歌德.引自:爱克曼辑录.朱光潜译.歌德谈话录.人民文学出版社,2000,198

要能解释线索,并认识其可能的重要意义,就需要有不受固定观念束缚的知识,要有想象力、科学鉴赏力以及对一切未经解释的观察现象进行思考的习惯。

[英]贝弗里奇.陈捷译.科学研究的艺术.科学出版社,1979,43

不要忽视想象,想象常常是最好的设计师。

[英]约翰·邓鲁普.引自:文三甲主编.名人与你同生日丛书陈捷译.第二辑.山西人民出版社,2000,21

一个人的想象力，如果不能因想到有可能发现前人从未发现过的事物而受到激励，那么，他从事科学研究只能是浪费自己和他人的时间，因为只有那些对发现抱有真正兴趣和热情的人才会成功。

[英]贝弗里奇.陈捷译.科学研究的艺术.科学出版社,1979,143

没有任何力量束缚人们的想象。

[法]勒内·拉埃内克.引自:文三甲主编.名人与你同生日丛书·第二辑.
山西人民出版社,2000,80

生活于幻想中的人决不崇拜平庸。

[美]威廉·格利浦.引自:文三甲主编.名人与你同生日丛书·第一辑.
山西人民出版社,2000,44

我认为，从自由联想或者"做梦"到思维的过渡，是由"概念"在期中所起的或多或少的支配作用来表征的。概念绝不是一定要通过感觉可以知觉的和可以再现的符号(词)联系起来的；但是如果有了这样的联系，那么思维因此就成为可以交流的了。

[美]爱因斯坦.爱因斯坦文集·第一卷.商务印书馆,1977,3

作出发现与揭示事物的可能性几乎是无限的，科学发现并非是设计或规划出来的，相反，它是由许多惊奇的事件所组成，并且在最不易料想的场合出现多次，科学发现的基础是想象、仔细讨论和实验，同时运用前人创造积累的知识——这是一个相当重要的方面。

[瑞典]萨米尔松.引自:卢良恕主编.世界著名科学家传记·生物学家II.科学出版社,
1996,117

持续研究同一个科目不是我的性格，是放下它，还是重新拿起它，要服从我的想象力，而这种方法丝毫无损我的成功。

[法]让·莱龙·达兰贝尔.引自:迈拉姆·阿卡耶娃编.崔寿智译.我心中的伟人.
中国妇女出版社,2004.121

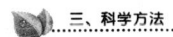

想象力引发构想,而知识实现构想,读书对于智慧也像体操对于身体一样,遇到困难时我决不灰心……成功的三个条件是勤勉、努力和尝试。

[美]爱迪生.引自:江笨湖主编.大师领读世界名人.中国戏剧出版社,2005,352

如果你们想要从理论物理学家那里发现有关他们所用方法的任何东西,我劝你们就得严格遵守这样一条原则:不要听他们的言论,而要注意他们的行动。对于这个领域的发现者来说,他的想象力的产物似乎是如此必然和自然的,以致他会认为,而且希望别人也会认为,它们不是思维的创造,而是既定的实在。

[美]爱因斯坦.爱因斯坦文集·第一卷.商务印书馆,1977,312

对于整理和理解事件,重要的也许不是物体的行为,而是物体之间的某种东西的行为,即场的行为,要充分地领会这件事,那是需要一种大胆的科学想象力的。

[美]爱因斯坦.爱因斯坦文集·第一卷.商务印书馆,1977,378

没有思考就没有好的和有创建的见解。

[英]达尔文.引自:江笨湖主编.大师领读世界名人.中国戏剧出版社,2005,336

内省是把经验回忆起来加以观察。

[奥]弗兰兹·布伦塔诺.引自:高觉敷主编.西方近代心理学史.人民出版社,1982,161

人生最重要之事是认识和发现自己,所以有必要在思考之后行动。

[奥]理查德·图恩瓦尔德.引自:文三甲主编.名人与你同生日丛书·第八辑.山西人民出版社,1999,78

如果你有一个原始的想法,不要轻易放弃,可是不要死钻,还要注意别的事情,把视野放大些。这好比下围棋,如果在一块地方你处于不利地位,就不要老钻在那里。换一个地方去发展一个天地。后来情形改变了,也许原来那块地方可以复活。

[美]杨振宁.引自:徐胜南,孟东明编.杨振宁传.复旦大学出版社,1997,179

在自然界中隐藏着无数在人们的经历中未曾发现过的意外情况。

[意]达·芬奇.引自:叶·谢·利希滕施泰因主编.印佳翔等译.科学名言集.上海科学技术出版社,1986,51

在我们的许多感觉经验当中,我们在头脑里任意取出某些反复出现的感觉印象的复合(部分地同那些被解释为标记别人的感觉经验的感觉印象结合在一起),并且给它们一个概念——有形物体的概念。从逻辑上来看,这概念并不等同于上述那些感觉印象的总和;它却是人类(或者动物)头脑的一种自由创造。但另一方面,这个概念的意义和根据都唯一地归源于那个使我们联想起它的感觉印象的总和。

[美]爱因斯坦.爱因斯坦文集·第一卷.商务印书馆,1977,342

如果人们想要了解精神活动和它的发展,就要经常记住这一点。感情和愿望是人类一切努力和创造背后的动力,不管呈现在我们面前的这种努力和创造外表上多么高超。

[美]爱因斯坦.爱因斯坦文集·第一卷.商务印书馆,1977,279

5. 假说

关于对自然界作严格因果解释的假设并不是起源于人类精神。它是人类理智长期适应的结果。

[美]爱因斯坦.爱因斯坦文集·第一卷.商务印书馆,1977,234

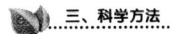

只要自然科学在思维着,它的发展形式就是假说。

[德]恩格斯.自然辩证法.人民出版社,1971,218

轨道已经从经验知道了,但是它们的定律还是必须从经验数据里猜测出来。

[美]爱因斯坦.爱因斯坦文集·第一卷.商务印书馆,1977,277

认为假说演绎法,是非合理性的推测而加以神秘性的解释,起因于对发现文脉和辨明文脉的混淆。

[德]赖辛巴哈.引自:野家启一著.毕小辉译.库恩.河北教育出版社,2002,84

物理学的任务仅在于用假设从经验材料总结出这些规律。这些规律必须在一切情况下都是无例外地正确的。如果从这种规律推出的结果被实验推翻了,那么,即使只有一个事例,这条规律就被认为是错误的。

[美]爱因斯坦.爱因斯坦文集·第一卷.商务印书馆,1977,519

我们对自然现象的理解并非都来自于观察和实验数据的一步步积累,及对解释的逐步澄清。大部分科学来自理论猜测,模型建立和预测的确证。

[英]约翰·齐曼.赵振江译.可靠的知识.商务印书馆,2003,100

我觉得,只有大胆的思辨而不是经验的堆积,才能使我们进步。不可理解的经验材料,我们已经掌握得太多了。

[美]爱因斯坦.爱因斯坦文集·第三卷.商务印书馆,1979,496

哥白尼的太阳系学说有三百年之久一直是一种假说,这个假说尽管有百分之九十九、百分之九十九点九、百分之九十九点九九的可靠性,但毕竟是一种假说,而当勒威耶从这个太阳系学说所提供的数据,不仅推算出一定还存在一个尚未知道的行星,而且还推算出这个行星在太空中的位置的

时候,当后来加勒确实发现了这个行星的时候,哥白尼的学说就被证实了。

[德]恩格斯.马克思恩格斯全集·第 21 卷.317~318

这种方法就是大胆地提出理论,竭尽我们所能地表明它们的错误,如果我们的批判努力失败了,那就试探地加以接受。

[英]卡尔·波普尔.纪树立等译.猜想与反驳.中国美术学院出版社,2003,66

对于承担这种劳动的理论家,不应当吹毛求疵地说他是"异想天开";相反,应当允许他有权去自由发挥他的幻想,因为除此以外就没有别的道路可以达到目的。他的幻想并不是无聊的白日做梦,而是为求得逻辑上最简单的可能性及其结论的探索。

[美]爱因斯坦.爱因斯坦文集·第一卷.商务印书馆,1977,263

我刚才简略阐述了的观点,即科学理论基础具有纯粹虚构的特征的观点,绝不是十八世纪和十九世纪流行的观点。

[美]爱因斯坦.爱因斯坦文集·第一卷.商务印书馆,1977,314

知识,特别是我们的科学知识,是通过未经证明的和不可证明的预言,通过猜测,通过对我们问题的尝试性解决,通过猜想而进步的。这些猜想受批判的控制,就是说,由包括严格批判检验在内的尝试的反驳来控制。

[英]卡尔·波普尔.纪树立等译.猜想与反驳.中国美术学院出版社,2003,序言

新的基本假说是由经验世界本身所提示的。

[美]爱因斯坦.爱因斯坦文集·第一卷.商务印书馆,1977,357

在科学上,设想的主要职责与其说是"真实",不如说是有用又有趣。

[英]威尔弗雷德·特罗特.引自:W·I·B·贝弗里奇著.陈捷译.科学研究的艺术.科学出版社,1979,44

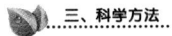

假说是研究工作者最重要的思想方法,其主要作用是提出新实验或新观察。

[英]贝弗里奇.陈捷译.科学研究的艺术.科学出版社,1979,49

假说是研究工作中的最重要的智力活动手段。其作用是指出新实验和新观测,因而有时导致新发现,甚至在假说本身并不正确时亦如此。

[英]贝弗里奇.陈捷译.科学研究的艺术.科学出版社,1979,55

四、科学品质

1. 好奇

科学在广阔前沿的进步来自于自由学者的不受约束的活动,他们用探求未知的好奇心所支配的方式,不断地研究他们自己选择的课题。

[美]V·布什.范岱年译.科学——没有止境的前沿.商务印书馆,2004,55

科学家的好奇心,通常表现为探索对他所注意到的,但尚无令人满意解释的事物或其相互关系的认识。

[英]贝弗里奇.陈捷译.科学研究的艺术.科学出版社,1979,65

所有的科学都产生于常识,产生于好奇心、观察和反思。

[美]罗伯特·奥本海默.胡新和译.真知灼见:罗伯特·奥本海默自述.东方出版中心,1998,62

在这些日子里,恩斯特·马赫同我们永别了,他对当代自然科学家在认识论上的倾向有极大影响,他是一个具有罕见的独立判断力的人。他对观察和理解事物(Sehenund Begreifen)的毫不掩饰的喜悦心情,也就是对斯宾诺莎所谓的"对神的理智的爱"(amor dei intellectualis),如此强烈地迸发出来,以致到了高龄,还以孩子般的好奇的眼睛窥视着这个世界,使自己从理解其相互联系中求得乐趣,而没有什么别的要求。

[美]爱因斯坦.爱因斯坦文集·第一卷.商务印书馆,1977,83

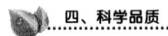

也许,对于研究人员来说,最基本的两条品格是对科学的热爱和难以满足的好奇心。

[英]贝弗里奇.陈捷译.科学研究的艺术.科学出版社,1979,143

科学家的好奇心是永远满足不了的。

[英]贝弗里奇.陈捷译.科学研究的艺术.科学出版社,1979,66

对科学的好奇和热爱是进行研究工作最重要的思想条件。

[英]贝弗里奇.陈捷译.科学研究的艺术.科学出版社,1979,164

不安就是不满,而不满是进步的首要条件。你指给我一个心满意足的人,我就告诉你,他是一个倒霉透顶的人。

[美]爱迪生.引自:洪松编译.外国名言一千句.新蕾出版社,1981,180

热衷于一切我所认为有趣的事物,且以了解任何问题与事件为极大的满足。

[英]达尔文。引自:王通讯,朱彤编.科学家名言.河北人民出版社,1980,17

在科学上,好奇是希望的另一种说法。

[俄]列夫·谢留诺维奇·贝尔格.引自:文三甲主编.名人与你同生日丛书·第二辑.
山西人民出版社,2000,65

好奇心是人类精神中最高贵的天性。

[美]艾萨克·阿西莫夫.引自:文三甲主编.名人与你同生日丛书·第一辑.
山西人民出版社,2000,16

要永远有孩子似的好奇心,从极平常的现象中发现新的东西。

[法]菲南德·维达尔.引自:文三甲主编.名人与你同生日丛书·第三辑.
山西人民出版社,2000,40

必须保持一种奇异感,对一切正在发生的事情都要有觉察,必须发展叫做"智力的眼睛"那种东西,这就是对世界及其一切的兴趣。

[美]文森特·约瑟夫·谢弗.引自:文三甲主编.名人与你同生日丛书·第七辑.

山西人民出版社,2000,18

想象和好奇心是一匹骏马,而理智是最好的骑手。

[瑞士]威廉·希斯.引自:文三甲主编.名人与你同生日丛书·第七辑.

山西人民出版社,2000,36

从来科学研究需要有专业知识,但广博的知识有益于专业的突破。

[加]查尔斯·赫伯特·贝斯特.引自:文三甲主编.名人与你同生日丛书·第二辑.

山西人民出版社,2000,129

具有丰富知识和经验的人,比只有一种知识和经验的人要更容易产生新的联想和独到的见解。

[美]弗里德里克·温斯洛·泰勒.引自:文三甲主编.名人与你同生日丛书·第三辑。

山西人民出版社,2000,91

趣味要广泛,不应只钻进一个牛角尖里去求问题的解决,必须得到多种学问的合作才能明白。

李四光.李四光纪念文集.地质出版社,1981,127

兴趣能使你忘却痛苦去埋头研究并从中得到无穷尽的新知识和快乐。

[英]乔治·边沁.引自:文三甲主编.名人与你同生日丛书·第九辑.

山西人民出版社,2000,94

我们的科学——我们对它的热爱超过了一切——把我们(指闽可夫斯基等其他对数学充满兴趣爱好者)结合在一起。在我们的眼里,它就像一座鲜花盛开的园林。花园里有被人踏就的路,空闲时你可以循着它去观花赏景,悠闲自得而不费力,当一旁有个情趣相投的朋友做伴时就更是如此。但是,我们还喜欢去寻找那些深藏不露的小径,去发现更多出人意料

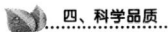

的能大饱眼福的景色;当一个人向另一个人指点出这种奇景时,我们共同赞美它,真是其乐无穷。

[德]大卫·希尔伯特. 引自:赵树智编. 希尔伯特的科学精神. 山东教育出版社,1992,22

我们所能有的最美好的经验是奥秘的经验。它是坚守在真正艺术和真正科学发源地上的基本感情。谁要是体验不到它,谁要是不再有好奇心也不再有惊讶的感觉,他就无异于行尸走肉,他的眼睛是迷糊不清的。

[美]爱因斯坦. 爱因斯坦文集·第三卷. 商务印书馆,1979,45

科学是没有感情的,但人是有感情的,使人对科学发生兴趣,首先要激起他们的情绪,而后才动得了他们的心!

[美]瓦克斯曼. 引自:李澄之编译. 诺贝尔医学奖金获得者传略. 科学普及出版社,1981,158

认识到困难或难题的存在,可能就是认识到知识上令人不满意的现状,它能够激励设想的产生。不具好奇心的人很少受到这种激励。

[英]贝弗里奇. 引自:王通讯,朱彤编. 科学家名言. 河北人民出版社,1980,61

有人认为科学也是一种高度的美,我赞同这种看法。一个在实验室工作的学者,他不仅仅是一个技术人员,他还是一个怀有好奇心的孩子,在他眼前出现的种种自然现象,像神话一样吸引着他。我们如果把科学的种种进步都简单地归结为机械结构、机器、齿轮装置(虽然它们自身也存在着美)那就大错特错了。有人认为冒险精神已在我们时代消失之危险,我无法苟同,也不能相信。在我的身边,我所见到的最有生命的东西,正是这种铲除不掉的冒险精神,它永远与好奇心联系在一起……

[法]居里夫人. 引自:杨雁翎等著. 居里夫人传. 长春出版社,2002,208~209

我以极大的兴趣追随着我们的知识的显著增长。

[英]卢瑟福. 引自:阎康年著. 卢瑟福与现代科学的发展. 科技文献出版社,1987,177

创造性的思想需要一定的自由空间,只有在这种自由空间中创造性思想才能发挥出来,任何强迫或者甚至于使用暴力,那么如果不是甚而堵塞,也会阻碍这种创造力的发挥,以致背离原来目的越来越远。

[德]海森伯.引自:伊丽莎白·海森伯著.王福山译.一个非政治家的政治生活回忆维尔纳·海森伯.复旦大学出版社,1987,70

知识来源于对周围事件中相似处和重现情况的注意。

[英]威尔弗雷德·特罗特.引自:王通讯,朱彤编.科学家名言.河北人民出版社,1980,46

应该冒险!这是思想的权利——要假设,要冒险。

[前苏联]巴甫洛夫.引自:王通讯,朱彤编.科学家名言.河北人民出版社,1980,22

科学研究引人入胜之处在于,它产生了一些无法预料如何解决的问题。

[前苏联]卡皮察.引自:F·B·凯得洛夫著.张焕文译.范志坤校.苏联著名科学家卡皮察.新华出版社,1987,204

为解决问题而读书,你会觉得比漫无边际地啃书本,有更多的兴趣。

[芬]阿尔图里·威尔塔宁.引自:文三甲主编.名人与你同生日丛书·第一辑.山西人民出版社,2000,34

2. 志向

不要把志向立得太高,太高近乎妄想。没有人耻笑你,而是你自己磨灭目标的。目标不妨设得近点,近了,就有百发百中的把握。标标中的,志必大成!

[美]摩尔根.引自:李澄之编译.诺贝尔医学奖金获得者传略.科学普及出版社,1981,90

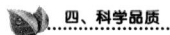

立志是事业的大门,工作是登门入室的旅程。

[法]巴斯德.引自:傅明伟等编.世界名人名言精选.上海交通大学出版社,2004,281

立志、工作、成功,是人类活动的三大要素。

[法]巴斯德.引自:傅明伟等编.世界名人名言精选.上海交通大学出版社,2004,281

立志是一件很重要的事情。工作随着志向走,成功随着工作来,这是一定的规律。

[法]巴斯德.引自:王通讯,朱彤编.科学家名言.河北人民出版社,1980,14

我很希望能够在当我还能工作而且知道其他人将会继续我所不能做的工作时死去,这样我就会满足地想,我已经尽我所能地献身于我所完成的事业。

[英]罗素.引自:李学数著.数学和数学家的故事4.新华出版社,1999,99

对于每一个名副其实的科学家来说,无论他研究什么,都应严肃地看待自己的课题,从根本上信奉理想的目标,并且最好是一个理想主义者。大学的教师和学生应当把自己是这个组织的成员看做巨大的荣誉。对于某个职业感到自豪是允许的,但不是职业上的自高自大、利欲熏心和骄傲自满,而所有这些都是产生于欺诈的利己主义。

[德]伦琴.引自:胡学海编著.科学家成功之路.江苏人民出版社,1982,255

可是每个人都有一定的理想,这种理想决定着他的努力和判断的方向。就在这个意义上,我从来不把安逸和享乐看做生活目的本身——这种伦理基础,我叫它猪栏的理想。照亮我的道路,并且不断地给我新的勇气去愉快地正视生活的理想,是善、美和真。

[美]爱因斯坦.爱因斯坦文集·第三卷.商务印书馆,1979,43

我的政治理想是民主主义。让每一个人都作为个人而受到尊重,而不让任何人成为崇拜的偶像。我自己受到了人们过分的赞扬和尊敬,这不是

由于我自己的过错,也不是由于我自己的功劳,而实在是一种命运的嘲弄。

[美]爱因斯坦.爱因斯坦文集·第三卷.商务印书馆,1979,43

在整个一生中,科研工作是我主要的乐趣和唯一的事业。科研工作激起的激情使我暂时忘却或完全排除时常不佳的感觉。

[英]达尔文.引自:叶·谢·利希滕施泰因主编,印佳翔等译.科学名言集.

上海科学技术出版社,1986,74

谁不是全心全意地对待科学,谁就未必能够获得知识。科学能使我们的生活变得更加有趣和丰富多彩。

[英]卢伯克.引自:叶·谢·利希滕施泰因主编,印佳翔等译.科学名言集.

上海科学技术出版社,1986,129

理想的灯一旦熄灭,生命刹那变成了黑暗。

[英]约瑟夫·布拉马.引自:孙利强主编.影响青少年成长的99位名人·世界篇.

当代世界出版社,2004,318

在年轻时代生活是富于理想的:他知道一切,研究一切,努力读书、争论、写作,他了解思想的暴风骤雨,可是有时由于认识、解题和解谜等高兴得心跳起来……主要的是,年轻人觉得这是生活的本质,不这样便不值得生活。

[前苏联]巴甫洛夫.引自:舒虹编著.诺贝尔奖获得者传略·医学和生理学奖.

吉林人民出版社,1996,136

不管做什么,要么就作出辉煌的成就,要么就辉煌地失败。必须敢干,才有进展。

[美]爱迪生.引自:陈俊焘编著.爱迪生传.长春出版社,2003,113

普朗克从小喜爱文学和音乐。17岁那年,经过冷静思考最终选择了物理学。在回忆录里,他这么解释了对于科学的钟情:"外部世界是独立于人类的,带一点绝对真理的意义,寻找这些描述绝对真理的定律,似乎是生命中最崇高的科学探索。"

[德]普朗克. 引自:路甬祥主编. 科学改变人类生活的100个瞬间.

浙江少年儿童出版社,2001,3

那种探讨大自然奥秘的志向是科学家最强大、最基本的动力,是科学家行动的最基本的促进因素。

[前苏联]恩格尔哈特. 引自:叶·谢·利希滕施泰因主编,印佳翔等译. 科学名言集.

上海科学技术出版社,1986,58

对生活的热爱才是献身于科学的动力。

[法]埃德沃德·伯兰. 引自:文三甲主编. 名人与你同生日丛书·第三辑.

山西人民出版社,2000,21

对于不知足的人,没有一把椅子是舒服的。

[美]富兰克林. 引自:王通讯,朱彤编. 科学家名言. 河北人民出版社,

1980,14

如果你没有大志,如果你没有不朽的期望,而你扬言爱民爱国爱世界,等到你快要离开这人间,你自会发觉,你过去扬言的全是空话!

[德]科塞尔. 引自:李澄之编译. 诺贝尔医学奖金获得者传略. 科学普及出版社,1981,33

在科学的探索中寻求生活的乐趣。

[美]朱利·格雷戈尔·查尼. 引自:文三甲主编. 名人与你同生日丛书·第一辑.

山西人民出版社,2000,5

从童年开始,我为追求两个目标而努力,这两个目标多年来远远地分开着,但近年已结合为一个。这两个目标是:追求那些仍在未知世界里但可因探讨而了解的事物,以及为创造更幸福的世界必须做的最大的努力。

[英]罗素. 引自:李学数著. 数学和数学家的故事4. 新华出版社,1999,88

人类应当为更加美好的生活而去进行科学的研究。

[瑞士]古斯塔夫·雷齐乌斯. 引自:文三甲主编. 名人与你同生日丛书·第十辑.

山西人民出版社,2000,78

所有研究都基于一种需要,因为需要我们才有了更多的期望和更好的动力。

[俄]尼古拉·皮德洛维奇·杜比宁. 引自:文三甲主编. 名人与你同生日丛书·第一辑.

山西人民出版社,2000,68

正确地说,艺术家、作家和科学家,应该被一种要求创造的不可抗拒的冲动所驱使,即使工作得不到报酬,也心甘情愿,在所不惜。

[美]维纳. 钟韧译. 维纳著作选. 上海译文出版社,1978,122

在我开始描述我的生涯的时候,我就强调过,寻求绝对的东西在我看来乃是最美好的科学使命。

[德]普朗克. 引自:赵鑫珊著. 普朗克之魂:感觉世界·物理科学世界·实在世界.

文汇出版社,2000,63

我不论做什么,始终在想着,只要我的精力允许我的话,我就要首先为我的祖国服务,为我们俄罗斯的科学服务。这就是一种最强有力的鼓励和最大的满足。

[前苏联]巴甫洛夫. 赵璧如等译. 巴甫洛夫选集. 科学出版社,

1955,30

朝前看才不会落伍。

[美]富兰克林. 米子译. 富兰克林自传. 花城出版社,2004,216

为提高人类幸福和改善广大人民群众生活条件而工作的人的活动领域,是十分广阔的。

[美]爱迪生. 引自:陈俊熹编著. 爱迪生传. 长春出版社,2003,126

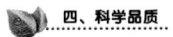
四、科学品质

三军可夺帅也,匹夫不可夺志也。

孔子. 论语·子罕.

我相信科学家可以粗分为两大类:从事科学研究以便力争上游的那一类,以及力争上游以便可以从事科学研究这一类。只有后者才是能够终身活跃在研究领域的科学家。

[美]爱德华·威尔逊. 杨玉龄译. 大自然的猎人——生物学家威尔逊自传.

上海科学技术出版社,2000,225

人生的意义在于有独立思考的能力,其价值在于对社会有所贡献。

[美]乔治·阿摩斯·多尔西. 引自:文三甲主编. 名人与你同生日丛书·第二辑.

山西人民出版社,2000,32

在科学的庙堂里有许多房舍,住在里面的人真是各式各样,而引导他们到那里去的动机也各不相同。

[美]爱因斯坦. 爱因斯坦文集·第一卷. 商务印书馆,1977,100

人生无益于人类,便是无价值的。

[法]巴斯德. 引自:Rene Vallery 著. 丁柱中译. 巴斯德传. 中华书局,1936,345

科学原野上的幼苗,是为了人民的利益而萌芽滋长。

[俄]门捷列夫. 引自:比萨尔日夫斯基著. 门德列也夫的生平和事业.

时代出版社,1956,49

为了让人们望着天空不感到害怕,我要一辈子研究它。

[波]哥白尼. 引自:张庆文编. 著名科学家传记. 中国国际广播出版社,2001,72

3. 勤奋

因为科学并不是意味着躺在已获得的知识上沾沾自满而不复有大志，而是意味着生无所息的劳作和永远不断地向前推进。

[德]普朗克.引自:赵鑫珊著.普朗克之魂:感觉世界·物理科学世界·实在世界.

文汇出版社,2000,99

勤奋者,天助之。

[美]富兰克林.米子译.富兰克林自传.花城出版社,2004,264

勤奋乃好运之母。

[美]富兰克林.米子译.富兰克林自传.花城出版社,2004,219

我因此一贯认为,勤奋是获取财富、达到目的的手段,一直从中获得鼓励。

[美]富兰克林.米子译.富兰克林自传.花城出版社,2004,99

天才的百分之一是灵感,而百分之九十九是汗水。

[美]爱迪生.引自:陈俊熹编著.爱迪生传.长春出版社,2003,220

什么是天才？终生努力便是天才。

[俄]门捷列夫.引自:李利编著.门捷列夫的青少年时代.山西人民出版社,1999,124

不辞辛劳的人,才能使它发出耀眼的光辉。

[瑞典]诺贝尔.引自:魏立伟编著.诺贝尔传.沈阳出版社,1997,31～32

世界上的事,只有肯做,就没有做不成的。

[英]牛顿.引自:龚时中编著.牛顿传.湖北辞书出版社,1998,20

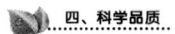四、科学品质

一个懂得自己活着是为什么的人,是不会对工作感到枯燥的。

[德]弗朗茨·约瑟夫·加尔.引自:文三甲主编.名人与你同生日丛书·第三辑.

山西人民出版社,2000,40

做事就怕松弛,一松弛就不可收拾;读书独怕疏忽,一疏忽则心不专矣。疏忽是错的起头,松弛是坠落肇始。

[德]保罗埃利希.引自:李澄之编译.诺贝尔医学奖金获得者传略.科学普及出版社,

1981,24

懒惰让人生锈,钥匙越用越亮。

[美]富兰克林.米子译.富兰克林自传.花城出版社,2004,240

科学是精益求精、日新月异、永远前进的。科学成就是由一点一滴积累起来的。在科学领域里,成功的科学家几乎没有一个不是辛苦的耕耘者。

华罗庚.华罗庚科普著作选集.上海教育出版社,1984,257

科学不是可以不劳而获的——诚然,在科学上除了汗流满面是没有其他获致的方法的;热情也罢,幻想也罢,以整个身心去渴求也罢,都不能代替劳动。

[俄]赫尔岑.李原译.科学中华而不实的作风.商务印书馆,1983,8

傻瓜喝酒度日,智者整天思考。

[美]富兰克林.米子译.富兰克林自传.花城出版社,2004,248

思而不学则殆。

孔子.论语·为政.

十室之邑,必有忠信如丘者焉,不如丘之好学也。

孔子.论语·公冶长.

学而不厌,诲人不倦。

孔子.论语·述而.

我非生而知之者,好古,敏以求之者也。

孔子.论语·述而.

学如不及,犹恐失之。

孔子.论语·泰伯.

日知其所亡,月无忘其所能,可谓好学也已矣。

卜子夏.论语·子张.

草木鸟兽之名,最难考究……须足迹遍天下,通晓方言,方能核之。
方以智.引自:袁运开,周瀚光著.中国科学思想史·下.安徽科学技术出版社,2000,129

要脚踏实地,勤学苦练。在实际工作中一丝不苟地检查自己的所作所为,逐步总结自己的经验。这样,就能够稳步前进,获得日新月异的成就。我们要有雄心壮志,但必须避免好高骛远。谚语说得好:"行远自迩,登高自卑。"

李四光.李四光纪念文集.地质出版社,1981,123

书籍是一个人思想的结晶,假如你手中有一本书,那么你就打开了作者所精通的那个知识领域的大门。

[美]文森特·约瑟夫·谢林.引自:文三甲主编.名人与你同生日丛书·第七辑.

山西人民出版社,2000,18

勤奋是决定性的因素,离开了勤奋,天才也不会成功。

[美]斯科尔·佩因特.引自:文三甲主编.名人与你同生日丛书·第八辑.

山西人民出版社,1999,96

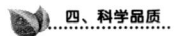

我只有一个嗜好——不停地思考。

[古希腊]阿基米德.引自:张庆文编著.著名科学家传记.
中国国际广播出版社,2001,6

勤劳一日,可得一夜安眠,勤劳一生,可得幸福长眠。

[意]达·芬奇.引自:谢德铣编.名人格言.山西人民出版社,1982,90

应当不间断地学习、学习、再学习,向生活、向科学学习思考和分析。不能因已有的成绩而自安自慰,要勇敢地前进。要记住,生活和科学时时刻刻都在前进,我们决不能落伍。

[前苏联]弗·阿·奥布鲁切夫.引自:王通讯,朱彤编.科学家名言.
河北人民出版社,1980,49

凡事勤则易,凡事惰则难。

[美]富兰克林.引自:王通讯,朱彤编.科学家名言.河北人民出版社,1980,80

科学进步不值得我们大惊小怪,怪的是有的人在这日新月异的时代踯躅不前,悲叹什么"我老矣"。其实只要不停地使用你的大脑,你的大脑就不会衰竭,而你这个人也就无老朽之悲,在科学上取得成就的诀窍也就在于此。

[美]萨姆纳.引自:卢良恕主编.世界著名科学家传记·生物学家.科学出版社,1996,138

这种习惯就是,勤奋劳动和专心致志于自己所从事的工作。我所思考的和阅读的一切,同我所能见到的和可能见到的情况有直接的关系。在五年的航海生活中,我一直保持着这种思维习惯。我确信,正式由于这种训练,我才能在科学的方面取得现在的成绩。

[英]达尔文.曾向阳译.达尔文自传.江苏文艺出版社,1998,41

作为一个科学家来说,我的成功,不管有多大,我认为是决定于我的复杂的和种种不同的精神能力和精神状态的。关于这些智力,最主要的是:

爱科学——在长期思索任何问题上的无限耐心——在观察和搜集事实上的勤勉——相当的发明能力和常识。

[英]达尔文. 叶笃庄, 孟光裕译. 达尔文生平及其书信集·第一卷. 三联书店, 1957, 86

科学要求人不断地学习, 思考, 探索。

[美]格林里夫·怀惕尔·皮卡德. 引自: 文三甲主编. 名人与你同生日丛书·第二辑.
山西人民出版社, 2000, 65

不要等运气降临, 应该去努力掌握知识。

[英]弗莱明. 引自: 王德风, 刘卫东主编. 企业家、科学家名言录.
中国工人出版社, 1991, 76

要学习某种技艺或科学, 而且要成为现代社会的一名成员, 需要经受不论是脑力方面的, 还是道德方面的长期锻炼。

[俄]梅奇尼科夫. 引自: 叶·谢·利希滕施泰因主编, 印佳翔等译. 科学名言集.
上海科学技术出版社, 1986, 131

时间乃万物中最贵重的东西, 但如果浪费了, 那就是最大的浪费。

[美]富兰克林. 引自: 傅明伟等编. 世界名人名言精选. 上海交通大学出版社, 2004, 379

敢于浪费哪怕一个钟头时间的人, 说明他还不懂得珍惜生命的全部价值。

[英]达尔文. 洪松编译. 外国名言一千句. 开明出版社, 1995, 161

重要的是不白白浪费时间, 勤奋工作, 其他的事没有任何意义。

[法]让·莱龙·达兰贝尔. 引自: 迈拉姆·阿卡耶娃编. 崔寿智译. 我心中的伟人.
中国妇女出版社, 2004, 119

只有工作可以使我的思考脱离深深的悲哀。

[法]巴斯德. 引自: 李政主编. 与名人有约. 中国档案出版社, 2004, 221

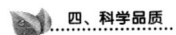

对于我而言,再没有比一刻也闲不下来更快乐了。只有工作,我的生命才有意义。

  [法]法布尔. 引自:李板星主编. 世界名人传记鉴赏辞典. 中国工人出版社,1992,1111

具有想象力的思考是以热忱的研究为基础的。

  [美]弗雷德里克·罗宾斯. 引自:文三甲主编. 名人与你同生日丛书·第八辑. 山西人民出版社,1999,109

科研道路确实是曲折而漫长的。没有无限的耐心和超人的勤奋,是很难达到彼岸的。

  [美]丹尼尔·卡尔托·盖达塞克. 引自:《诺贝尔奖金获得者传》编委会编. 诺贝尔奖金获得者传·第4卷. 湖南科学技术出版社,1981,611

不会做小事的人,也做不出大事来。

  [俄]罗蒙诺索夫. 引自:夏林编选. 人生珍言录. 地质出版社,1982,19

要不懈地努力,因为在事物的自然发展中,不进则退。

  [美]朱利·格雷戈尔·查尼. 引自:文三甲主编. 名人与你同生日丛书·第一辑. 山西人民出版社,2000,78

我写作的原因如同呼吸一样,因为不这样做,我就会死去。

  [美]艾萨克·阿西莫夫. 引自:文三甲主编. 名人与你同生日丛书·第一辑. 山西人民出版社,2000,89

我需要的只是时间,我要大声疾呼——我需要时间。我们现代上流社会的先生们闲得无聊,要是我能出低价论钟点——不,论天,买一些他们的时间,该有多好!

  [英]法拉第. 秦关根著. 法拉第. 中国青年出版社,1982,45

唯有勤奋的工作,坚强的意志,丰富的想象,才是生命有所富丽。

[法]马塞尔·达索. 引自:文三甲主编. 名人与你同生日丛书·第一辑.

山西人民出版社,2000,65

假如你是智慧的守财奴,那么希望会对你吝啬;假如你是勤勉的耕耘者,那么成功会对你慷慨。

[德]威尔赫姆·奥古斯特·阿格兰德尔. 引自:文三甲主编.

名人与你同生日丛书·第三辑. 山西人民出版社,2000,98

只有陶醉才会工作得更愉快,更有成就。

[荷]克里斯蒂安·艾克曼. 引自:文三甲主编. 名人与你同生日丛书·第八辑.

山西人民出版社,1999,47

对事业重于享乐的人来说,最渴求的就是工作。

[捷]尤瑟福·多布罗夫斯基. 引自:文三甲主编. 名人与你同生日丛书·第八辑.

山西人民出版社,1999,72

埋头苦干而不抛投露面的人常常能干出大事情来。

[英]威廉·默多克. 引自:文三甲主编. 名人与你同生日丛书·第八辑.

山西人民出版社,1999,90

良好的愿望要符合大众的理想,更要通过辛勤的劳动去实现。

[美]斯坦弗德·摩尔. 引自:文三甲主编. 名人与你同生日丛书·第九辑.

山西人民出版社,2000,16

穿上勤奋和谦逊的礼服,就会出席胜利与成功的盛宴。

[意]阿罗素·卢基·伽伐尼. 引自:文三甲主编. 名人与你同生日丛书·第九辑.

山西人民出版社,2000,36

科学的未来只能属于勤奋而又谦虚的年轻一代!

[前苏联]巴甫洛夫. 引自:宁鸿彬,舒志编. 治学佳话. 北京工业学院出版社,1987,82

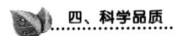

字典里最重要的三个词汇,就是意志、工作、等待。我将要在这三块基石上建立我成功的金字塔。

[法]巴斯德. 引自:傅明伟,潘文雅主编. 世界妙语精萃大典. 河海大学出版社,1994,548

诚实和勤勉,应该成为你永久的伴侣。

[美]富兰克林. 引自:王通讯,朱彤编. 科学家名言. 河北人民出版社,1980,15

所以我能够成为一个科学者……最重要的是:爱好科学——不厌深思——勤勉观察和收集资料——相当的发明能力和常识。

[英]达尔文. 引自:王通讯,朱彤编. 科学家名言. 河北人民出版社,1980,15

任何科学工作都是通过长期的考虑、忍耐和勤奋得来的。

[英]达尔文. 引自:王通讯,朱彤编. 科学家名言. 河北人民出版社,1980,89

人活着就要工作,不让我工作是永远办不到的。

[前苏联]康斯坦丁·齐奥尔科夫斯基. 引自:文三甲主编. 名人与你同生日丛书·第九辑. 山西人民出版社,2000,73

不能有须臾的怠慢和松懈,只有永远进取,敢于竞争,才能立于不败之地。

[美]威廉·爱德华·波音. 引自:文三甲主编. 名人与你同生日丛书·第十辑. 山西人民出版社,2000,2

才能是从工作的热情中培养出来的。

[瑞士]尼古拉·西奥多·德·索绪尔. 引自:文三甲主编. 名人与你同生日丛书·第十辑. 山西人民出版社,2000,62

阅读是我留给自己的唯一消遣,我从不花费时间进酒馆、赌场或者任何其他娱乐场所,把精力放在继续照应生意上,很辛劳,也很必要。

[美]富兰克林. 米子译. 富兰克林自传. 花城出版社,2004,99

我们处于什么方向不重要,重要的是正向什么方向移动。

[意]哥伦布. 引自:孙利强主编. 影响青少年成长的99位名人·世界篇.

当代世界出版社,2004,292

光有希望而无行动,最终的结局必是失败。

[美]罗伯特·威廉·霍利. 引自:文三甲主编. 名人与你同生日丛书·第一辑.

山西人民出版社,2000,34

贵在行动,要把事情办成就得干起来。

[美]肯尼恩·哈里·奥尔森. 引自:文三甲主编. 名人与你同生日丛书·第二辑.

山西人民出版社,2000,97

行动比言语更能证明智慧。

[挪]威尔赫姆·皮耶克尼斯. 引自:文三甲主编. 名人与你同生日丛书·第三辑.

山西人民出版社,2000,62

实践一次的价值,胜过百次的空谈。

[比]科内尔·海曼斯. 引自:文三甲主编. 名人与你同生日丛书·第三辑.

山西人民出版社,2000,127

对于喜欢幻想的人来说,最好的结局是用行动使之变为现实。

[法]安托万·德·朱西尼. 引自:文三甲主编. 名人与你同生日丛书·第七辑.

山西人民出版社,2000,24

不要让梦想只是梦想,要尽快寻找实现它的路径。

[美]亚历山大·威尔逊. 引自:文三甲主编. 名人与你同生日丛书·第七辑.

山西人民出版社,2000,24

不付诸行动的愿望再好也是空想。

[法]让·昂威尔. 引自:文三甲主编. 名人与你同生日丛书·第七辑.

山西人民出版社,2000,45

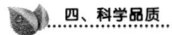
四、科学品质

理论知识是一种宝库,而实践则是它的钥匙。

[美]巴克敏斯特·富勒. 引自:牛素琴,杨汝戬,徐佩印等编. 中外名人格言精华. 甘肃人民出版社,1982,188

不播撒的种子再漂亮也不会开花。

[美]约翰·托里. 引自:文三甲主编. 名人与你同生日丛书·第八辑. 山西人民出版社,1999,64

对于真正值得自己喜爱的事,光有喜爱是不够的,重要的是把喜爱变成行动。

[安哥拉]奥斯卡尔·里巴斯. 引自:文三甲主编. 名人与你同生日丛书·第八辑. 山西人民出版社,1999,75

我只为一件事感到遗憾,那就是白天太短,而且过得太快。一个人从来看不见已经做了什么,而只能看见还有什么没有做。

[法]居里夫人. 引自:卢永建编译. 居里夫人. 山东科学技术出版社,1979,8

我毕生都热爱脑力劳动和体力劳动,也许甚至说,我更热爱体力劳动。当在体力劳动内加入任何优异的悟性,即手脑结合在一起的时候,我就更特别感觉满意了。

[前苏联]巴甫洛夫. 赵璧如等译. 巴甫洛夫选集. 科学出版社,1955,36

切记,科学是需要人的毕生精力的。假使你们能有两次生命,这对你们来说也还是不够的。科学是需要人的高度紧张性和很大的热情的。希望你们在工作和探讨中都能热情澎湃。

[前苏联]巴甫洛夫. 赵璧如等译. 巴甫洛夫选集. 科学出版社,1955,31~32

观察训练……首先必须刻苦勤奋,随着实践的增多,行动逐渐变得不知不觉或无意识,遂养成习惯。

[英]贝弗里奇. 引自:王通讯,朱彤编. 科学家名言. 河北人民出版社,1980,58

105

如果我这样做对公众有所效劳,那只是我的辛勤工作和耐心思考的结果。

[英]牛顿.引自:龚时中编著.牛顿传.湖北辞书出版社,1998,136

假如我们根本不去作判断,那我们就永远也不可能学会作出正确的判断。学会使用我们的智力,比让它无所事事地闲待着好多了。

[英]法拉第.引自:秦关根著.法拉第.中国青年出版社,1982,253

人的生命是短暂的,而事业的进展则十分缓慢。

[法]李普曼.引自:周雁翎等编.居里夫人.长春出版社,2002,71

科学不但能"给青年人以知识,给老年人以快乐",还能使人惯于劳动和追求真理,能为人民创造真正的精神财富和物质财富,能创造出没有它就不能获得的东西。

[俄]门捷列夫.引自:王涵等编.名人名言录.上海人民出版社,1983,183

这个问题(指元素周期律)我大约考虑了二十年,而您(指记者)却认为,坐着不动,五个戈比一行、五个戈比一行地写着,突然就成了。事情并不是这样!

[俄]门捷列夫.引自:陈衡编.科学研究的方法论.科学出版社,1982,300

世间没有一种具有真正价值的东西,可以不经过艰苦辛勤劳动而能够得的。

[美]爱迪生.引自:陈俊熹编著.爱迪生传.长春出版社,2003,220

科学是永无一日休息的,在已过的一万年间,它于每分钟都工作,并且还要如此继续工作下去。

[美]爱迪生.引自:平易,克非编著.科学家的情操.山西人民出版社,1985,112

天才的秘密,那就是工作、坚持不懈和健全的理性。

[美]爱迪生.引自:陈俊熹编著.爱迪生传.长春出版社,2003,220

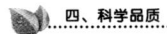
四、科学品质

  我对于科学、艺术、企业及其他一切都有兴趣。天文学、化学、生物学、物理学、音乐、哲学、机械学什么都读。只要是有关世界进步的,什么学问都不憎恶。我读科学学会的刊物,读商业的新闻,又读戏剧方面的东西,读关于运动的东西,我因此得以理解世界。

  [美]爱迪生.引自:陈俊熹编著.爱迪生传.长春出版社,2003,221

  我所阅读过的书籍可以开出一个很长的书目,那么这些书是否对我有影响呢?是的,从狭义的方面讲,它们使我熟悉了诸如古希腊和罗马史、现代印度和欧洲史、形式逻辑、经济学、金融和财政理论、后梵文学者和英文作家的作品等一些科目,当然就更不必说自然地理、化学,以及纯粹和应用数学、实验物理学和理论物理学的各个分支了。除去这些科目和书籍对我的技术性浸润之外,能否找出对我的精神世界和人生道路的选择产生重大影响的东西呢?回答是肯定的。

  [印度]钱德拉塞卡拉·文卡塔·拉曼.引自:李醒民主编.科学巨星.陕西人民教育出版社,1995,125~126

  我再三提到勤勉这一点,而且直言不讳,似乎有些自夸,无非是希望我的后人读到这里时,看见勤勉怎样有惠于我,明白这种品德的好处。

  [美]富兰克林.米子译.富兰克林自传.花城出版社,2004,79

  不要荒废时间,时时做有益的事,戒除徒劳的行为。

  [美]富兰克林.米子译.富兰克林自传.花城出版社,2004,103

  不付出辛劳,何来荣耀?

  [美]富兰克林.米子译.富兰克林自传.花城出版社,2004,214

  你若有时间,不要等时间。

  [美]富兰克林.米子译.富兰克林自传.花城出版社,2004,224

  把握不了一分钟,就别耗费一小时。

  [美]富兰克林.米子译.富兰克林自传.花城出版社,2004,227

时间是一剂良药,可以疗愈百病。

　　　　[美]富兰克林.米子译.富兰克林自传.花城出版社,2004,227

勤勉无需祝福。

　　　　[美]富兰克林.米子译.富兰克林自传.花城出版社,2004,230

懒惰是最大的挥霍。

　　　　[美]富兰克林.米子译.富兰克林自传.花城出版社,2004,243

人忙无闲客,水沸飞蝇躲。

　　　　[美]富兰克林.米子译.富兰克林自传.花城出版社,2004,256

所有毛病明日改,可是明日从不来。

　　　　[美]富兰克林.米子译.富兰克林自传.花城出版社,2004,265

一个今天,比两个明天更值钱。

　　　　[美]富兰克林.米子译.富兰克林自传.花城出版社,2004,267

你可以迟到,但时间不会。

　　　　[美]富兰克林.米子译.富兰克林自传.花城出版社,2004,269

在科学上没有平坦的大道,只有不畏劳苦沿着陡峭山路攀登的人,才有希望达到光辉的顶点。

　　　　[德]马克思.马克思恩格斯全集·第23卷.26

任何时刻也不能贪图安逸,为了理想的实现,必须永远向前。

　　　　[美]威廉·格利浦.引自:文三甲主编.名人与你同生日丛书·第一辑.
　　　　山西人民出版社,2000,7

祖先自有祖先的荣耀,我们的荣耀靠自己创造。

　　　　[美]富兰克林.米子译.富兰克林自传.花城出版社,2004,230

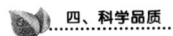

没有劳作,哪来收获。

[美]富兰克林.米子译.富兰克林自传.花城出版社,2004,242

我能活多久,就工作多久。

[美]爱迪生.引自:曹玉千编.大发明家爱迪生.商务印书馆,1982,33

无所事事的生活比任何事都更不可忍受。

[英]达尔文.引自:F·达尔文著.叶笃庄,叶晓译.达尔文生平.科学出版社,1983,190

我不能忍受游手好闲,因此,我认为只要我能够做的,我就要坚持不懈地做下去。

[英]达尔文.引自:孙观清等编著.达尔文传.长春出版社,2003,234

对我将来发生良好影响的一些素质就是:我有强烈的多样的兴趣;我总是殷切地要理解那使我感兴趣的事物;每当我搞懂了一个复杂的问题时,我总会感到心满意足。

[英]达尔文.引自:维拉·柯尔松斯卡娅著.孙肇方译.周邦立校.大科学家查·达尔文.上海科学技术出版社,1982,26

上述的各种专门的研究工作(指地质考察、采集各类动物并做记录与解剖等),在同我当时养成的一种习惯相比时,就显得不重要了;这种习惯就是:勤奋的劳动和对自己所研究的任何事物的专心注意。凡是我思考过的或阅读到的一切,都同我已经看到的或者有可能看到的事物有直接的联系;这种运用脑力的工作方法的习惯,在整个五年的环球旅行期内一直继续着。我确信,正就是有了这种习惯,才使我能够在科学方面作出自己的一切成绩来。

[英]达尔文.毕黎译注·达尔文回忆录.商务印书馆,1982,45

倘若一个人所已做过的事没有什么成绩,不足以表扬他自己,就请他埋头工作,不要多开他的尊口。我深信实事求是而不讲空话的人,一定没有许多话可说。

[美]爱迪生.引自:王通讯,朱彤编.科学家名言.河北人民出版社,1980,27

搞科学是一口气也松不得的,为此要献出毕生的精力。

[德]卡尔·格根堡.引自:文三甲主编.名人与你同生日丛书·第八辑.

山西人民出版社,1999,92

我整天都在实验室里工作,我所能做的只有这一点。在那里比在其他任何地方,我的心境都要好些。除了科学工作之外,我看不到什么别的东西能给我以个人愉快。

[法]居里夫人.引自:卢永建编译.居里夫人.山东科学技术出版社,1979,35

铁不用就会生锈,水不流就会发臭……人的智慧不用就会枯萎。

[意]达·芬奇.引自:王通讯,朱彤编.科学家名言.河北人民出版社,1980,28

你爱生命吗?那就别虚度光阴,因为生命是光阴做成的。

[美]富兰克林.米子译.富兰克林自传.花城出版社,2004,245

有志于献身科学工作的青年人应该永远铭记,科学工作不仅仅是创造发明的喜悦,而且是日常紧张的劳动和不间断的探求、失败的苦恼。

[前苏联]鲍·帕通.引自:叶·谢·利希滕施泰因主编.印佳翔等译.科学名言集.

上海科学技术出版社,1986,152

4. 勇气

要有勇气去做你自己认为是正确的事——因为如果你没有勇气的话,你便将发现,你可能已经想到过的那些出色的事情将被更有闯劲的人从你

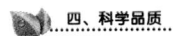

眼皮底下获取;不过,首先的还是因为这才是大丈夫做的事情。

[美]诺伯特·维纳.周昌忠译.我是一个数学家.上海科学技术出版社,1987,307

在这种对于我们自己,我们的职业,我们的国家——我们所通常挚爱的国家——以及我们的文明本身的了解中,有些东西对我们至为紧要:自我的认识、勇气、幽默,以及某种友爱。这些是我们的传统所给予我们的伟大礼物,使我们得以做好准备在明天怎样生活。

[美]奥本海默.胡新和译.真知灼见:罗伯特·奥本海默自述.东方出版中心,1998,150

追求科学需要特殊的勇敢。

[意]伽利略.江宝才著.成功之路.河北人民出版社,1982,16

在科学中,这句话也是适用的:凡是有勇气者,就有获得成功的希望。这当是一条普遍的真理。为了取得成功,我们务必要把目标定得比最后可以达到的高度稍微高出一点。

[德]普朗克.引自:赵鑫珊著.普朗克之魂:感觉世界·物理科学世界·实在世界.文汇出版社,2000,35

科学需要开拓,开拓有益于科学,做敢于探索、勇于奋进的开拓者!

[瑞典]乌尔夫·冯·奥伊勒.引自:文三甲主编.名人与你同生日丛书·第二辑.山西人民出版社,2000,32

科学研究的成果来之不易,他如想获得成功,必须具有耐力和勇气。

[英]贝弗里奇.引自:王通讯,朱彤编.科学家名言.河北人民出版社,1980,89

勇敢地传播科学所认识的真理。

[美]詹姆斯·德怀特·达纳.引自:文三甲主编.名人与你同生日丛书·第二辑.山西人民出版社,2000,54

我的原则是永远向前看！不断尝试与试验,勇敢前进,直至达到目的。

[美]弗里德里克·桑格.引自:文三甲主编.名人与你同生日丛书·第八辑.

山西人民出版社,2000,58

如果愚昧无知者的法庭吓唬你,企图消灭你珍贵的事业,你一定得坚韧不屈,不要失掉勇气,甚至于不要退步。有一种会辨别光阴和黑暗的、理性的、崇高的法庭,真诚的、不可以利诱的证人和辩护者将为了你的事业而再生。

[意]布鲁诺.引自:张庆文编著.著名科学家传记.中国国际广播出版社,2001,116

有知识而无勇气的人永远走不出科学设置的迷宫。

[美]马希·德尔布吕克.引自:文三甲主编.名人与你同生日丛书·第九辑.

山西人民出版社,2000,16

我了解到一个科学家必须有勇气攻克当时最大的难题,通常是在不屈不挠地进行了无数次的实验后而终于获得解决。

[德]奥托·沃伯格.引自:王通讯,朱彤编.科学家名言.河北人民出版社,1980,89

命运是非常势利的,它专门欺负懦弱者,而向勇敢者屈服。

[法]亨利·埃米尔·巴赞.引自:文三甲主编.名人与你同生日丛书·第一辑.

山西人民出版社,2000,90

事物对人类永远是闭锁的,但又永远是敞开的,关键是看你手中有无智慧加勇气这把钥匙。

[英]艾伦·克卢格.引自:文三甲主编.名人与你同生日丛书·第八辑.

山西人民出版社,1999,49

挫折和失败并不可怕,可怕的是丧失战胜它的信心和勇气。

[比]科内尔·海曼斯.引自:文三甲主编.名人与你同生日丛书·第三辑.

山西人民出版社,2000,127

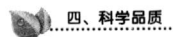
四、科学品质

只要科学在前进,它就难免有时候会犯错误。谁要是有朝一日做到了不再犯错误,他也就停止工作了。

[德]普朗克.引自:赵鑫珊著.普朗克之魂:感觉世界·物理科学世界·实在世界.

文汇出版,2000,133

在科学的发展上,对严重谬误论见的揭露,其价值不亚于创造性的发现。

[英]贝弗里奇.陈捷译.科学研究的艺术.科学出版社,1979,54

犯错误是无可非议的,只要能及时观察并纠正就好。谨小慎微的科学家既犯不了错误,也不会有所发现。

[英]贝弗里奇.陈捷译.科学研究的艺术.科学出版社,1979,63

要有敢于同传统势力进行较量的勇气,我的时代一定会到来。

[奥]格里戈·约翰·孟德尔.引自:文三甲主编.名人与你同生日丛书·第七辑.

山西人民出版社,2000,91

一味胆怯就会有无尽的烦恼和忧虑。

[德]奥斯卡尔·明科夫斯基.引自:文三甲主编.名人与你同生日丛书·第一辑.

山西人民出版社,2000,75

经不起不幸,这是不幸中的最大不幸。

[美]詹姆斯·马克·鲍德温.引自:文三甲主编.名人与你同生日丛书·第一辑.

山西人民出版社,2000,25

未曾失败过的人,必定未获得过成功。

[美]詹姆斯·马克·鲍德温.引自:文三甲主编.名人与你同生日丛书·第一辑.

山西人民出版社,2000,32

谁也别想阻挡我,开始新的进击是我的性格。

[美]伊丽莎白·布莱克维尔.引自:文三甲主编.名人与你同生日丛书·第二辑.

山西人民出版社,2000,11

要愉快乐观,面对失败不气馁,发掘积极因素,勇敢地向前跨越。

[美]弗朗西斯·佩顿·劳斯.引自:文三甲主编.名人与你同生日丛书·第十辑.

山西人民出版社,2000,22

研究活动具有双重的目的:一方面是完全把握感觉世界,另一方面则是完全认识实在世界。不过从原则上讲,这双重目的在实际上都是达不到的……也许我们有完全充分的理由把这种永不间断、永无止境地向那不可企及的高度进击去夺取诱人的棕榈枝(胜利的象征),看成研究人员的一种特殊的精神安慰和天降之福。因为正是这永无止境的推进方能使研究者得到鼓舞:热诚和敬畏。

[德]普朗克.引自:赵鑫珊著.普朗克之魂:感觉世界·物理科学世界·实在世界.

文汇出版社,2000,45

要成功一件事业,必须花掉毕生的时间!

[荷]列文·虎克.引自:刘武,黄太茂编.智慧的花朵——中外名言锦语选.

广西人民出版社,1981,155

那些探索未知世界的人是不带地图的旅行者,地图是探索的结果……事后找出捷径并非难事,而困难却在于一边开辟新路,一边寻找目的地。

[日]汤川秀树.引自:周林东著.汤川秀树——东西方文化的伟大产儿.

自然辩证法通讯.1988,(2):66

有两个字最能代表我五十年内在科学进步上的奋斗,就是"失败"两字。

[英]汤姆孙.引自:自然杂志社编.科学家传记.上海交通大学出版社,

1985,159

害怕做错事,等于不做事。

[美]富兰克林.米子译.富兰克林自传.花城出版社,2004,232

我们的思想、理智和观察能力,是我们用来推进知识的工具,没有能够

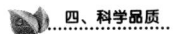 四、科学品质

阻止科学调查的神秘事物。

　　　　[美]巴茹·贝纳塞拉夫.引自:王恒等编.48位诺贝尔科学奖获得者寄语中国.

　　　　　　　　　　　　　　　　　　　　　　海南出版社,2001,161

　　无论发生什么事,必须首先考虑不要让事业遭受损失。这是我们神圣的职责,是它把我们结合在一起,在任何情况下都必须继续下去,哪怕是付出最大的牺牲。

　　　　[德]魏格纳.引自:尚克奇编.世纪智慧——20世纪影响人类发展进程的科学家.

　　　　　　　　　　　　　　　　　　　　　上海科学技术出版社,2000,105

　　为了保卫公理和人的尊严而不得不战斗的时候,我们决不逃避战斗。

　　　　[美]爱因斯坦.爱因斯坦文集·第三卷.商务印书馆,1979,150

　　一个科学家应该考虑到后世的评论,不必考虑当时的辱骂或称赞。

　　　　[法]巴斯德.引自:王通讯,朱彤编.科学家名言.河北人民出版社,1980,52

　　火并不能把我征服,未来的世纪会了解我,知道我的价值的。

　　　　[意]布鲁诺.引自:王通讯,朱彤编.科学家名言.河北人民出版社,

　　　　　　　　　　　　　　　　　　　　　　　　　　　　1980,23

　　只要你越是敢和"敌人"斗争,它就会越快地投降。

　　　　[英]达尔文.引自:张秉伦等著.达尔文.中国青年出版社,1982,86

　　要前进,必须会有较量、对抗、拼搏,必要时还应不惜牺牲。

　　　　[俄]列夫·谢留诺维奇·贝尔格.引自:文三甲主编.名人与你同生日丛书·第二辑.

　　　　　　　　　　　　　　　　　　　　　山西人民出版社,2000,65

　　当科学家们为权势所吓倒,科学就会变成一个软骨病人。

　　　　[意]伽利略.引自:张世莹编.外国格言.天津人民出版社,1985,184

5. 毅力

要干,一直干到底,不成功绝不罢休,要有毅力才行。

[美]爱迪生.引自:陈俊熹编著.爱迪生传.长春出版社,2003,226

在我看来,在知识的中积累中不论增添多么少的一点,和一个人可能追求的任何人生目标都是同样值得尊重的。

[英]达尔文.引自:F·达尔文著.叶笃庄,叶晓译.达尔文生平.科学出版社,1983,174

当你工作和研究的时候,必须具有强烈的热情。

[前苏联]巴甫洛夫.引自:王通讯,朱彤编.科学家名言.河北人民出版社,1980,15

热情是一种非常可贵的动力,但是同一切动力一样,必须充分认识其各方面的影响,才能用得恰当。

[英]贝弗里奇.引自:王通讯,朱彤编.科学家名言.河北人民出版社,1980,16

科学是一个需要激情的职业,所以你必须热爱它。

[美]戴维·巴尔的摩.引自:《北京青年报》社,《发现·图形科普杂志》社主编.

与诺贝尔大师面对面.文化艺术出版社,2002,185

做科学工作并不是一帆风顺的,必须有坚强的意志,坚忍不拔的毅力,必须要有为科学真理而牺牲一切的精神,才能取得一些成功。

任美锷.引自:卢嘉锡主编,另一种人生——当代中国科学家随感·上.东方出版社,

1998,149

我比较敬重勇于向令人畏惧的目标挑战的科学家。他们拥有钢铁般的神经以对抗失败,随时准备接受痛苦;他们考验自己性格的意志,并不亚

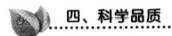

于投身科学文化的热忱。

[美] 爱德华·威尔逊. 杨玉龄译. 大自然的猎人——生物学家威尔逊自传.
上海科学技术出版社, 2000, 27

只要下决心去取得成功,并且不吝惜自己的精力和才能,就没有什么不能完成的事情。

[美] 巴茹·贝纳塞拉夫. 引自:王恒等编. 48位诺贝尔科学奖获得者寄语中国.
海南出版社, 2001, 162

惟坚忍者始能遂其志。

[美] 富兰克林. 引自:连畔编译. 英语格言菁华——中英对照. 上海书局, 1978, 51

聪明的资质、内在的干劲、勤奋的工作态度和坚韧不拔的精神,这些都是科学研究成功所需的其他条件。

[英] 贝弗里奇. 陈捷译. 科学研究的艺术. 科学出版社, 1979, 143

天才即耐心。

[法] 乔治·路易·布封. 引自:马光复,成志伟辑录. 中外作家轶事. 湖南人民出版社, 1980, 162

学习这件事不在乎有没有人教你,最重要的是在于你自己有没有觉悟和恒心。

[法] 法布尔. 引自:王通讯,朱彤编. 科学家名言. 河北人民出版社, 1980, 88

这三大定律正是我十六年前就强烈期望探求的东西,我就是为了这个目的同第谷合作的……现在大势已定,书已完成,是现在有人读,还是后代有人读,于我却无所谓了,也许这本书要等上一百年,要知道大自然也等了观察者六千年呢。

[德] 开普勒. 引自:江笨湖主编. 大师领读世界名人. 中国戏剧出版社, 2005, 308

如果不去尝试,就永远不会成功。要培养自己的耐性,置身于枯燥但能取得成果的思考和试验之中。

[英]约翰·弗拉姆斯蒂德. 引自:文三甲主编. 名人与你同生日丛书·第八辑.
山西人民出版社,2000,81

执著的追求和探索能弥补知识的不足。

[美]威廉·莫里斯·戴维斯. 引自:文三甲主编. 名人与你同生日丛书·第二辑.
山西人民出版社,2000,55

要学会做科学的苦工。其次,要谦虚。第三要有热情。要记住,科学需要人的全部生命……

[前苏联]巴甫洛夫. 引自:萨织彤编. 中外名人治学的故事. 人民出版社,1980,188

我觉得,如果一个人想得到创造力,重要的一点就是要全力以赴埋头干一件事,而不管那些乱七八糟的任务和那些日常生活要求我们注意的信息洪水。换言之,需要的就是那种不达目的决不罢休的韧性。

[日]汤川秀树. 周林东译. 创造力和直觉——一个物理学家对于东西方的考察.
复旦大学出版社,1987,102

科学是激动人心的经历,也是有价值的人生目标,因为只有富于挑战性的工作,才能使我们必须充分发挥自己的才智和能量去试图完成它;只有富于挑战性的任务,才是值得我们承担的。

[美]巴茹·贝纳塞拉夫. 引自:王恒等编. 48位诺贝尔科学奖获得者寄语中国.
海南出版社,2001,162

只要有足够坚强的意志去干,国家的目标是能够实现的。

[美]埃德温·奥尔德林. 引自:邵守义等主编. 演讲全书. 吉林人民出版社,1991,338

如果你希望成功,当以恒心为良友,以经验为参谋,以当心为兄弟,以希望为哨兵。

[美]爱迪生. 引自:甘泉编. 愿你的青春更绚丽——嘉言懿行录. 解放军出版社,1986,151

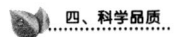
四、科学品质

事业能否成功,意志也是至关重要的。

[荷]皮埃尔·利文内特. 引自:文三甲主编. 名人与你同生日丛书·第七辑.

山西人民出版社,2000,91

没有意志辅佐的天赋不足以得到完美的发挥。

[德]阿道夫·奥韦尔韦格. 引自:文三甲主编. 名人与你同生日丛书·第七辑.

山西人民出版社,2000,100

意志的忍受力是极强的,任何东西都不能阻挡人们对理想的追求。

[德]格奥格·恩斯特·施塔尔. 引自:文三甲主编. 名人与你同生日丛书·第十辑.

山西人民出版社,2000,95

从已得到的知识来看,这愉快的成就简直好像是理所当然的,而且任何有才智的学生不要碰到太多困难就能掌握它。但是,在黑暗中焦急地探索着的年代里,怀着热烈的希望,时而充满自信,时而精疲力竭,而最后终于看到了光明——所有这些,只有亲身经历过的人才能体会。

[美]爱因斯坦. 爱因斯坦文集·第一卷. 商务印书馆,1977,323

要记住,困难和阻碍对于任何社会都是健康和力量的宝贵源泉。

[美]爱因斯坦. 爱因斯坦文集·第三卷. 商务印书馆,1979,62

历史研究的结果常常迫使我们景仰那些在他们自己的时代被误解、被轻视的人们。

[美]乔治·萨顿. 刘珺珺译. 科学的生命. 商务印书馆,1987,39

一切还有待我们去创造,顽强的毅力是最有效的武器,高尚的品德是赢得尊敬的可靠途径。

[法]马塞尔·达索. 引自:文三甲主编. 名人与你同生日丛书·第一辑.

山西人民出版社,2000,72

毅力加上智慧,会使成功这位贵客来得更快。

[美]托马斯·里弗斯.引自:文三甲主编.名人与你同生日丛书·第九辑.

山西人民出版社,2000,10

充满自信而坚持不懈,是成功者的应有品质。

[德]阿道夫·布特南特.引自:文三甲主编.名人与你同生日丛书·第三辑.

山西人民出版社,2000,109

坚韧不拔的毅力与持久不懈的努力如影相随,一起走向成功。

[英]约翰·柯德里·肯德鲁.引自:文三甲主编.名人与你同生日丛书·第三辑.

山西人民出版社,2000,109

常常是,几个世纪过去了,人们才能认识某个天才人物的理论的真正价值。

[美]乔治·萨顿.刘珺珺译.科学的生命.商务印书馆,1987,41

人类的根本目的不是为生存、为霸权而斗争,不是为尘世的利益尔虞我诈,而是在创造和传播精神财富的过程中宽宏大量、富有成果地你追我赶。这种创造在很大程度上是秘密进行的。它不是群众完成的,也不是众目所瞩的达官显贵完成的,而常常是由贫困的、不知名的人物完成的。他们没有政治势力的推崇,没有社会和宗教的赞誉,他们分散在整个文明世界各地的矮小陋室、条件恶劣的实验室或者其他偏僻的角落,默默无闻地完成自己的神圣使命。

[美]乔治·萨顿.刘珺珺译.科学的生命.商务印书馆,1987,55

我认为学科学的要点在于一步不懂,不要轻易地去跨第二步;并要有坚持性,一天不懂再研习一天。只有这样,科学的宝塔才会逐渐建筑得又高又大,不然有如沙上建塔,必塌无疑。

华罗庚.华罗庚科普著作选集.上海教育出版社,1984,257

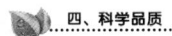

我们对科学的致力,也就是对人民的贡献;科学上的发明和发现,也就是人民的瑰宝。学科学需要热诚,更需要持久的热诚。

华罗庚.华罗庚科普著作选集.上海教育出版社,1984,256

抓住线头,一点点的往前拉,直到研究出成果,否则决不放手。

[阿根廷]卢伊斯·弗德里科·列莱奥.引自:文三甲主编.名人与你同生日丛书·
第九辑.山西人民出版社,2000,25

伟大人物的最明显的标志,就是他坚强的意志,不管环境变换到何种地步,他的初衷与希望仍不会有丝毫的改变,而终于克服障碍,以达到期望的目的。

[美]爱迪生.引自:谢德铣编.名人格言.山西人民出版社,1982,19

几乎所有有成就的科学家都具有一种百折不回的精神,因为大凡有价值的成就,在面临反复挫折的时候,都需要毅力和勇气。

[英]贝弗里奇.陈捷译.科学研究的艺术.科学出版社,1979,144

告诉你使我达到目标的奥秘吧。我唯一的力量就是我的坚持精神。

[法]巴斯德.引自:王通讯,朱彤编.科学家名言.河北人民出版社,1980,90

顽强的毅力可以克服任何障碍。

[意]达·芬奇.引自:何奇等编.中外古今管理思想选萃.企业管理出版社,1987,319

一般说来,研究一经开始,研究人员就应竭尽全力去完成。一个不断改变自己的任务,去追逐新想到的高明设想的人,往往是一事无成。

[英]贝弗里奇.引自:陈捷译.科学研究的艺术.科学出版社,1979,139

在工作中应当具备不屈不挠的精神,不管这一工作的性质怎样,工作一开始就要把它进行到底。

[前苏联]弗·阿·奥布鲁切夫.引自:王通讯,朱彤编.科学家名言.河北人民出版社,1980,91

既要不懈地回避诗人的童话和庸人的幻想,也要回避多疑者的谬论。

[英]威廉·哈维.凌大好译.心血运动论.陕西人民出版社,2001,5

我始终不愿抛弃我的奋斗生活,我极端重视由奋斗得来的经验,尤其是战胜困难后所得的愉快;一个人要先经过困难,然后踏进顺境,才觉得受用、舒服。

[美]爱迪生.引自:王通讯,朱彤编.科学家名言.河北人民出版社,1980,11

我做事时总是专心致志的,要把所做的事做得如何如何好,决不想到如何可以藉此赚什么钱。我们如果把营利的观念夹入实验室里去,则进行真正创造性的实验便不可能;据我的经验,倘若一个人只为着发财而做事,别的好处固然很少获得,就是钱财也未见得都可以到手。

[美]爱迪生.引自:王通讯,朱彤编.科学家名言.河北人民出版社,1980,14

一个人不能骑两匹马,骑上这匹,就要丢掉那匹。聪明人会把一切分散精力的要求置之度外,只专心致志地去学习一门,学一门就要把它学好。

[德]魏格纳.引自:杨栩编.外国名人名言录.新华出版社,1983,12

在科学的道路上,有时,特别是妇女工作者,可能会遇到不应有的压抑和歧视。但只要有信心,有脚踏实地的忘我工作精神,保守的枷锁和禁锢是打得破的。

钱三强.钱三强科普著作选集.上海教育出版社,1990,192

一个科学家在他攻克科学堡垒的长征中,失败的次数和经验,远比成功的经验要丰富、深刻得多。

华罗庚.华罗庚科普著作选集.上海教育出版社,1984,281

自然,科学并不像宗教那样有森严的庙堂。看得出来,到达科学之路必须经过一片不毛之地,这曾使一些人退缩。

[俄]赫尔岑.李原译.科学中华而不实的作风.商务印书馆,1983,18

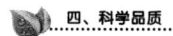四、科学品质

在科学研究工作中,有多少危险、多少歧途啊!要达到真理,又必须经历多少错误啊!

  [法]卢梭.何兆武译.论科学与艺术.商务印书馆,1963,21

那些没有受过未知物折磨的人,不知道什么是发现的快乐。

  [法]贝尔纳.引自:王通讯,朱彤编.科学家名言.河北人民出版社,1980,11

没有哪一个聪明人会否定痛苦与忧愁的锻炼价值。

  [英]赫胥黎.引自:杨栩编.外国名人名言录.新华出版社,1983,48

成就来自知难而进,不屈不挠的奋发努力。

  [英]哈罗德·斯潘塞·琼斯.引自:文三甲主编.名人与你同生日丛书·第三辑.山西人民出版社,2000,130

不要怕艰难,对艰难的深刻理解,更会珍视责任感。

  [德]费尔德纳德·齐柏林.引自:文三甲主编.名人与你同生日丛书·第七辑.山西人民出版社,2000,32

聪明人是不会轻易放弃向挫折学习的。

  [意]巴蒂斯塔·赖麦锡.引自:文三甲主编.名人与你同生日丛书·第七辑.山西人民出版社,2000,83

对待困难和挫折的态度与方法,是决定事业成败的关键。

  [德]弗德里希·威廉赫姆·贝塞尔.引自:文三甲主编.名人与你同生日丛书·第七辑.山西人民出版社,2000,91

从希望和理想中汲取力量,自会战胜眼前的困难,接近美好的未来。

  [德]盖奥尔格·艾利亚斯·缪勒.引自:文三甲主编.名人与你同生日丛书·第七辑.山西人民出版社,2000,84

我忍耐地回想或思考任何悬而不决的问题,甚至连费数年亦在所

不惜。

  [英]达尔文. 引自：王通讯，朱彤编. 科学家名言. 河北人民出版社，1980，33

  一箪食，一瓢饮，在陋巷，人不堪其忧，回也不改其乐。

  孔子. 论语·雍也.

  据吾人的理想，科学家应取的态度应该是：不盲从，不附和，一以理智为依归。如遇横逆之境遇，则不屈不挠，不畏强御，只问是非，不计利害。虚怀若谷，不武断，不蛮横。专心致志，实事求是，不做无病之呻吟，严谨整饬，毫不苟且。

  竺可桢. 引自：樊洪业，段异兵编. 竺可桢文录. 浙江文艺出版社，1999，41

  坚强者始终能在命运的暴风雨中奋斗。

  [美]托马斯·阿尔瓦·爱迪生. 引自：成思良主编. 科学家·文学家·艺术家千人箴言精选. 山西人民出版社，1991，38

  至于说到我自己，那么我就认为，自己的行为正当，就是始终不渝地研究科学，而且要为科学贡献自己的一生。

  [英]达尔文. 毕黎译注. 达尔文回忆录. 商务印书馆，1982，57

  我们现在不是，将来有可能是（乘风破浪、周游世界的水手、水兵）；只要有这个理想，我们总有一天会实现的。有两句成语说："决心取胜就是成功的一半"，"有志者事竟成"。这个道理不管你信不信，反正我相信。

  [英]达尔文. 引自：张秉伦等著. 达尔文. 中国青年出版社，1982，22

  虽然摆在我面前的是鼓励少，打击多，但是只要生命允许，我决不放弃我的劳动。

  [英]达尔文. 引自：维拉·柯尔松斯卡娅著. 孙肇方译. 周邦立校. 大科学家查·达尔文. 上海科学技术出版社，1982，161

 四、科学品质

我不相信一切运气,大多数人只是试验几下,便停止了。我不得到我所寻求的,永不停止。

[美]爱迪生.引自:外国科学家史话编写组编.外国科学家史话.辽宁人民出版社,1979,258

对于科学,坚持着,必可成功。

[英]达尔文.引自:孙观清等编.达尔文传.长春出版社,2003,158

我不反对人家的指责,因为它能把冷酷的事实表现出来,因为它能鼓励大家讨论,而这又常是有益的。

[美]爱迪生.引自:陈俊熹编著.爱迪生传.长春出版社,2003,87

失败也是我所需要的,它和成功一样对我有价值。只有在我知道一切做不好的方法以后,我才知道做好一件工作的方法是什么。不断地寻找自然的秘密,利用它来造福人类,一切都当朝光明一面迈进。

[美]爱迪生.引自:陈俊熹编著.爱迪生传.长春出版社,2003,48

心无旁骛,何事能扰。

[美]富兰克林.米子译.富兰克林自传.花城出版社,2004,234

在科学研究和其他工作中,一定的物质条件是必要的,但是更重要的是要自己动手,自力更生地去创造条件,永远保持艰苦奋斗的精神。

钱三强.钱三强科普著作选集.上海教育出版社,1990,193

科学研究中的顽强精神,使我爱把它称作真理的源泉。

[法]巴斯德.引自:傅明伟等编.世界名人名言精选.上海交通大学出版社,2004,525

科学研究的道路,从来不是一帆风顺的,无论碰上什么样的狂风暴雨,无论碰上什么样的暗礁险滩,都不要气馁!决不能后退!

[意]费米.引自:朱伟著.原子巨人——费米.贵州人民出版社,1983,47

那些反对改革的人抓住我的哪怕最微不足道的错误攻击我,仿佛我犯了弥天大错。看起来与大家一起坚持错误比一个人独立思考要好得多。但我要说,我情愿落在大家后面坚持正确思想,而不愿站在别人前面不假思索地出尔反尔,自食其言。

[意]伽利略.引自:德雷克著.伽利略.中国社会科学出版社,1981,50~51

在科学研究上,偏执如能控制得宜,未尝不是一件好事。

[美]威尔逊.杨玉龄译.大自然的猎人——生物学家威尔逊自传.上海科学技术出版社,2000,330

我们应当尽力去做那些我们能做到的事,而不要总是担心和考虑哪些事我们做不到。不知为什么,无所作为的思想一直未能进入我的大脑。

[巴基斯坦]阿卜杜拉·萨拉姆.引自:A.加尼著.周轩进译.阿卜杜拉·萨拉姆——一个穆斯林国家的诺贝尔奖金获得者.科学出版社,1987,85~86

在从事这项重要而困难的工作(指分离镭)时,我们没有钱,没有实验室,也没有外援,真像从无创有一样。但是,就是在这座可怜的破旧库房里,我们度过了最美好最幸福的岁月,把我们的全部身心都奉献给了工作。为了不使某种特别重要的工作中断,我常常在那里安排我们的饭食。

[法]居里夫人.引自:卢永建编译.居里夫人.山东科学技术出版社,1979,20

6. 信念

不管我们的决定是怎样作出的,只要它是出自深挚的、不可动摇的信念,它就会对我们思想上和道义上的判断产生很大的影响。

[美]爱因斯坦.爱因斯坦文集·第三卷.商务印书馆,1979,289

人多半都抱怨自己的记忆里,很少抱怨自己的判断力。

[美]富兰克林.米子译.富兰克林自传.花城出版社,2004,243

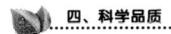四、科学品质

相信世界在本质上是有秩序的和可认识的这一信念,是一切科学工作的基础。

[美]爱因斯坦.爱因斯坦文集·第一卷.商务印书馆,1977,284

毫无疑问,任何科学工作,除完全不需要理性干预的工作以外,都是从世界的合理性和可知性这种坚定的信念出发的(这种信念是宗教感情的亲属)。

[美]爱因斯坦.爱因斯坦文集·第一卷.商务印书馆,1977,284

在我们之外有一个巨大的世界,它离开我们人类而独立存在,它在我们面前就像一个伟大而永恒的谜,然而至少部分地是我们的观察和思维所能及的。

[美]爱因斯坦.爱因斯坦文集·第一卷.商务印书馆,1977,2

科学研究是那些选择科学为己任的人的事业。

[德]雅斯贝尔斯.余灵灵,徐信华译.存在与超越——雅斯贝尔斯文集.三联书店,1988,198

通向这个天堂的道路,并不像通向宗教天堂的道路那样舒坦和诱人;但是,它已证明是可以信赖的,而且我从来也没有为选择了这条道路而后悔过。

[美]爱因斯坦.爱因斯坦文集·第一卷.商务印书馆,1977,2

我无论如何深信上帝不是在掷骰子。

[美]爱因斯坦.爱因斯坦文集·第一卷.商务印书馆,1977,221

科学研究能破除迷信,因为它鼓励人们根据因果关系来思考和观察事物。在一切比较高级的科学工作的背后,必定有一种关于世界的合理性或者可理解性的信念,这有点像宗教的感情。

[美]爱因斯坦.爱因斯坦文集·第一卷.商务印书馆,1977,244

我虽然不能证明科学真理必须被看做一种其正确性不以人为转移的真理,但是我毫不动摇地确信这一点。

[美]爱因斯坦. 爱因斯坦文集·第一卷. 商务印书馆,1977,270

在开普勒所生活的时代,人们还根本没有确信自然界是受着规律支配的。他在没有人支持和极少有人了解的情况下,全靠自己的努力,专心致志地以几十年艰辛的和坚忍的工作,从事行星运动的经验研究以及这运动的数学定律的研究。使他获得这种力量的,是他对自然规律存在的信仰,这种信仰该是多么深挚呀!

[美]爱因斯坦. 爱因斯坦文集·第一卷. 商务印书馆,1977,274

相信为我们的五官所能知觉的自然界具有这样一种巧妙隽永的字谜的特征,那是一个信仰的问题。迄今科学所取得的成就,确实给这种信仰以一定的鼓舞。

[美]爱因斯坦. 爱因斯坦文集·第一卷. 商务印书馆,1977,345

要是不相信我们的理论构造能够掌握实在,要是不相信我们世界的内在和谐,那就不可能有科学。这种信念是,并且永远是一切科学创造的根本动力。在我们的一切努力中,在每一次新旧观点之间的戏剧性的冲突中,我们都认识到求理解的永恒的欲望,以及对于我们世界的和谐的坚定信念,都随着求理解的障碍的增长而不断地加强。

[美]爱因斯坦. 爱因斯坦文集·第一卷. 商务印书馆,1977,379

从一开始就一直存在着这样的企图,即要寻找一个关于所有这些学科的统一的理论基础,它由最少数的概念和基本关系所组成。从它那里,可用逻辑方法推导出各个分科的一切概念和一切关系。这就是我们所以要探求整个物理学的基础的用意所在。认为这个终极目标是可以达到的,这样一个深挚的信念,是经常鼓舞着研究者的强烈热情的主要源泉。

[美]爱因斯坦. 爱因斯坦文集·第一卷. 商务印书馆,1977,385

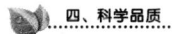
四、科学品质

对于物理学,这句话也是适用的:没有信念,人会变得不幸;至少要相信在我们之外有某种实在性。这一坚定的信念为向前推进的创造动力指出了方向,只有这一信念才能为飘忽不定的幻想提供固定的停靠点;也只有它才能使得因失败而变得疲乏的精神重新振作,将它点燃,去做新的冲击……谁要是抛弃了对原子和电子或对光波的电磁本质的实在性的信念,抛弃了对热能和运动的统一性的信念,他因此也就永远不会再陷入逻辑同事实的矛盾。但是,给他留下的,除了消极地注视着物理认识的成就之外,就不会有任何别的东西了。

[德]普朗克.引自:赵鑫珊著.普朗克之魂:感觉世界·物理科学世界·实在世界.

文汇出版社,2000,470

科学的信念就是,我们的精神可以通过神经细胞及其相关分子的行为加以解释。

[英]弗朗西斯·克里克.引自:鲁大振等主编.世界科学名著导读手册.

中国城市出版社2003,506

我相信世界上一切纷繁复杂的现象都可以用简单朴素的科学原理加以解释。

[美]里努斯·鲍林.引自:文三甲主编.名人与你同生日丛书·第二辑.山西人民出版社,

2000,134

物理学家们有理由为自己的信念辩护,因为这些信念是建筑在事实这一坚固的岩石之上的,而不是像我们的一些同行如此郑重其事地警告我们的那样,建立在一片想象和假设的流沙之上

[英]欧内斯特·卢瑟福.引自:约翰·罗兰著.姜炳忻译.欧内斯特·卢瑟福——

杰出的原子核物理学家.原子能出版社,1978,62

我选择科学研究的道路,是为了让人们幸福地活着。

[瑞典]诺贝尔.引自:魏立伟编著.诺贝尔传.沈阳出版社,1997,36

有理想的人应该知道自己应该走什么样的道路。

[法] 丹尼斯·帕平. 引自:孙利强主编. 影响青少年成长的99位名人·世界篇.

当代世界出版社,2004,310

没有追求的人,必然是怠惰的人。

[美] 莱特兄弟. 引自:江笨湖主编. 大师领读世界名人. 中国戏剧出版社,2005,362

认识会有变化,但信念却要坚定不移。

[瑞典] 絮内·贝里斯特隆. 引自:文三甲主编. 名人与你同生日丛书·第一辑.

山西人民出版社,2000,36

强烈的自信会使人竭尽全力走向目标。

[瑞典] 絮内·贝里斯特隆. 引自:文三甲主编. 名人与你同生日丛书·第一辑.

山西人民出版社,2000,108

信心如同风筝的细线,使向上飞升的命运永远掌握在你的手中。

[美] 罗伯特·威廉·威尔逊. 引自:文三甲主编. 名人与你同生日丛书·第一辑.

山西人民出版社,2000,83

只有不低估自己潜力的人,才能充分发挥自己的才能。

[美] 大卫·巴尔巴摩. 引自:文三甲主编. 名人与你同生日丛书·第三辑.

山西人民出版社,2000,34

我一生的信念:发明,不计成败;赚钱,要利于后人。

[美] 乔治·伊斯曼. 引自:文三甲主编. 名人与你同生日丛书·第七辑.

山西人民出版社,2000,50

没有坚强的信念,便丧失了真正的美德。

[英] 威廉·里弗斯. 引自:文三甲主编. 名人与你同生日丛书·第三辑.

山西人民出版社,2000,52

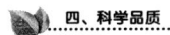

对我一生最良好的利用,莫过于我能够对于自然科学方面作出一点贡献了。我已经尽自己所有的能力来做到了这一点,就让批评者们随心所欲去讲什么吧,但他们绝不会打消我这个信念。

[英]达尔文.毕黎译注.达尔文回忆录.商务印书馆,1982,83

失去信念的人,就再也没有什么可失去的了。

[美]查理斯·布伦顿·哈金斯.引自:文三甲主编.名人与你同生日丛书·第九辑.

山西人民出版社,2000,95

研究者熟悉失望和失败。但是,如果好好地进行分析,失败往往是有益的。它有助于夺取成功。

[英]弗莱明.引自:叶·谢·利希滕施泰因主编,印佳翔等译.科学名言集.

上海科学技术出版社,1986,103

没有信念,就没有大胆的探索,就没有成功的收获。

[美]康拉德·布洛克.引自:文三甲主编.名人与你同生日丛书·第一辑.

山西人民出版社,2000,109

要有当仁不让的自信,坚持不懈地去赢得成功。

[英]艾伦·劳埃德·霍奇金.引自:文三甲主编.名人与你同生日丛书·第二辑.

山西人民出版社,2000,24

应该有自信心,不论眼前有多少困难,都不屈服。

[荷]克里斯蒂安·艾克曼.引自:文三甲主编.名人与你同生日丛书·第八辑.

山西人民出版社,1999,47

信心会使知识的泉水越来越旺。

[德]弗里德里希·拉采尔.引自:文三甲主编.名人与你同生日丛书·第八辑.

山西人民出版社,1999,132

自信是成功的第一秘诀。

　　　　[美]爱默生. 引自:雨桥主编. 人生智慧——世界名人名言精华. 上海人民出版社,1998,161

任何问题,都有解决的办法,无法可想的事是没有的。要是你果真弄到了无法可想的地步,那也只能怨自己是笨蛋,是懒汉。

　　　　[美]爱迪生. 引自:王通讯,朱彤编. 科学家名言. 河北人民出版社,1980,33

你不可自暴自弃。开步走吧,只要走,自然会发生力量!

　　　　[法]法布尔. 引自:王通讯,朱彤编. 科学家名言. 河北人民出版社,1980,88

一个人失败的最大原因,就是对于自己的能力永远不敢充分信任,甚至自己认为必将失败无疑。

　　　　[美]富兰克林. 引自:姜丽卿,洪家辉主编. 实用名言辞典. 中外文化出版公司,1988,286

知识和科学领域中的豪情,是世上任何其他任何豪情都无法比拟的。

　　　　[美]阿尔贝特·希契科克. 引自:文三甲主编. 名人与你同生日丛书·第九辑. 山西人民出版社,2000,14

我越来越相信,在人与人之间的关系中,对幸福人生影响最大的因素,是真实、诚信和清廉。我写下了自己的决心,这决心如今在我的日记里依然可见,并毕生加以实践。

　　　　[美]富兰克林. 米子译. 富兰克林自传. 花城出版社,2004,75

不做则已,一做必成。

　　　　[美]富兰克林. 米子译. 富兰克林自传. 花城出版社,2004,103

没遭遇厄运的人,会被好运绊倒。

　　　　[美]富兰克林. 米子译. 富兰克林自传. 花城出版社,2004,262

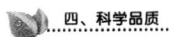

绝对的东西多半是一种理想的目标,它总是显现在我们面前,但是永远也达不到——这也许是一种令人感到烦闷的想法,不过人只有在追求这个目标的时候才会觉得满足。

[德]普朗克.引自:赵鑫珊著.普朗克之魂:感觉世界·物理科学世界·实在世界.

文汇出版社,2000,29~30

如果我坚持什么,就是用大炮也不能打倒我。

[前苏联]巴甫洛夫.引自:王通讯等编.科学家名言.河北人民出版社,1980,88

科学不会抛弃真正爱它的人。

[俄]季米里亚捷夫.引自:吟分,晓晴著.说话·演讲·写作·处世妙语词典.

华岳文艺出版社,1988,22

对于我来说,挚爱并献身于科学事业,是一切幸福的根基。在多年辛勤地埋头工作之后,笼罩着大自然的神秘面纱突然被揭开,黑暗和混乱一下子被和谐和美丽的阳光所代替,这真是人生中最难忘的幸福时刻啊!

[美]格蒂·特里萨·科里.引自:路易斯·哈伯著.张金水等译.世界著名女科学家.

中国妇女出版社,1986,94

总有一天,真理会取胜。即使真理在他一生中未能得到胜利,为了坚持真理也会使他变得更好,更加聪明。

[英]赫胥黎.引自:王通讯,朱彤编.科学家名言.河北人民出版社,1980,18

认识可以通过检验而改变,但信念却是不可改变的。

[美]本杰明·谷德.引自:文三甲主编.名人与你同生日丛书·第九辑.

山西人民出版社,2000,120

科学的宗旨是解释人脑的所有方面的行为,包括了音乐家、神秘主义者以及数学家的脑。我并不认为这能很快实现,但我确实相信,只要我们保持这种探索,我们迟早会达到这种理解。

[英]弗朗西斯·克里克. 汪云九等译校. 惊人的假说——灵魂的科学探索.

湖南科学技术出版社,1998,267

笃信好学,守死善道。

孔子. 论语·泰伯.

给我一个支点,我可以撬起地球。

[古希腊]阿基米德. 引自:张庆文编著. 著名科学家传记. 中国国际广播出版社,
2001,1

五、科学体制

1. 人才

科学则仍然是少数杰出人物的事业。

[俄]赫尔岑.李原译.科学中华而不实的作风.商务印书馆,1983,4

我们在任何科学领域里前进的快慢将取决于开发这个领域的训练有素的、高水平的科学家的多少。

[美]V·布什.范岱年译.科学——没有止境的前沿.商务印书馆,2004,47

自然界慷慨地生产出普通的庸才,却难得创造出有高超才能的人。

[美]爱因斯坦.爱因斯坦文集·第三卷.商务印书馆,1979,76

我们不是没有人才,问题是能不能很好地把他们组织和使用起来,把他们的积极性调动起来,发挥他们的专长。

邓小平.邓小平文选·第三卷.人民出版社,1993,17

要注意发现人才。现在有些人的成就外国人都公认,我们反而不了解,说明我们的一些制度有缺陷,不能发现人才,要认真改进。

邓小平.邓小平文选·第二卷.人民出版社,1983,70

中国的科技要取得进步,研究工作、尖端学科要取得突破,关键是先网罗人才,然后依据人才的数量和专长开辟研究课题,这样就能最大限度地发挥人才的优势,使研究工作迅速得到进展。

[美]杨振宁.科学、教育与现代化.人民日报出版社,1987,175

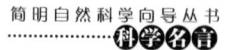

　　我认为，在培养人才方面，应注意培养两种人：一是能作出突出贡献的科技人才；二是勤勤恳恳、兢兢业业占领一个领域，并开拓这个领域的科技人才。只有培养出多方面的科技人才，我们的科学事业才能兴旺发达起来。

卢嘉锡.另一种人生——当代中国科学家随感·上.东方出版社,1998,143

　　吾国科学事业必须大量推进，科学人才必须大量养成，此非重量不重质之谓，盖唯其量多，始有美质从之而出也。

任鸿隽.引自：樊洪业等选编.科学救国之梦——任鸿隽文存.
上海科技教育出版社,上海科学技术出版社,2002,566

　　我们国家要建设，要向科学技术现代化进军，需要大量的高水平的建设人才。而人才的培养，必须从小打好坚实的基础。因为人类的认识过程，都是由浅入深，由简单到复杂，一步步发展起来的。学习科学技术，也必须循序渐进，从小积累，才能争取在年轻有为、精力旺盛、记忆力最好的时候，达到较高的水平。

周培源.引自：戴友夫主编.著名科学家演讲鉴赏.山东人民出版社,1995,139

　　在中国现阶段，要谋科学的发展，尚有最迫切、最重要的一件事，即是科学人才的培养。

竺可桢.竺可桢文集.科学出版社,1979,256

　　科学技术工作要开创新局面，适应现代化建设的需要，一个很重要的问题，是要加强科研队伍的建设，努力培养和选拔学术带头人或技术带头人。

钱三强.钱三强科普著作选集.上海教育出版社,1990,236

　　无论是发展现代科学技术，还是在工农业生产和社会生活以及国防中广泛应用现代科学技术的新成就，都得靠大量掌握现代科学技术知识的人去实现。

李宝恒.爱国与信仰.上海人民出版社,1981,82

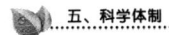

科学研究之要素,不外二端,即经济与人才。有充分之设备,及适当之人才,科学研究始有进步。

竺可桢. 引自:樊洪业,段异兵编. 竺可桢文录. 浙江文艺出版社,1999,21

科学技术需要向新的东西发展,需要发掘新的人,用新的想法来得出新的结果,这不能用"论资排辈"的方法来评价。

[美]杨振宁. 科学、教育与现代化. 人民日报出版社,1987,65

学校的目标应当是培养有独立行动和独立思考的个人,不过他们要把为社会服务看做自己人生的最高目的。

[美]爱因斯坦. 爱因斯坦文集·第三卷. 商务印书馆,1979,143

看一个人的价值,应当看他贡献什么,而不应当看他取得什么。

[美]爱因斯坦. 爱因斯坦文集·第三卷. 商务印书馆,1979,145

要启发这种创造性的心理能力,当然不像使用强力或者唤起个人好胜心那样容易,但它是更有价值的。关键在于发展孩子对游戏的天真爱好和获得赞许的天真愿望,并且把孩子引向对于社会很重要的领域;这种教育主要是建立在希望得到有成效的活动能力和社会认可的愿望之上的。

[美]爱因斯坦. 爱因斯坦文集·第三卷. 商务印书馆,1979,145

发展独立思考和独立判断的一般能力,应当始终放在首位,而不应当把获得专业知识放在首位。如果一个人掌握了他的学科的基础理论,并且学会了独立地思考和工作,他必定会找到他自己的道路,而且比起那种主要以获得细节知识为其培训内容的人来,他一定会更好地适应进步和变化。

[美]爱因斯坦. 爱因斯坦文集·第三卷. 商务印书馆,1979,147

最有成就的科学家具有狂热者的热情,但又受到客观判断自己成果以及必须接受他人批评这两点的辖制。

[英]贝弗里奇. 陈捷译. 科学研究的艺术. 科学出版社,1979,143

每个人都应当有机会来发展他的潜在天赋。只有这样，个人才会得到他所应得的满足；而且也只有这样，社会才会达到它最大的繁荣。因为凡是真正伟大的并且激动人心的东西，都是由能够自由地劳动的个人创造出来的。

[美]爱因斯坦. 爱因斯坦文集·第三卷. 商务印书馆,1979,157

科学也是一种智能探险,它更易于被青年接受。科学对青年特别具有感召力的原因是：未来是属于青年的，他们懂得科学与他们未来生活的世界有某种联系。

[美]卡尔·萨根. 引自：戴友夫主编. 著名科学家演讲鉴赏. 山东人民出版社,1995,234

对每个科学家来说重要的不仅是在科学档案中留下什么，而是要留下对他表示感激的学生。

[前苏联]伊万尼茨基. 引自：叶·谢·利希滕施泰因主编，印佳翔等译. 科学名言集.
上海科学技术出版社,1986,75

没有科学,没有各个时代和民族伟大和天才人物劳动的宝库，我就是微不足道的。

[前苏联]齐奥尔科夫斯基. 引自：叶·谢·利希滕施泰因主编，印佳翔等译.
科学名言集. 上海科学技术出版社,1986,249

为了……得到富有学识和大胆的，达到最现代化科学和技术水平的工程师，首先必须要有具备达到这种水平的，供大学生学习的各种书籍。

[前苏联]叶·帕通. 引自：叶·谢·利希滕施泰因主编，印佳翔等译. 科学名言集.
上海科学技术出版社,1986,246

为了建成社会主义，工人阶级必须有自己的技术干部的队伍，必须有自己的教授、教员、科学家、新闻记者、文学家、艺术家和马克思主义理论家的队伍。这是一个宏大的队伍，人少了是不成的。

毛泽东. 毛泽东选集·第五卷. 人民出版社,1977,462

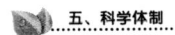

无产阶级没有自己的庞大的技术队伍和理论队伍,社会主义是不能建成的。

毛泽东. 毛泽东选集·第五卷,人民出版社,1977,472

一定要在党内造成一种空气:尊重知识,尊重人才。要反对不尊重知识分子的错误思想。不论脑力劳动,体力劳动,都是劳动。从事脑力劳动的人也是劳动者。将来,脑力劳动和体力劳动更分不开来。

邓小平. 邓小平文选·第二卷,人民出版社,1983,41

要重视知识,重视从事脑力劳动的人,要承认这些人是劳动者。

邓小平. 邓小平文选·第二卷.人民出版社,1983,41

我们向科学技术现代化进军,要有一支浩浩荡荡的工人阶级的又红又专的科学技术大军,要有一大批世界第一流的科学家、工程技术专家。造就这样的队伍,是摆在我们面前的一个严重任务。

邓小平. 邓小平文选·第二卷.人民出版社,1983,91

革命事业需要有一批杰出的革命家,科学事业同样需要有一批杰出的科学家。我们工人阶级的杰出人才,是来自人民的,又是为人民服务的。在广泛的群众基础上,才能不断涌现出杰出人才。也只有有了成批的杰出人才,才能带动我们整个中华民族科学文化水平的提高。

邓小平. 邓小平文选·第二卷.人民出版社,1983,96

科学的未来在于青年。青年一代的成长,正是我们事业必定要兴旺发达的希望所在。

邓小平. 邓小平文选·第二卷.人民出版社,1983,95

我们就是要建立这样一套制度,使那些有专业知识的、年富力强的人,被选拔到能够发挥他们才干的工作岗位上来。这里我还要说一下,对科学家一般不要用行政事务干扰他们,要尽量使他们能够集中主要精力去钻研业务,搞好科研工作。

邓小平.邓小平文选·第二卷.人民出版社,1983,224~225

我们需要有越来越多的专门人才,但是,是不是说,我们现在就没有人才呢?不是,是我们的各级党委,特别是一些老同志,在这方面注意不够,没有去有意识地发现、选拔、培养、帮助一批专业的人才。

邓小平.邓小平文选·第二卷.人民出版社,1983,264

改革经济体制,最重要的、我最关心的,是人才。改革科技体制,我最关心的,还是人才。

邓小平.邓小平文选·第三卷.人民出版社,1993,108

科学研究机构的基本任务是出成果出人才,要出又多又好的科学技术成果,出又红又专的科学技术人才。

邓小平.邓小平文选·第二卷.人民出版社,1983,97

我自己就体会到,既要从事呕心沥血的脑力劳动,又要保持着做一个完整的人,那是多么困难呀。尽管如此,可是科学家,由于他们勤恳的劳动,在消除那种摧残人的偏见方面所作的贡献,比起政治领袖来还是要大些。我们不应当忘记,卡尔·马克思和列宁也都出身于知识分子,并且从知识分子那里吸取他们的力量……

[美]爱因斯坦.爱因斯坦文集·第三卷.商务印书馆,1979,141

经纬万端,机芽百启,欲讲富强以刷国耻,则莫要于储才。欲崇道义以正人心,则莫先于立学。

谭嗣同.引自:邱若宏编.传播与启蒙——中国近代科学思潮研究.湖南人民出版社,2004,111

科学的成长是由于伟大的才智之士,对科学的奖品和报酬则握在一般人民或大人物之手,而他们除极少数外是连中等学问都没有的。

[英]弗兰西斯·培根.许宝骙译.新工具.商务印书馆,1984,71

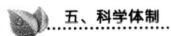
五、科学体制

　　人才是有的。不要因为他们不是全才,不是党员,没有学历,没有资历,就把人家埋没了。善于发现人才,团结人才,使用人才,是领导者成熟的主要标志之一。

邓小平. 邓小平文选·第三卷. 人民出版社,1993,109

　　一个科学家为了使他个人工作的特点能够得到完全实现,他必须知道别人正在做什么事情。他必须生活在这样一个世界:科学在那里是一个生涯,他在那里有自己的同伴,他可以同他们交谈,可以在同他们的交往中表现出自己的气质。事实很可能是,真正独创性的科学工作有百分之九十五的是由职业科学家中不到百分之五的人做出的;但是,如果没有其他95%的人帮助产生高水平的见解的话,那么这些工作的大部分是根本不会做出来的。即使自修成才的学者也一定称颂大学里无偏见的学术气氛,提供给他可以在其中从事活动的机构。

[美] 维纳. 周昌忠译. 我是一个数学家. 上海科技出版社,1987,308

　　要尊重劳动,尊重人才。毛泽东同志不赞成"天才论",但不是反对尊重人才。他对我评价时就讲过"人才难得"。扪心自问,这个评价过高。但这句话也说明人才是重要的,毛泽东同志是尊重人才的。你们讲科研机构要出成果、出人才,教育战线也应该这样。中小学教师中也有人才,好的老师就是人才。要珍视劳动,珍视人才,人才难得呀!

邓小平. 邓小平文选·第二卷. 人民出版社,1983,50

　　一位满怀热情、大公无私的科学家,终身因为经济条件和工作条件不好而不能完成他伟大的设想,他的遗恨人们能想象得出来吗?每当我想到这个国家把最大的大财富(指最富有天才、勇毅的人)就这样白白浪费了,我们难道不感到深深的痛苦、内疚吗?

[法]居里夫人. 引自:杨雁翎等著. 居里夫人传. 长春出版社,2002,142

　　我的第一个呼吁是向发展中国家发出的。说到底,科学技术是他们自己的事情。让他们来共同关心自己的科技吧。我要说,你们的科学人才是宝贵的财富,为了发展本国的科学技术,请珍惜他们,给他们以机会,给他们以责任。

[巴基斯坦]阿卜杜拉·萨拉姆. 引自:A·加尼著. 周轩进译. 阿卜杜拉·萨拉姆——一个穆斯林国家的诺贝尔奖获得者. 科学出版社,1987,105

希望你们年轻的一代,也能像蜡烛为人照明那样,有一分热,发一分光,忠诚而踏实地为人类伟大的事业贡献自己的力量。

[英]法拉第. 引自:缪克成编. 近代四大物理学家. 华东师范大学出版社,1986,193

发明的最佳方法是充分网罗足智多谋的人才,然后把他们组织起来,顽强地去追求他们的目标。

[美]爱迪生. 引自:陈俊熹编著. 爱迪生传. 长春出版社,2003,54

听到伟大人物的赞赏,虽然无疑地容易或者一定可以引起虚荣心,但是我想这对于青年人还是有好处的,因为可以帮助他们循着正确的道路前进。

[英]达尔文. 引自:张秉伦等著. 达尔文. 中国青年出版社,1982,48

要发展科学技术,就需要有一大批德才兼备的科学工作者,他们个人的科学道德品质如何,具有什么样的思想情操,无论对其自身的科学成就,还是在科学发展的进程中,都起着特殊重要的作用。因此,在科学工作者中间,提倡社会主义的科学道德,对建设社会主义的精神文明,发展科学,振兴中华,都显得十分重要和迫切。

苏步青. 理想·学习·生活. 人民教育出版社,1986,25

总之,对于我这样的人,一种实际工作的职业就是一种绝大的幸福。因为学院生活会把一个年轻人置于一种被动的地位:不得不去写大量科学论文——结果是趋于浅薄,这只有那些具有坚强意志的人才能顶得住。

[美]爱因斯坦. 爱因斯坦文集·第一卷. 商务印书馆,1977,46

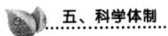

科学之道,可学而不可学。其可学者,已成之绩。而不可学者,未阐之蕴。且物物而学之,于他人之学,必不能尽。尽之,犹终身为人奴隶,安能独立发达,诚所谓完全学界耶。是故吾人今日之从事科学者,当不特学其学,而学其为学之术,术得而学在是矣。

任鸿隽. 引自:樊洪业等选编. 科学救国之梦——任鸿隽文存. 上海科技教育出版社,上海科学技术出版社,2002,11

2. 交流

一个无法与同事谈自己工作的、与世隔绝的科学家,常因追踪错误线索而浪费时间。

[英]贝弗里奇. 陈捷译. 科学研究的艺术. 科学出版社,1979,68

科学并不是依赖于单独一人的思想,而是取决于综合数以千计的人们的智慧,所有的人想一个问题,并且每一个人做他的部分工作,添加到正在建设的知识大厦之中。在某些学科中和在科学知识的实际应用上,这个说法大概比我们大多数人理解得更真实。但是,在像物理这样的基础科学上这个说法完全正确吗?肯定地说,它接近于这个标志,可惜越是基本,需要只有伟人能作出的重大进展就越大。然而当一组很好组织起来的天才科学家作出他们为时已晚的发现时,伟人们至少可省去几年的等候时间。

[英]卢瑟福. 引自:阎康年著. 卢瑟福与现代科学的发展. 科技文献出版社,1987,177

科学是沿着许多途径向前推进的活动。研究人员的个性是相互补充的,有的天才只是看到了一个方面,而另外一些天才则洞见到了其他的东西。

[德]普朗克. 引自:赵鑫珊著. 普朗克之魂:感觉世界·物理科学世界·实在世界. 文汇出版社,1999,21

科学家之间的国际交往,对推动人类的和平共处有重要的贡献。

[瑞]沃纳·阿尔伯.引自:王恒等编.48位诺贝尔科学奖获得者寄语中国.

海南出版社,2001,126

一切科学都紧密地联系在一起。一门科学的进步为另一领域中的进步做好准备。

[德]狄慈根.杨东莼译.狄慈根哲学著作选集.三联书店,1978,303

科学研究要经常交流才能开阔思路,取长补短,获得进步。这就好像打乒乓球一样,经常比赛就进步快些。

钱三强.钱三强科普著作选集.上海教育出版社,1990,140

中西二学,盛则俱盛,衰则俱衰,风气既开,互相推动。

王国维.引自:杨国荣编.科学的形上之维——中国近代科学主义的形成与衍化.

上海人民出版社,1999,254

正像在一切文化生活领域里一样,自由而无拘束地交换意见和交换科学研究的结果,是科学健康发展所必需的。

[美]爱因斯坦.爱因斯坦文集·第三卷.商务印书馆,1979,308

科学交流的理想语言可在数学中发现。

[英]约翰·齐曼.赵振江译.可靠的知识.商务印书馆,2003,16

居今日之旺,讲今日之学,未有西学不兴而中学能兴者,亦未有中学不兴而西学能兴者。

王国维.引自:杨国荣编.科学的形上之维——中国近代科学主义的形成与衍化.

上海人民出版社,1999,254

那种闭关封海的做法是不对的。外国一切好的经验,好的科学技术,我们都要吸收过来,为我所用。但是,这里有一个态度问题。应该把我们

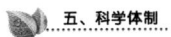

自己创造的努力摆在第一位,把仿学外国而没有我国具体情况加工的东西,摆在第二位。

李四光. 李四光纪念文集. 地质出版社,1981,125

老年科学家与青年科学家,这一门科学家与那一门科学家,乃至本国科学家与世界科学家,都是在实际工作中互相联系着、互相作用着的,世界上没有孤立的科学,也没有孤立的科学家。

叶剑英. 叶剑英选集. 人民出版社,1996,174

科学要发展,基础性研究是关键。为了使科学的基础性研究工作能顺利地、健康地展开,我们应当提倡一种"流水不腐"的做法,鼓励科学人才进行交流研究,倡导在科学界创立自由探讨的学术气氛。

杨福家. 追求卓越. 复旦大学出版社,1995,179

一科学之进步常足以影响于他科,而挟以俱进。

任鸿隽. 引自:樊洪业等选编. 科学救国之梦——任鸿隽文存. 上海科技教育出版社,上海科学技术出版社,2002,22

科学工作的前提:对科学工作的协作性和继承性的信念,使得个人在每一如此狭窄的岗位上也能工作,且相信不会白费力气。

[德]尼采. 周国平译. 偶像的黄昏. 光明日报出版社,1996,180

营业上所以阻碍进步,就是发明东西只求专利,严守秘密。不使人知道仿做,以保存他的私利。倘科学家也像这样子,发明了不肯告人,只顾私利,或想藏之名山,哪里还有进步呢?

[美]杜威. 胡适译. 杜威五大讲演. 安徽教育出版社,1999,80

所以科学不赞成秘密,赞成公开,主张调查、考察、研究和讨论,使从前想说老实话而仍不能说老实话的旧习惯一概打破。

[美]杜威. 胡适译. 杜威五大讲演. 安徽教育出版社,1999,135

我们的方针是,一切民族、一切国家的长处都要学,政治、经济、科学、技术、文学、艺术的一切真正好的东西都要学。但是,必须有分析有批判地学习,不能盲目地学,不能一切照抄,机械搬运。

毛泽东.毛泽东选集·第五卷.人民出版社,1977,285

外国资产阶级的一切腐败制度和思想作风,我们要坚决抵制和批判。但是,这并不妨碍我们去学习资本主义国家的先进的科学技术和企业管理方法中合乎科学的方面。

毛泽东.毛泽东选集·第五卷.人民出版社,1977,287

对外国的科学、技术和文化,不加分析地一概排斥,和前面所说的对外国的东西不加分析地一概照搬,都不是马克思主义的态度,都对我们的事业不利。

毛泽东.毛泽东选集·第五卷.人民出版社,1977,287

学习有两种态度。一种是教条主义的态度,不管我国情况,适用的和不适用的,一起搬来。这种态度不好。另一种态度,学习的时候用脑筋想一下,学那些和我国情况相适合的东西,即吸取对我们有益的经验,我们需要的是这样一种态度。

毛泽东.毛泽东选集·第五卷.人民出版社,
1977,401～402

认识落后,才能去改变落后。学习先进,才有可能赶超先进。提高我国的科学技术水平,当然必须依靠我们自己努力,必须发展我们自己的创造,必须坚持独立自主、自力更生的方针。但是,独立自主不是闭关自守,自力更生不是盲目排外。科学技术是人类共同创造的财富。任何一个民族、一个国家,都需要学习别的民族、别的国家的长处,学习人家的先进科学技术。我们不仅因为今天科学技术落后,需要努力向外国学习,即使我们的科学技术赶上了世界先进水平,也还要学习人家的长处。

邓小平.邓小平文选·第二卷.人民出版社,1983,91

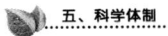
五、科学体制

我们要学会用经济方法管理经济。自己不懂就要向懂行的人学习,向外国的先进管理方法学习。不仅新引进的企业要按人家的先进方法去办,原有企业的改造也要采用先进的方法。

邓小平.邓小平文选·第二卷.人民出版社,1983,150

资本主义已经有了几百年历史,各国人民在资本主义制度下所发展的科学和技术,所积累的各种有益的知识和经验,都是我们必须继承和学习的。我们要有计划、有选择地引进资本主义国家的先进技术和其他对我们有益的东西,但是我们决不学习和引进资本主义制度,决不学习和引进各种丑恶颓废的东西。

邓小平.邓小平文选·第二卷.人民出版社,1983,167~168

现在科学技术发展了,国际交流发展了,我们的经济一定要在国际上有竞争力,要拿国际水平的尺度来衡量一下。在不断出现的新问题面前,我们党总是要学,我们共产党人总是要学,我们中国人民总是要学。谁也不能安于落后,落后就不能生存。

邓小平.邓小平文选·第二卷.人民出版社,1983,270

技术问题是科学,生产管理是科学,在任何社会,对任何国家都是有用的。我们学习先进的技术、先进的科学、先进的管理来为社会主义服务,而这些东西本身并没有阶级性。

邓小平.邓小平文选·第二卷.人民出版社,1983,351

吸收外国资金、外国技术,甚至包括外国在中国建厂,可以作为我们发展社会主义生产力的补充。

邓小平.邓小平文选·第二卷.人民出版社,1983,351

我们要向资本主义发达国家学习先进的科学、技术、经营管理方法以及其他一切对我们有益的知识和文化,闭关自守、故步自封是愚蠢的。

邓小平.邓小平文选·第三卷.人民出版社,1993,44

特区是个窗口,是技术的窗口,管理的窗口,知识的窗口,也是对外政策的窗口。从特区可以引进技术,获得知识,学到管理,管理也是知识。

邓小平. 邓小平文选·第三卷. 人民出版社,1993,51~52

经验证明,关起门来搞建设是不能成功的,中国的发展离不开世界。当然,像中国这样大的国家搞建设,不靠自己不行,主要靠自己,这叫做自力更生。但是,在坚持自力更生的基础上,还需要对外开放,吸收外国的资金和技术来帮助我们发展。

邓小平. 邓小平文选·第三卷. 人民出版社,1993,78~79

致力于追溯西方传统是必要的,但同样也需要对东方传统有更多的了解。

[美]乔治·萨顿. 刘珺珺译. 科学的生命. 商务印书馆,1987,19

培根对科学的新看法的一个重要方面是,恢复人对自然的统治只有通过协作研究才有可能的。

[美]约翰·洛西. 邱仁宗,金吾伦译. 科学哲学历史导论. 华中工学院出版社,1982,71

(发达世界和不发达世界)两种文化的区别同出一源——在一种情况下,科学太多;在另一种情况下,科学太少。

[巴基斯坦]阿卜杜·拉萨姆. 引自:A·加尼著. 周轩进译. 阿卜杜拉·萨拉姆——一个穆斯林国家的诺贝尔奖获得者. 科学出版社,1987,94

他(指物理学家)需要从罕见的天才人物那里受到启发,因为这些天才阐述的思想观念,已经改变或正在改变他整个的课题方向;他需要定期地和那些第一线的工作人员交换意见,因为他们正在从事开发者最先进的科研成果……对生活在发展中国家的人来说,创造性的最大敌人就是他们的与世隔绝……

[巴基斯坦]阿卜杜·拉萨姆. 引自:A·加尼著. 周轩进译. 阿卜杜拉·萨拉姆——一个穆斯林国家的诺贝尔奖获得者. 科学出版社,1987,78

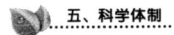

如果我们有资格代表大多数工作在这一领域内的既有才华又具有献身精神的科技人员,那么我们就多少感到有些安慰了。

[瑞典]贝里斯特罗姆. 引自:卢良恕主编. 世界著名科学家传记·生物学家Ⅱ.

科学出版社,1996,12

许多复杂的科学问题要科学家具有物理学、化学、生物学等多方面的知识和才能去探讨。

[美]达尔文. 引自:卢良恕主编. 世界著名科学家传记·生物学家Ⅱ.

科学出版社,1996,22

显然,对普遍的联系不进行深入的研究,没有化学和物理的大力支持,要有效地深入生物体神奇的结构之中,是根本不可能的。

[德]威廉赫姆·弗德里希·普贲弗尔. 引自:文三甲主编. 名人与你同生日丛书·第三辑.

山西人民出版社,2000,40

科学研究没有国籍的限制和种族的隔阂……致力于科学研究的人们首先要免除门户之见。

[德]保罗·埃尔利希. 引自:《诺贝尔奖金获得者传》编委会编. 诺贝尔奖金获得者传·

第1卷. 湖南科学技术出版社,1981,271

就像小溪流寻找江河一样,科学的研究也像穿越小径而找到坦途那样。

[德]卡尔·里特尔. 引自:文三甲主编. 名人与你同生日丛书·第八辑.

山西人民出版社,2000,28

人们不必再在细胞世界不可逾越的鸿沟面前望而却步了。医学的研究,只要得到现代细胞学和分子生物学的指导,就已经获得了进入细胞的坦途。而后者,则有责任向医学提供达到这一目标的手段。

[比]克里斯廷·伦·德迪韦. 引自:《诺贝尔奖金获得者传》编委会编.

诺贝尔奖金获得者传·第4卷. 湖南科学技术出版社,1981,586

用人类的合作工作代替盲目的自由竞争。

[美]金·埃普·吉利. 引自: 韩安俊主编. 美国 100 名人. 辽宁大学出版社, 1994, 74

任何人都不应该在科学上划分势力范围,搞圈地运动。要提倡互相学习,勇于发表新的见解,只要言之成理,我们就应该服从真理。

[英]赖尔. 引自: 张秉伦等著. 达尔文. 中国青年出版社, 1982, 132

科学是国际的,我相信将永远如此。

[英]卢瑟福. 引自: 阎康年著. 卢瑟福与现代科学的发展. 科技文献出版社, 1987, 177

在许多问题上我的说法跟前人大不相同,但是我的知识得归功于他们,也得归功于那些最先为这门学说开辟道路的人。

[波]哥白尼. 引自: 李家善编著. 哥白尼. 商务印书馆, 1979, 31

人因阅读而充实,因沉思而深邃,以交谈而纯粹。

[美]富兰克林. 米子译. 富兰克林自传. 花城出版社, 2004, 227

科学家不是依赖于个人的思想,而是综合几千人的智慧,所有的人想一个问题,并且每人做它的部分工作,添加到正建立起来的伟大知识大厦之中。

[前苏联]米丘林. 引自: 王通讯, 朱彤编. 科学家名言. 河北人民出版社, 1980, 104

科学不可能是一个人的事业。

[意]伽利略. 引自: 杨栩编. 外国名人名言录. 新华出版社, 1983, 142

以错误知识或可疑推理为基础的设想,可以通过讨论得到纠正;同样,盲目的狂热可被遏制,并及时受到制止。

[英]贝弗里奇. 陈捷译. 科学研究的艺术. 科学出版社, 1979, 68

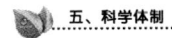

争论是思想的最好触媒。
  [前苏联]巴甫洛夫.引自:王通讯,朱彤编.科学家名言.河北人民出版社,1980,73

世界发展到这个阶段,国际协议日益成为对世界每个国家极为重要而且必须遵守的准则。许多协议将对世界所有国家长久有益。
  [美]L·鲍林.吴万仟译.刘从起校.告别战争:我们的未来设想.湖南出版社,1992,148

科学则应当被认作各代研究者的集体工作成就。
  [德]胡塞尔.倪梁康译.哲学作为严格的科学.商务印书馆,1999,67

生态主义者们提出问题,是钻了现代科学家及技术人员或工人们思考上的空子,如果相互之间充分地讨论,也许是可以冲开现代社会迷雾的一线之光吧!
  [日]星野芳郎.引自:鲁大振等主编.世界科学名著导读手册.中国城市出版社,2003,48

纯科学与应用科学之间的唯一差别在于,应用科学在于处理日常生活中所产生的问题,而纯科学研究则导致能够应用的成果:这是因为,科学知识总会以这种或那种方式,在日常生活中得到应用,尽管要预见到这种应用会在何时和以何种方式得以实现倒是有些困难的。
  [前苏联]卡皮察.引自:F·B·凯得洛夫著.龚立译.管惟炎校.风雨兼程九十年——卡皮察的生平及其发现.中国科技大学出版社,1988,76

窒息起源性的思想与把一个人的鼻子固定到磨石上没有什么两样……思想更像是来自与同事们的会见中,而不是来自把它们压制在某种根本没有发展的工作上。今天,没有一个实验室是自给自足的。
  [英]卢瑟福.引自:阎康年著.卢瑟福与现代科学的发展.科技文献出版社,1987,177

一个科学专业中的每一项基础性的革新不可避免地会改变相邻的科学领域,并且也会较缓慢地改变哲学家及受过教育的外行人的世界。
  [美]托马斯·库恩.吴国盛等译.哥白尼革命.北京大学出版社,2003,224

与任何别的国家活动相比较,科学研究与发展可能更依赖于同其他国家的密切关系。

[美]V·布什.范岱年译.科学——没有止境的前沿.商务印书馆,2004,205

3. 传播

懂得如何销售一项新发现的科学家,其重要性并不亚于发现者。

[丹]赫尔奇·克拉夫.任定成译.科学史学导论.北京大学出版社,2005,87

科学普及,对于科学技术本身的发展和真正体现它的社会作用,都是必不可少的。从根本意义上来说,科学技术的重大作用,主要是通过科学普及活动,使广大群众掌握科学技术知识,并使之应用于社会生产的各个方面来体现的。可以说,每一种新的科学技术的应用和推广,都是科学普及的结果。

钱三强.科坛漫话.知识出版社,1984,236

科学普及工作还有一个效果问题。要使科学普及收到好的效果,就要根据不同的对象,利用不同的条件,采取不同的形式开展科学技术知识的普及活动。

钱三强.科坛漫话.知识出版社,1984,238

更有不可忽略的,是普及科学对于发展生产之重要性与积极性,倘然每一个人都能了解科学,利用科学,其有助于生产之增进,自不待言,即就科学之普及因而能破除迷信而论,其对于发展生产的影响也不是消极的而是积极的。

严济慈.严济慈科技言论集.上海教育出版社,1990,201

传播科学知识比争取荣誉更有价值。

[美]塞缪尔·皮尔庞特·兰利.引自:文三甲主编.名人与你同生日丛书.第八辑.山西人民出版社,2000,94

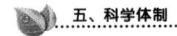

科学并不局限于所谓科学界。科学超越一切特殊的阶级,而属于生活的全部广度和深度。科学属于具有思维的全人类。

[德]约瑟夫·狄慈根.杨东莼译.狄慈根哲学著作选集.三联书店,1978,66

传播知识就是传播幸福。

[瑞典]阿尔弗雷德·诺贝尔.引自:胡传焊编著.科技期刊编辑学.1990,21

在科学上功劳总是归于使全世界信服的人,而不是第一个想起某个主意的人。

[英]奥斯勒.引自:陈德彰编译.外国名人名言.知识出版社,1987,125

大自然所表现出来的智慧,真是形形色色,变化万端。为了了解它,我们必须联合我们大家的知识和努力才行。

[法]拉普拉斯.引自:谢德铣编.名人格言.山西人民出版社,1982,163

科学是浑然一体的。不论是科学,还是它的附属部分同样是重要的。

[前苏联]阿·巴赫.引自:叶·谢·利希滕施泰因主编,印佳翔等译.科学名言集.上海科学技术出版社,1986,163

在报道研究成果时,作者对他所参考利用的前人成果以及任何曾经实质上为他的研究提供过帮助的人,有责任给予应有的肯定和感谢。

[英]贝弗里奇.陈捷译.科学研究的艺术.科学出版社,1979,149

不利用别人得到的知识而作出新发现几乎不可能的。如果科学家们不汇集他们的贡献,就不可能积聚今天我们所能得到的丰富的科学知识宝藏。

[英]贝弗里奇.陈捷译.科学研究的艺术.科学出版社,1979,151

我认为,任何一个社会,如果希望在下个世纪生存得好,且其基本价值不受影响的话,那么都应该关心国民的思维、理解水平,并为未来做好规划。我坚持认为,科学是达到上述目的的基本手段——它不仅是专业人员

所讨论的科学,而更是整个人类社会所理解和接受的科学。如果科学家不来完成科学普及的工作,谁来完成?

[美]卡尔·萨根. 引自:戴友夫主编. 著名科学家演讲鉴赏. 山东人民出版社,1995,235

真正的科学工作就像树上果实一样会逐渐成熟。成熟的果实应该落下,并撒播自己的种子。人们干工作不是为了宣扬,但是,完美的工作应该成为共同的财富。

[德]巴里. 引自:叶·谢·利希滕施泰因主编,印佳翔等译. 科学名言集.
上海科学技术出版社,1986,236

脱离科学的不能使自己的工作获得成绩的实践活动家是徒劳的。而不用实践的标准去检查自己的理论构思,对把科学成果推广到生产中去漠不关心,不学习科普读物,以及不从事科学知识宣传的科学家,也应该受到同样的谴责。

[前苏联]斯克里亚宾. 引自:叶·谢·利希滕施泰因主编,印佳翔等译. 科学名言集.
上海科学技术出版社,1986,31

4. 管理

对于科学事业的领导有两个方面,一方面是学术领导,另一方面是政治思想上和行政上的领导。对于学术问题,我们从来不主张用行政命令进行干涉,我们的领导方针是"百家争鸣",就是通过科学界的自由争论和客观实践来解决学术问题。对于科学工作中的政治思想、方针、计划等方面,更需要党和政府的领导。

周恩来. 周恩来教育文选. 教育科学出版社,1984,161

我们在科研管理工作中,要更多地按照科学规律办事,采取科学的方法,去促进科学的发展,促进出成果出人才。

钱三强. 钱三强科普著作选集. 上海教育出版社,1990,167

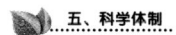

科研管理水平的高低,很大程度上取决于管理干部的水平。

钱三强.钱三强科普著作选集.上海教育出版社,1990,167

对科学技术的领导,主要不是靠行政的办法,而是要按照科学技术发展的规律,加强学术上的领导。学术领导的主要方法是发扬学术民主,开展百家争鸣。

严济慈.严济慈科技言论集.上海教育出版社,1990,169

科学发展要有全面规划。为了解决生产中所提出的科学技术课题,并为提高我国的科学技术水平,在人力、物力和时间分配上,要求作出适当的安排和全面规划。

李四光.引自:戴友夫主编.著名科学家演讲鉴赏.山东人民出版社,
1995,108

科研部门、教育部门都有一个调整问题。希望这个调整搞得快一些,哪怕不完善也可以,以后逐步改进。调整当中,具体问题很多,第一位的是配备好领导班子。我提出一个单位有三个人要选得好。党委统一领导,书记很重要,一定要选好,这是第一个人。第二个是领导科研或教学的人,要内行,至少是接近内行或者比较接近内行的外行。还有一个管后勤的,应当是勤勤恳恳、扎扎实实、甘当无名英雄的人。有了这样的三把手,事情就比较好办了,下面单位的调整,计划的执行等等,就可以比较顺利地进行了。

邓小平.邓小平文选·第二卷.人民出版社,1983,52~53

为了加强科学研究工作,必须逐步地建立和健全中国科学院和各业务部门的科学研究机构,加强高等学校的科学研究工作,并且做到各方面分工合作,密切结合。科学研究机构的设置,应该在地区上合理分布。科学研究工作应该同国家的各项建设工作、特别是经济建设工作密切结合起来。在科学研究中,要贯彻"百家争鸣"的方针,鼓励学术上的自由讨论,以充分发挥科学研究人员的积极性和创造性。

周恩来.周恩来教育文选.教育科学出版社,1984,143

为了建设现代化的社会主义强国,任务很多,需要做的事情很多,各种任务之间又有相互依存的关系,如像经济与教育、科学,经济与政治、法律等等,都有相互依存的关系,不能顾此失彼。我们过去长期搞计划,有一个很大的缺点,就是没有安排好各种比例关系……还有一个重要的比例,就是经济发展和教育、科学、文化、卫生发展的比例失调,教科文卫的费用太少,不成比例。甚至有些第三世界的国家,在这方面也比我们重视得多。印度在教育方面花的钱就比我们多。像埃及这样的国家,人口只有四千万,按人口平均计算,他们在教育方面花的钱,也比我们多几倍。总之,我们非要大力增加教科文卫的费用不可。

邓小平.邓小平文选·第二卷.人民出版社,1983,249~250

我们要利用外国的资金和技术,也要大力发展对外贸易,但是必然要以自力更生为主。

邓小平.邓小平文选·第二卷.人民出版社,1983,257

那么怎样去提高科研管理水平呢?从根本上说,最重要的是要去认真探讨、研究和掌握科研管理工作中的客观规律,把感性的东西,上升为理论,真正懂得它的"道理",并在实际中加以运用,不断地提高。

钱三强.钱三强科普著作选集.上海教育出版社,1990,167

多数科学家在孤独一人时停滞而无生气,而在群集时就相互发生一种类似共生的作用……这就是在研究机构工作的最大有利条件。

[英]贝弗里奇.引自:王通讯,朱彤编.科学家名言.河北人民出版社,1980,106

科技和教育,各行各业都要抓。大的企业都要有科学技术研究机构,有科学技术研究人员。每个部门都要进行科学研究。

邓小平.邓小平文选·第二卷.人民出版社,1983,41

加强企业的科学研究工作。这是多快好省地发展工业的一个重要途径。随着工业的发展,企业的科技人员数量应当越来越多,在全部职工中所占的比例应当越来越大。大厂要有自己独立的科研机构；小厂的科研可以由市里综合办，也可以由几个厂联合在一起搞。

邓小平. 邓小平文选·第二卷. 人民出版社, 1983, 29

科学的发展不是能一蹴而就的，要发展迅速，必须理论与实践相结合，教育文化事业与工业、农业、交通事业相结合，这样就非有一个整体规划不可。

竺可桢. 竺可桢文集. 科学出版社, 1979, 429

科学管理是由多种因素而不是一种因素构成的一个综合体。现把这多种因素概括如下：它是科学，而不是经验法则；是和谐而不是单干；是不断取得最高产量而不是限制产量；是发展个人，使他达到最高效率和最富裕状态。

[美]弗里德里克·温斯洛·泰勒. 蔡上国译. 科学管理原理. 上海科学技术出版社, 1982, 95

在科学管理体制下，正确的科学知识和方法早晚会遍地开花结果，不可逆转地取代凭经验法则办事的管理方法。

[美]弗里德里克·温斯洛·泰勒. 蔡上国译. 科学管理原理. 上海科学技术出版社, 1982, 70

新的经济体制应该是有利于技术进步的体制，新的科技体制应该是有利于经济发展的体制。

宋健. 世纪之鹄——宋健文稿选集. 原子能出版社, 2002, 11

我们要提高科学研究，同时要普及科学知识；我们要加强科学发展，同时要扩大科学基础，数学的、理化的、生物的、农的、工的、医的、各科各门的科学工作者，要互相合作，不能像从前那样孤立；理论的、实用的、各种各样的科学工作者，要互相配合，不能像从前那样散漫。要形成一个有组织的整体，有步骤地集体工作，来共同建设我们的科学。

严济慈. 严济慈科技言论集. 上海教育出版社, 1990, 199

　　在任何文化部门里，尤其是在科学里，大人物更不是自己一个人就够了，因为若是缺少本领较低的和想象力较差的科学家们的预备工作，就绝不能作出任何有效的发现。

[英]贝尔纳.伍况甫等译.历史上的科学.科学出版社,1983,17

　　科学家们要战胜科学上一切的困难，只有团结；要发挥科学上的力量，也只有团结。团结就要坚持真理，修正错误。团结就要通力合作。每一个科学家，都是继承前代科学家的遗产。每一种科学成果绝不是某一个科学家单独创造的。

叶剑英.叶剑英选集.人民出版社,1996,173

　　但是，研究工作不是一帆风顺的，深入一个未知领域很难作出预言，失败是成功的一部分。因此，基础研究需要充分的自由空间和长期的展望。很多人认为，如果一个国家要想在技术和经济方面具有竞争力，必须集中于能立即有市场效益的实用技术的发展，并使经济继续发展。

[美]丁肇中.为什么要重视基础科学.世界科学.2001,(10):9

　　科学，如果要繁荣，就不应当有实用的目的。作为一个普遍的规律，科学所创造的知识和方法只是间接地有助于实用的目的，而且在很多情况下，还要等到几代以后才见效。对科学的忽视，其结果会造成缺乏这样一类脑力劳动者，他们凭着自己的独立见解和判断，能给工业指出新的途径，或者能适应新的形势。凡是科学研究受到阻碍的地方，国家的文化生活就会枯竭，结果会使未来发展的许多可能性受到摧残。这正是我们必须防止的。

[美]爱因斯坦.爱因斯坦文集·第三卷.商务印书馆,1979,94

　　基础知识一旦恰当地应用于科研工作，就会显示出巨大的威力；而一旦离开这些"工具"，将会一事无成。

[美]科里斯蒂安·波默·安劳森.引自：文三甲主编.名人与你同生日丛书·第三辑.山西人民出版社,2000,118

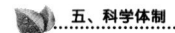

为纠正过去的错误观念起见,为谋达到给人民谋福利起见,我们新中国发展科学的道路将朝哪个方向走呢?

第一,我们必得使理论与实际配合,使科学真能为农工大众服务。第二,我们必须群策群力,用集体的力量来解决眼前最迫切而重大的问题。第三,大量培植科学人才以预备建设新中国。

竺可桢.竺可桢文集.科学出版社,1979,255

对于从事放射性的研究来说,给予各种鼓励是最重要的。不仅需要提供装备很好的实验室,而且甚至更重要的是研究的准备工作。主要是他的全部时间不应都花费在例行公事上,还有薪金的标准应当是这样的,使他们自己能感到可把空闲的时间用于研究上。经验表明,只有以这个办法,我们才可能指望得到思想敏锐的和有进取心的人们的集体服务。他们不仅有能力以最有成效的成果完成他们的工作,而且有可能和有希望进一步使专业知识深化。为了给很多机构做出大量丰硕的效益,也只有以这样的政策,我们才可以指望在为公众服务中取得足够的回报。

[英]卢瑟福.引自:阎康年著.卢瑟福与现代科学的发展.科学技术文献出版社,
1987,293

因为经验表明,科学的进步在很大程度上,取决于对科学研究的激励并指导他人沿有成果的路线前进的有卓越能力的人的出现,这种类型的人是极少的,但是对于研究组织来说,却是本质的。

[英]卢瑟福.引自:阎康年著.卢瑟福与现代科学的发展.科学技术文献出版社,
1987,297

任何有效理论的价值,取决于用以建立相互关系的实验事实的数量,取决于它提出新工作路线的能力。在这些方面,不论蜕变理论最终被证明对与否,完全由它的结果来判定。

[英]卢瑟福.引自:阎康年著.卢瑟福与现代科学的发展.科技文献出版社,1987,177

世界上所有的测绘与度量,确实比不上哪怕是将科学真理向前推进一步有分量……但不可能凡事都用一种绝对的标准去衡量……应该考虑相对的价值。

[德]高斯. 引自:李醒民编著. 科学巨星——世界著名科学家评传丛书 5.

陕西人民教育出版社,1995,87

科学的制度性目标是扩展被证实了的知识。

[美]R·K·默顿. 鲁旭东,林聚任译. 科学社会学. 商务印书馆,2003,365

六、科学知识

1. 发现

新发现是通过对最细小线索的注意而作出的。

[英] 贝弗里奇. 陈捷译. 科学研究的艺术. 科学出版社,1979,34

我的观点可以这样表述:每一科学发现都包含"非理性因素",或者在 Bergson 意义上的"创造性直觉"。

[英] 卡尔·波普尔. 查汝强等译. 科学发现的逻辑. 科学出版社,1986,6

在科学发现中一定存在某种程度的固定顺序,每一个发现都只有在必要的发展过程完成之后才会出现。

[美] 默顿. 引自:史蒂芬·科尔著. 林建成等译. 科学的制造——在自然与社会之间. 上海人民出版社,2001,4

作出新发现时感到的快乐,肯定是人类心灵所能感受的最鲜明而真实的感情。

[法] 贝尔纳. 引自:王通讯,朱彤编. 科学家名言. 河北人民出版社,1980,12

科学发现中真正持久的愉快并不来自发现本身,而是由于想到有可能把它用做新进展的阶梯。

[英] 贝弗里奇. 引自:王通讯,朱彤编. 科学家名言. 河北人民出版社,1980,10

人们只能计划科学研究,而不能计划新发现。

　　　　[英]贝弗里奇. 引自:王通讯,朱彤编. 科学家名言. 河北人民出版社,1980,101

我去寻找从未见到的东西,可在这当中却发现了比预期可观得多的宝藏。

　　　　[奥]乔伊·亚当逊. 赵德成译. 我的漫游生活. 上海文化出版社,1985版,40

科学研究,是一项以永远不输给前人为目标进行的工作。

　　　　[美]佩西瓦尔·洛威尔. 引自:文三甲主编. 名人与你同生日丛书·第三辑.

　　　　　　　　　　　　　　　　　　　　山西人民出版社,2000,57

科学发现总是创造性的,是人类为了更好的生活而采取的必要的行为。

　　　　[法]尼克拉斯·德马雷. 引自:文三甲主编. 名人与你同生日丛书·第九辑.

　　　　　　　　　　　　　　　　　　　　山西人民出版社,2000,67

2. 发明

科学要崇尚自然,发明要展示个性。

　　　　[美]乔治·华盛顿·皮尔斯. 引自:文三甲主编. 名人与你同生日丛书·第一辑.

　　　　　　　　　　　　　　　　　　　　山西人民出版社,2000,76

如果发明无益于生活和生产,那它连纸花都不如。

　　　　[英]奥利维尔·伊文思. 引自:文三甲主编. 名人与你同生日丛书·第九辑.

　　　　　　　　　　　　　　　　　　　　山西人民出版社,2000,54

我们的目标是要成为一个高质量的组织,干出高质量的工作,这就是说要在今后的岁月里为自己的工作和产品感到自豪。

　　　　[美]肯尼恩·哈里·奥尔森. 引自:彼得斯·沃特曼著. 余凯成等译. 成功之路:

　　　　　　美国最佳管理企业的经验. 中国对外翻译出版公司,1985,210

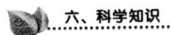
六、科学知识

人类最大的利益,就是各种技术。

[英] 霍布斯. 引自:北京大学哲学系外国哲学史教研室编译.
西方哲学原著选读·上卷. 商务印书馆,2003,385

要发明必须先有强烈的愿望。

[美] 乔治·威斯汀豪斯. 引自:文三甲主编. 名人与你同生日丛书·第十辑.
山西人民出版社,2000,10

只要不安于现状,任何人都会有所发明。

[美] 乔治·威斯汀豪斯. 引自:文三甲主编. 名人与你同生日丛书·第十辑.
山西人民出版社,2000,10

3. 事实

我要做的是叫我的愿望符合事实,而不是试图让事实与我的愿望调和。你们要像一个小学生那样坐在事实面前,准备放弃一切先入之见,恭恭敬敬地照着大自然指的路走。否则,就将一无所得。

[英] 赫胥黎. 引自:W·I·B·贝弗里奇著. 陈捷译. 科学研究的艺术. 科学出版社,
1979,53

科学不是要描述孤立分离的事实,而是要努力给予我们一种综合观。但是这种观点不可能靠对我们的普通经验进行单纯的扩展、放大和增多而达到,而是需要新的秩序原则,新的理智解释形式。

[德] 恩斯特·卡西尔. 甘阳译. 人论. 上海译文出版社,
2003,328

一切学科你都要知道一些,但是有些学科你要知道其中的一切。

[俄] 季米里亚捷夫. 引自:谢德铣编. 名人格言. 山西人民出版社,
1982,123

163

科学就是整理事实,以便从中得出普遍的规律或结论。

　　　　[英]达尔文.引自:W·I·B·贝弗里奇著.陈捷译.科学研究的艺术.科学出版社,

　　　　　　　　　　　　　　　　　　　　　　　　　　　　　　　　1979,96

依照定义,一个模型不是事实的完全和忠实的描绘。它只不过是一个类似或比喻。

　　　　[英]约翰·齐曼.赵振江译.可靠的知识.商务印书馆,2003,24

只有当实验和试探性理论相互连接在一起使之达成一致时,发现才会突现出来,理论才会变成范式。

　　　　[美]托马斯·库恩.金吾伦,胡新和译.科学革命的结构.北京大学出版社,

　　　　　　　　　　　　　　　　　　　　　　　　　　　　　　　　2003,57

许多事物的发现只是偶然事件,许多东西可以从任何人不经意地学到。

　　　　[英]威廉·哈维.凌大好译.心血运动论.陕西人民出版社,

　　　　　　　　　　　　　　　　　　　　　　　　　　　　　　　　2001,5

只有像存钱那样认真积累知识和经验的人,才会成为智慧的富翁。

　　　　[爱尔兰]约翰·格里菲斯.引自:文三甲主编.名人与你同生日丛书·第九辑.

　　　　　　　　　　　　　　　　　　　　　　　　　山西人民出版社,2000,85

要善于积累知识,总结经验,不仅激励自己继续前进,也使别人有所借鉴。

　　　　[美]乔治·加莫夫.引自:文三甲主编.名人与你同生日丛书·第三辑.

　　　　　　　　　　　　　　　　　　　　　　　　　山西人民出版社,2000,18

一个人首先应该相信自己的感觉和经验,其次才是推理,再次才是希波克拉底、盖仑、亚里士多德和其他杰出的哲学家等权威。

　　　　[意]圣·托尼奥.引自:卢良恕主编.世界著名科学家传记·生物学家Ⅱ.

　　　　　　　　　　　　　　　　　　　　　　　　　　　科学出版社,1996,121

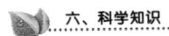

自然选择的理论基于两组主要事实,它们无一例外地适用于一切有机体,因此被列为基本法则:第一,以几何级数迅速增长的力量;第二,后代尽管总的来说接近父辈,但总是多少不同于他们。

[英]阿尔菲德·华莱斯. 引自:文三甲主编. 名人与你同生日丛书·第一辑.
山西人民出版社,2000,33

用丑恶的事实屠杀美丽的假说,是科学的最大悲剧。

[英]赫胥黎. 引自:谢德铣编. 名人格言. 山西人民出版社,1982,123

科学不过是训练有素、组织化了的超乎常识之外的知觉。

[英]赫胥黎. 引自:徐永泰等编译. 世界名言辞典. 齐鲁书社,1988,551

人们普遍有种错觉,以为科学研究者作结论和概括不应当超出观察到的事实……但是大凡实际接触过科学研究的人都知道,不肯超越事实的人很少会有成就。

[英]赫胥黎. 引自:王通讯,朱彤编. 科学家名言. 河北人民出版社,1980,59

事实就是积累成人类经验的砖石,事实也就是你们在创造中的武器。

[前苏联]弗·阿·奥布鲁切夫. 引自:王通讯,朱彤编. 科学家名言. 河北人民出版社,
1980,76

我始终不变地努力保持自己思想的自由,其范围可使我在一见到事实明显地相反于我深爱的任何假说时,马上就放弃这个假说。

[英]达尔文. 毕黎译注. 达尔文回忆录. 商务印书馆,1982,95

科学知识的目的在于去掉一切个人的因素,说出人类集体智慧的发现。

[英]罗素. 张金言译. 人类的知识. 商务印书馆,2003,9

科学素以消除"此时"和"此地"为本身的目标。

[英]罗素. 张金言译. 人类的知识. 商务印书馆,2003,13

科学的任务是根据个别的事实,经过推论而得出定律。

[英]罗素.张金言译.人类的知识.商务印书馆,2003,401

在科学中我们不仅要推论出定律,还要推论出个别事实。

[英]罗素.张金言译.人类的知识.商务印书馆,2003,402

科学在现象中所寻求的远不止是相似性,而是秩序。

[德]恩斯特·卡西尔.人论.甘阳译.上海译文出版社,2003,329

我把科学的广阔园地看做一个广大的原野,有阴暗的地方也有明亮的地方。我们工作的目的,应该或者是扩大明亮地方的界限,或者是在原野中增加光明的中心。一种属于创造性地天才;另一种则属于改善性的智慧。

[法]狄德罗.引自:北京大学哲学系外国哲学史教研室编译.西方哲学原著选读·下卷.

商务印书馆,2003,155

我们发现无知的感觉并没有减退,反而增强了。我们的无知的增长速度实际上要比知识快得多,因为每解决一个问题都提出更多的问题。

[奥]尼柯·丁伯根.引自:王通讯,朱彤编.科学家名言.河北人民出版社,1980,38

一切推理都必须从观察与实验得来。

[意]伽利略.引自:傅明伟等编.世界名人名言精选.上海交通大学出版社,

2004,528

我现在想来说明实验科学的基本原则:没有经验,任何东西都不可能充分被认识……所以只有推理是不够的,还要有经验才充分。

[英]罗吉尔·培根.引自:北京大学哲学系外国哲学史教研室编译.

西方哲学原著选读·上卷.商务印书馆,2003,287

我确实不能像著述家们那样引经据典,我认为,在经验的指导下读书,

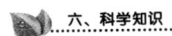

价值要大得多,因为经验是他们的老师的导师。

[意] 达·芬奇. 引自:北京大学哲学系外国哲学史教研室编译.

西方哲学原著选读·上卷. 商务印书馆,2003,307

智慧是经验的产儿。

[意] 达·芬奇. 引自:北京大学哲学系外国哲学史教研室编译.

西方哲学原著选读·上卷. 商务印书馆,2003,308

经验是一切可靠知识的母亲。那些不是从经验里产生,也不受经验检定的学问,那些无论在开头、中间或末尾都不通过任何感官的学问,是虚妄无实、充满谬误的。

[意] 达·芬奇. 引自:北京大学哲学系外国哲学史教研室编译.

西方哲学原著选读·上卷. 商务印书馆,2003,309

最好的论证当然就是经验,只要它不逾越实际的实验。

[英] 弗兰西斯·培根. 许宝骙译. 新工具. 商务印书馆,1984,45

在自然科学中经验和自然是联合在一起的……如果研究者要把他所发现的东西当做真正科学的东西来研究,那么他就必须利用经验的方法。

[美] 约翰·杜威. 傅统先译. 经验与自然. 商务印书馆,1960,2

……我们不可能思考任何我们事先没有通过外部或内部感觉感到过的东西。

[英] 大卫·休谟. 引自:卡尔·波普尔著. 傅季重等译. 猜想与反驳——科学知识的增长.

上海译文出版社,1986,3

科学之异于形而上学乃在对真实产生有效的知识,可以满足人的需要。科学的有效性来自于把观念、经验、对象密切地结合并循环的改进。

[美] 成中英. 创造和谐. 东方出版社,2011,302

广泛的事实材料对于建立可望成功的理论是必不可少的。材料本身并不是一个演绎性理论的出发点；但是，在这材料的影响下，可以找到一个普遍原理，这个原理又可以作为逻辑性（演绎性）理论的出发点。但是，从经验材料到逻辑性演绎以之为基础的普遍原理，在这两者之间并没有一条逻辑的道路。

[美]爱因斯坦.爱因斯坦文集·第三卷.商务印书馆,1979,490～491

4. 理论

科学家的工作是提出和检验理论。

[英]卡尔·波普尔.查汝强等译.科学发现的逻辑.科学出版社,1986,5

热衷于实践而不要理论的人好像一个水手上了一只没有舵和罗盘的船，拿不稳该往哪里航行。实践永远应当建立在正确的理论上，透视学就是正确理论的向导和门径，没有它，在绘画上就一事无成。

[意]达·芬奇.引自：北京大学哲学系外国哲学史教研室编译.西方哲学原著选读·上卷.商务印书馆,2003,311

一个真正的科学定律或理论是可证伪的，正因为它对世界提出明确的看法。

[英]A·F·查尔默斯.查汝强等译.科学究竟是什么？.商务印书馆,1982,51

一个理论阐述得愈精确，它就变得愈可证伪。

[英]A·F·查尔默斯.查汝强等译.科学究竟是什么？.商务印书馆,1982,54

一个民族想要站在科学的最高峰，就一刻也不能没有理论思维。

[德]恩格斯.自然辩证法.人民出版社,1971,29

只有理论才能激发和发扬发明创造精神。

[法]巴斯德.引自：王通讯,朱彤编.科学家名言.河北人民出版社,1980,71

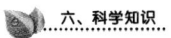
六、科学知识

任何……理论最好不过的命运是,指明通往一个更加广泛的理论的途径,而它则作为一个极限情形在后一理论中继续存在下去。

[美]爱因斯坦.引自:波普尔著.傅季重等译.猜想与反驳——科学知识的增长.
上海译文出版社,1986,46

反之,科学理论的前提,作为假设,必须由结果加以验证——可以是经验证明,也可以由其他已被广泛接受的陈述的关系加以证明。

[德]于尔根·哈贝马斯.后形而上学思想.曹卫东,付德根译.译林出版社,
2001,35

理论物理学的目的,是要以数量上尽可能少的、逻辑上互不相关的假说为基础,来建立起概念体系。如果有了这种概念体系,就有可能确立整个物理过程总体的因果关系。

[美]爱因斯坦.爱因斯坦文集·第一卷.商务印书馆,1977,170

总之,相对论的主要特点之一,是它竭力要比较精确地解决普遍概念同经验事实之间的关系。这里的基本原则是:一个物理概念的正确与否,唯一地取决于它对所经验到的事实的明晰而无歧义的关系。

[美]爱因斯坦.爱因斯坦文集·第一卷.商务印书馆,1977,164

我们的一切思想和概念都是由感觉经验所引起的,它们只有在涉及这些感觉经验时才有意义;但是另一方面,它们又都是我们头脑的自发活动的产物。所以,它们绝不是这些感觉经验内容的逻辑推论。

[美]爱因斯坦.爱因斯坦文集·第一卷.商务印书馆,1977,245

一个概念愈是普遍,它愈是频繁地进入我们的思维之中,它同感觉经验的关系愈间接,我们要了解它的意义也就愈困难。

[美]爱因斯坦.爱因斯坦文集·第一卷.商务印书馆,1977,245

我们的一切思维都是概念的一种自由游戏;至于这种游戏的合理性,

那就要看我们借助于它来概括感觉经验所能达到的程度。"真理"这个概念还不能用于这样的结构。按照我的意见，只有在这种游戏的元素和规则已经取得了广泛的一致意见的时候，才谈得上这个"真理"概念。

[美]爱因斯坦.爱因斯坦文集·第一卷.商务印书馆,1977,3

凡是可以表达的，就是可认识的，就能对它提出有意义的问题。因此，没有什么原则上不能回答的问题，没有什么原则上不能解决的问题。

[德]石里克.引自：洪谦主编.逻辑经验主义.商务印书馆,1982,8

科学家的社会角色具有三种不同的功能：发展概念体系，培训其他人来发展概念体系，以及将概念体系用于实现各种社会目标。

[美]巴伯.顾昕译.科学与社会秩序.三联出版社,1992,120

科学概念和科学理论只有作为更广泛的社会实践和物质实体的组成部分才是可理解的。

[美]约瑟夫·劳斯普.盛晓明,邱慧等译.知识与权力.北京大学出版社,2004,1

每一门科学都是分析某一个别的运动形式或一系列互相关联和互相转化的运动形式的，因此，科学分类就是这些运动形式本身依据其内部所固有的次序的分类和排列，而它的重要性也正是在这里。

[德]恩格斯.自然辩证法.人民出版社,1971,227

科学者何？吾人对于事物之概念，综合客观之现象，诉之主观之理性而不矛盾之谓也。

陈独秀.陈独秀文章选编·上.三联书店,1984,77

知识为一整体系统，其内涵来自于两方面：个体的直接的感官经验、记忆、自然逐渐发展出来的观察与解释网络以及内省经验包含思想推理假设等，此可名为知识整体性原则。

[美]成中英.创造和谐.东方出版社,2011,264

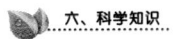六、科学知识

科学的目的,一方面是尽可能完备地理解全部感觉经验之间的关系,另一方面是通过最少个数的原始概念和原始关系的使用来达到这个目的。

[美]爱因斯坦.爱因斯坦文集·第一卷.商务印书馆,1977,344

科学能了解情感和信仰,但科学仅能从它所依据的概念予以判断。因为科学是概念的自身发展,所以从概念的观点去判断科学,便不仅是对于科学的判断,而且是一种共同的进展。

[德]黑格尔.贺麟译.小逻辑.商务印书馆,1997,18

如果一个假设要成为科学的一部分,它必须是可证伪的。

[英]A·F·查尔默斯.查汝强等译.科学究竟是什么?.商务印书馆,1982,48

在自然科学家们的头脑中,已经积累了无数清楚地观察到的事实;只有出现一个能够概括这些事实的理论,而这理论具有充分的论据,那么,它们马上就会各得其所了。

[英]达尔文.毕黎译注.达尔文回忆录.商务印书馆,1982,81

一旦我们认识到下述事实,就不得不抛弃这种观点了:我们每个理论所描述的世界,可能本身又要由用其他理论描述的深一层的世界来解释,这些理论具有更高的抽象性、普遍性和可检验性。本质或终极实在的学说和终极解释的学说一起崩溃了。

[英]卡尔·波普尔.傅季重等译.猜想与反驳——科学知识的增长.上海译文出版社,2001,162

由观察建立理论,提高理论来改正观察。

[前苏联]罗蒙诺索夫.引自:王通讯,朱彤编.科学家名言.河北人民出版社,1980,57

过于相信自己的理论或设想的人,不仅不适于作出新的发现,而且会做很坏的观察。

[法]贝尔纳.引自:W·I·B·贝弗里奇著.陈捷译.科学研究的艺术.科学出版社,1979,52

没有理论这盏明灯,实践不可能走向真正完美的境地。

[俄]尼·彼得洛夫. 引自:叶·谢·利希滕施泰因主编,印佳翔等译. 科学名言集.

上海科学技术出版社,1986,30

科学著作——不是呆板的公式,而是照亮实践的曙光。

[前苏联]恰普雷金. 引自:叶·谢·利希滕施泰因主编,印佳翔等译. 科学名言集.

上海科学技术出版社,1986,32

最大的不幸是理论脱离实践。

[意]达·芬奇. 引自:北京大学哲学系外国哲学史教研室编译.

西方哲学原著选读·上卷. 商务印书馆,2003,311

我们关于物理实在的观念绝不会是最终的。为了以逻辑上最完善的方式来正确地处理所知觉到的事实,我们必须经常准备改变这些观念——也就是说,准备改变物理学的公理基础。

[美]爱因斯坦. 爱因斯坦文集·第一卷. 商务印书馆,1977,292

科学的事业就是使一切存在物都上升为思想。

[俄]赫尔岑. 引自:北京大学哲学系外国哲学史教研室编译. 西方哲学原著选读·下卷.

商务印书馆,2003,515

5. 检验

科学事实和科学理论必须能够经受住一段时间的批判性考察,必须经得起其他行家的铁面无私的检验。

[英]约翰·齐曼. 引自:史蒂芬·科尔. 林建成等译. 科学的制造——在自然与社会之间.

上海人民出版社,2001,130

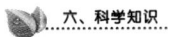

唯有经验能够判定真理。

[美]爱因斯坦.爱因斯坦文集·第一卷.商务印书馆,1977,508

衡量一种理论的科学地位的标准是它的可证伪性,或可反驳性,或可检验性。

[英]卡尔·波普尔.纪树立等译.猜想与反驳.中国美术学院出版社,2003,47

所以,科学、"理性"不是从上加于经验的东西。它既为经验所暗示、所考核,同时又由许许多多的发明去使经验扩充、丰富。

[美]杜威.胡适,唐擘黄译.哲学的改造.安徽教育出版社,1999,60

当且仅当一个语句是可证实的时,它才是有意义的,而它的意义即是它的证实方法。

[德]卡尔纳普.引自:洪谦主编.逻辑经验主义.商务印书馆,1982,20

任何实证科学都有可感觉的对象,都有存在于外界的一定出发点,都有作为它的认识基础的前提。任何经验科学都以可感觉的材料、一定的对象为其基础,因而它的知识是有依赖性的,是"不纯粹的"。

[德]约瑟夫·狄慈根.杨东莼译.狄慈根哲学著作选集.三联书店,1978,12

三百年来科学公例,所由在在见极,不可复摇者,非必理想之妙过古人也,亦以严于印证之故。是以明诚三候,阙一不可。阙其前二,则理无由立;而阙其后一者,尤可患也。

严复.引自:穆勒著.严复译述.穆勒名学.三联书店,1959,354

在新成果的诸多特征中,最重要的是要看这项成果由经验事实支持到什么程度,以及这项成果与共同体认定的权威理论一致到什么程度。

[美]史蒂芬·科尔.林建成等译.科学的制造——在自然与社会之间.上海人民出版社,2001,50

一个科学的事实是自然界的一个事件,一个科学的理论是关于那个事件的假说,更多的事件将证实或否定它。

[英] 罗宾·柯林伍德. 吴国盛,柯映红译. 自然的观念. 华夏出版社,1999,194

科学中的可接受性并不取决于任何真理代用品之类的东西,而是取决于检验的严格。

[英] 卡尔·波普尔. 傅季重等译. 猜想与反驳——科学知识的增长. 上海译文出版社,1986,399

哲学使命题得到澄清,科学使命题得到证实。

[德] 石里克. 引自:洪谦主编. 逻辑经验主义. 商务印书馆,1982,9

科学不应当对结果预先作出肯定或否定。

[英] 罗素. 徐奕春,林国夫译. 宗教与科学. 商务印书馆,1982,93

理论不应当同经验事实相矛盾。这个要求初看起来似乎很明显,但应用起来却非常伤脑筋。因为人们常常,甚至总是可以用人为的补充假设来使理论同事实相适应,从而坚持一种普遍的理论基础。但是,无论如何,这第一个观点所涉及的是用现成的经验事实来证实理论基础。

[美] 爱因斯坦. 爱因斯坦文集·第一卷. 商务印书馆,1977,10

一个希望受到应有的信任的理论,必须建立在有普遍意义的事实之上。

[美] 爱因斯坦. 爱因斯坦文集·第一卷. 商务印书馆,1977,106

回到相对论的本身上来,我急于要请大家注意到这样的事实:这理论并不是起源于思辨,它的创建完全由于想要使物理理论尽可能适应于观察到的事实。

[美] 爱因斯坦. 爱因斯坦文集·第一卷. 商务印书馆,1977,164

如果实验结果或观察到的现象与假说截然相反,如果必须用过分复杂

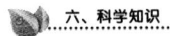

或很不可能的补充假说来与之配合,人们最好还是放弃这种设想,不必为之遗憾。

[英]贝弗里奇.陈捷译.科学研究的艺术.科学出版社,1979,51

人们要学会把原理付诸实践,并养成运用原理的习惯,必须假以实践。

[英]贝弗里奇.陈捷译.科学研究的艺术.科学出版社,1979,x

我们必须十分注意,不使自己对自己的假说过于热衷,应力求客观地判断,并一旦发现矛盾的事实,就修改它或丢弃它。

[英]贝弗里奇.陈捷译.科学研究的艺术.科学出版社,1979,55

纯粹的逻辑思维不能给我们任何关于经验世界的知识;一切关于实在的知识,都是从经验开始,又终结于经验。

[美]爱因斯坦.爱因斯坦文集·第一卷.商务印书馆,1977,313

人类的任何探讨,如果不是通过数学的证明进行的,就不能说是真正的科学。如果你说那些从头到尾都在理性中的科学才有真理性,那是我们不能同意的。我们有很多理由否定这个说法,最重要的一条理由就是这种理性探讨毫无经验,离开了经验是谈不到什么可靠理性的。

[意]达·芬奇.引自:北京大学哲学系外国哲学史教研室编译.西方哲学原著选读·上卷.商务印书馆,2003,310~311

如同研究工作所使用的其他手段一样,实验并不是万无一失的。不能从实验上论证一种假设并不等于证明这种假设是不正确的。

[英]贝弗里奇.陈捷译.科学研究的艺术.科学出版社,1979,27

我们必须在各种各样的情况和环境下向经验请教,直到我们从这样多事例中引申出它们所包含的普遍规律。

[意]达·芬奇.引自:王通讯,朱彤编.科学家名言.河北人民出版社,1980,67

永远不要相信那些标榜有超感应"证据"的科学家；与其相信他们，不如去相信诚实的魔术师。

[美]爱德华·威尔逊. 杨玉龄译. 大自然的猎人——生物学家威尔逊自传.

上海科学技术出版社,2000,345

在谨遵重复试验的规条时,所获得的知识即为我所谓的"科学"。

[美]爱德华·威尔逊. 杨玉龄译. 大自然的猎人——生物学家威尔逊自传.

上海科学技术出版社,2000,400

一个训练有素的思想家的主要特点在于,他不在佐证不足的情况下轻易作出结论。

[英]贝弗里奇. 陈捷译. 科学研究的艺术. 科学出版社,1979,57

要对任何理论作出评价,我们必须看它已解决了多少问题,它面对多少反常问题。

[美]L·劳丹. 刘新民译. 进步及其问题. 华夏出版社,1990,12

探求真理最稳妥的方法之一是在推理之前用经验说话,我们确信,谬误肯定是由推理造成的,至少隐含在其中,因为感觉经验不可能与真理相悖。

[意]伽利略. 引自：德雷克著. 伽利略. 中国社会科学出版社,1981,152

理论的正确性是由理论的结论同人的经验的符合程度来判断的。只有通过经验,我们才能对实在作出一些推断,而在物理学里,这些经验是采取实验和量度的形式的。

[美]爱因斯坦. 爱因斯坦文集·第一卷. 商务印书馆,1977,329

对科学知识的评价将会一再出现,科学结构的每一个部分都将受到不断的再评价,当然,对这个结构的某些部分的审查,不像对其他部分那样频繁。

[英]巴里·巴恩斯. 鲁旭东译. 局外人看科学. 东方出版社,2001,59

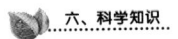

6. 真理

真理的探求应是唯一的目标。
  [英]法拉第. 引自:缪克成编. 近代四大物理学家. 华东师范大学出版社,1986,88

真理是不可能被压倒的。没有任何人为的法律能埋葬真理。
  [意]伽利略. 引自:平易,克非编. 科学家的情操. 山西人民出版社,1985,161

真理就是具备这样的力量,你越是想要攻击它,你的攻击就愈加充实了和证明了它。
  [意]伽利略. 引自:上海外国自然科学哲学著作编译组译. 关于托勒密和哥白尼两大世界体系的对话. 上海人民出版社,1974,263

在漫长的生命的历史中,由各个时代制造的、由使真实和虚伪相对立的价值观而产生的被称为"真理"的东西,只不过是被多次订正、被修改的"谬误"。现在的真理,从这个意义上讲,就是最新的谬误。
  [日]樱井哲夫. 姜忠莲译. 福柯——知识与权力. 河北教育出版社,2001,80

真理,哪怕只见到一线,我们也不能让它的光辉变得暗淡,我们要继续战斗。
  李四光. 李四光纪念文集. 地质出版社,1981,125

我们只要记得研究科学的最高目的,并不在于追求物质享受,而在追求真理。
  任鸿隽. 引自:樊洪业等选编. 科学救国之梦——任鸿隽文存. 上海科技教育出版社,上海科学技术出版社,2002,616

真理才是时间的女儿。

[意]达·芬奇.引自:北京大学哲学系外国哲学史教研室编译.
西方哲学原著选读·上卷.商务印书馆,2003,310

理论所以能够成立,其根据就在于它同大量的单个观察关联着,而理论的"真理性"也正是如此。

[美]爱因斯坦.爱因斯坦文集·第一卷.商务印书馆,1977,115

"科学的真理"这个名词,即使要给它一个准确的意义也是困难的。"真理"这个词的意义随着我们所讲的究竟是经验事实,是数学命题,还是科学理论,而各不相同。"宗教的真理",对我来说,是完全莫名其妙的。

[美]爱因斯坦.爱因斯坦文集·第一卷.商务印书馆,1977,244

它们(科学体系)之所以能站得住脚,在于这个体系在事实面前的有效性,在于它的思想的统一性,也在于它所要求的前提为数很少。

[美]爱因斯坦.爱因斯坦文集·第三卷.商务印书馆,1979,368

科学家的主要责任,并不在于企图去证明自己的意见正确无误,而是在于要常常准备放弃任何一种未经证实的观点,放弃全部显然是错误的试验。

[俄]季米里亚捷夫.引自:王通讯,朱彤编.科学家名言.河北人民出版社,1980,85

假如为了真理和无可怀疑的证据而改变自己过去的看法,他们就应该这么做而不必害怕这种改变;如果发现谬误,即使是古人所承认的,也应该毫不吝惜地加以放弃。因为人类太容易被谬误所缠绕,而许多事实往往是偶然发现的,许多事理多是老年人从青年人处学来,智者往往从"愚者"处学来的。

[英]哈维.引自:王通讯,朱彤编.科学家名言.河北人民出版社,1980,21

地质学研究……每向正确理论前进一步,都要和强有力的先人偏见做

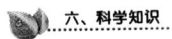

斗争。

  [英]赖尔.引自:王通讯,朱彤编.科学家名言.河北人民出版社,1980,23

  我能想象到人的最高尚行为,除了传播真理外,就是公开放弃错误。

  [英]利斯特.引自:王通讯,朱彤编.科学家名言.河北人民出版社,1980,83

  毫无疑问,真理对待谎言如同光明对待黑暗一样。

  [意]达·芬奇.引自:叶·谢·利希滕施泰因主编.印佳翔等译.科学名言集.上海科学技术出版社,1986,16

  我曾经勇敢地奋斗,认为胜利是可以达到的。但是心有余而力不足……我毕竟有过使后代不致舍弃我的那种品质。"他不知道对于死的恐惧,"后裔们将说,"他比任何人都刚毅,而且认为为真理而斗争是人生最大的乐趣。"

  [意]布鲁诺.引自:伊林·谢加尔著.王汶译.人怎样变成巨人·第3部.中国青年出版社,1982,285

  真理的小小钻石是多么罕见难得,但一经开采琢磨,便能经久、坚硬而晶亮。

  [英]贝弗里奇.引自:杨栩编.外国名人名言录.新华出版社,1983,137

  科学在确定和阐明真理之后便完成了它的使命。

  [英]赫胥黎.引自:戴友夫主编.著名科学家演讲鉴赏.山东人民出版社,1995,22

  必然性是大自然的老师和监护人;必然性是大自然的主旋律和发明家,它既是大自然的遏制力量又是永恒的规律。

  [意]达·芬奇.引自:叶·谢·利希滕施泰因主编.印佳翔等译.科学名言集.上海科学技术出版社,1986,51

科学与民主,就其实质来讲,是和战争誓不两立的。科学与真理是一致的,科学绝不会存在于真理之外。

[俄]季米里亚泽夫.引自:叶·谢·利希滕施泰因主编.印佳翔等译:科学名言集.

上海科学技术出版社,1986,64

科学能够洗刷灵魂的各种污垢。对真正科学家来说,认识真理是无私之举,而洞察真理就像认识美好的事物一样令人神魂颠倒。

[前苏联]列·贝格.引自:叶·谢·利希滕施泰因主编.印佳翔等译.科学名言集.

上海科学技术出版社,1986,106

科学的真理不应该在古代圣人的蒙着灰尘的书上去找,而应该在实验中和以实验为基础的理论中去找。真正的哲学是写在那本经常在我们眼前打开着的最伟大的书里面的,这本书就是宇宙,就是自然界本身,人们必须去读它。

[意]伽利略.引自:王通讯,朱彤编.科学家名言.河北人民出版社,1980,67

我们对大自然的金科玉律认识得愈深刻,那些荒诞不经的事就愈加不可置信。

[英]达尔文.引自:叶·谢·利希滕施泰因主编.印佳翔等译.科学名言集.

上海科学技术出版社,1986,49

要通过各种经验和向错误学习来达到目的。

[美]爱迪生.引自:叶·谢·利希滕施泰因主编.印佳翔等译.科学名言集.

上海科学技术出版社,1986,137

在科学的发展上,对严重谬误论见的揭露,其价值不亚于创造性的发现。

[英]贝弗里奇.陈捷译.科学研究的艺术.科学出版社,1979,54

可是科学是一件人为的事情,所以谬误也许会永远存在;但是正像对数学的理解能够使我们免除错误的计算一样,对思维过程的理解也能够使

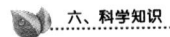

我们不致把谬误当做科学真理而提出或甚至普遍地接受。

[德]约瑟夫·狄慈根. 杨东莼译. 狄慈根哲学著作选集. 三联书店,1978,7

为了理解人类智力的作用,了解错误的不同表现形式是有用的。

[美]乔治·萨顿. 刘珺珺译. 科学的生命. 商务印书馆,1987,40

知识并不像柏拉图和亚里士多德以来的思想家们所认为的那样,既是确实无疑的,又是不可更改的。

[美]L·劳丹. 刘新民译. 进步及其问题. 华夏出版社,1990,1

但是,我将让我的一点点学识留传下来,为的是使某个比我高明的人能够猜测真理,用他的工作证明和改正我的错误。为此,我将欣喜不已:我是用以揭示这个真理的一个工具。

[德]阿尔布雷希特·丢勒. 引自:波普尔著. 傅季重等译. 猜想与反驳——科学知识的增长. 上海译文出版社,1986,2

如果说开普勒完善了哥白尼的天文学是正确的,那么说他毁灭了它同样也是正确的。

[美]理查德·S·韦斯特尔福. 彭万年译. 近代科学的建构. 复旦大学出版社,2000,10

经验是人们给他们所犯的错误取的名字。

[英]奥斯卡·王尔德. 引自:波普尔著. 傅季重等译. 猜想与反驳——科学知识的增长. 上海译文出版社,1986,扉页

我们所要做的一切是尽可能快地犯错误。

[美]约翰·惠勒. 引自:波普尔著. 傅季重等译. 猜想与反驳——科学知识的增长. 上海译文出版社,1986,扉页

科学毕竟是假定的、可错的知识,而不是绝对的真理。

[英]巴里·巴恩斯. 鲁旭东译. 局外人看科学. 东方出版社,2001,131

错误的理论可以作出正确的预测,错误的猜想可以得出真实的结论。

[英]巴里·巴恩斯. 邢冬梅等译. 科学知识:一种社会学的分析. 南京大学出版社,2004,36

科学史上的伟大人物的许多研究成果,在某种意义上都是"不对的"或错误的。

[美]乔纳森·科尔. 赵佳苓等译. 科学界的社会分层. 华夏出版社,1989,27

所以,要想了解产生过何种新的科学精神,如果不了解那个时代流行的各种各样的伪科学书为何物,终究是无法做到的。

[日]樱井哲夫. 姜忠莲译. 福柯——知识与权力. 河北教育出版社,2001,60

但是,真理有时使我们惊惧。事实上,我们知道,它有时是骗人的,它是一个幽灵,除了长久地隐匿之外,它从未使自己显示一瞬间,你可以竭力穷追,但终不可得。

[法]米尔·昂利·彭加勒. 李醒民译. 科学的价值. 光明日报出版社,1988,187

知识的进步主要在于对先前知识的修改。虽然我们有时(例如在考古学中)可能通过一次偶然的观察而进步,但发现的意义一般都取决于它修改我们以往理论的力量。

[英]卡尔·波普尔. 傅季重等译. 猜想与反驳——科学知识的增长. 上海译文出版社,1986,40

乌云遮不住太阳,真理终究是真理,我要把真理讲出来,期望得到热爱真理和思想开通者的同情。

[英]哈维. 引自:吴阶平等编. 世界著名科学家传记·医学家 I. 科学出版社,1996,68

如果一个人仅因为多数人是多数而愿意随大流,那他的思想就迟钝了。不管多数人相信与否,真理不会改变的。

[意]布鲁诺. 引自:袁劲松著. 像大师一样思考:创新思维一点通. 中国档案出版社,2003,147

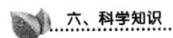

像热爱空气阳光那样,热爱真理的人也会茁壮而美丽。

[瑞士]加斯帕尔德·鲍欣.引自:文三甲主编.名人与你同生日丛书·第一辑.

山西人民出版社,2000,18

科学就是根据真理、事实和自然的普遍规律安排和分类的知识,生命就是遗传加环境。

[美]卢瑟·伯班克.引自:马俊如主编,中国当代思想宝库,中国经济出版社,

2001,1248

不论在研究自然界时发现新的真理是如何费力,在承认它们的道路上还要花更大的力量。

[法]詹·巴帕蒂斯特·拉马克.引自:袁传宓,吴玉璋编著.生物学史话.

江苏科学技术出版社,1981,110

服从真理不仅正确,而且有益。

[德]奥斯瓦尔德·屈尔珀.引自:文三甲主编.名人与你同生日丛书·第八辑.

山西人民出版社,2000,10

真理是永恒的火种。

[美]戴维·西尔斯.引自:文三甲主编.名人与你同生日丛书·第八辑.

山西人民出版社,2000,105

科学是探索真理——它不是人们试图击败对手或伤害他人的比赛。

[美]里努斯·鲍林.引自:王正平主编.世界人生名言大辞典.华夏出版社,1993,367

真正思考的人,从自己的错误中吸取的知识要比从自己的成就中吸取的知识更多。

[美]约翰·杜威.引自:洪松编译.外国名言一千句.新蕾出版社,1981,91

哲学家们常常区分两类真理:某些陈述的真理是逻辑的、必然的,根据

意义而定的;另一些陈述的真理性是经验的、偶然的,取决于世界上的事实的。

[德]卡尔纳普. 引自:洪谦主编. 逻辑经验主义. 商务印书馆,1982,183

柏拉图是我的朋友,亚里士多德是我的朋友,但我最好的朋友是真理。

[英]牛顿. 引自:缪克成编. 近代四大物理学家. 华东师范大学出版社,1986,68

真理迟早要大白于天下,而耐心的回答比压服更能说服反对者,如果他们反对错了的话。

[英]法拉第. 引自:缪克成编. 近代四大物理学家. 华东师范大学出版社,1986,191

我确信,像绝对的必然性、绝对精确、最终真理等观念,都是应当从科学中排除出去的幽灵。

[德]波恩. 李宝恒译. 我的一生和我的观点. 商务印书馆,1979,97

我觉得,相信只有一种真理而且自己掌握着这个真理,这是世界上一切罪恶的最深刻的根源。

[德]波恩. 李宝恒译. 我的一生和我的观点. 商务印书馆,1979,97

谎言立单足,真理伫双腿。

[美]富兰克林. 米子译. 富兰克林自传. 花城出版社,2004,218

如有激情驾驭,则让理智执缰。

[美]富兰克林. 米子译. 富兰克林自传. 花城出版社,2004,250

智慧的门永不关闭。

[美]富兰克林. 米子译. 富兰克林自传. 花城出版社,2004,264

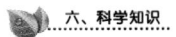

7. 模式

在漫长的科学发展过程中,科学以新的光辉照亮了各种陈旧的理论。这些陈旧的理论在新的基础之上,以新的形式,以其经过革新的内容,而且以新旧之间有机的联系得以更新。

[前苏联]科马罗夫.引自:叶·谢·利希滕施泰因主编.印佳翔等译.科学名言集.
上海科学技术出版社,1986,21

认识论的中心问题从来是,现在仍然是知识增长的问题,而研究知识的增长的最好的方法是研究科学知识的增长。

[英]卡尔·波普尔.查汝强等译.科学发现的逻辑.科学出版社,1986,序言

真正的科学家从不把认识过程视为具有最终答案的问题。认识有如广阔无垠的大自然,是永恒的、不间断的,而且是永无止境的。

[前苏联]谢尔巴可夫.引自:叶·谢·利希滕施泰因主编.印佳翔等译.科学名言集.
上海科学技术出版社,1986,17

科学的发展愈来愈把"已知的东西"消解在未知的东西中了——但它追求的恰是相反的情况,本能地要把未知的东西还原为已知的东西。

[德]尼采.周国平译.偶像的黄昏.光明日报出版社,1996,183

也许在整个近代生活中都没有任何观念比科学的观念更强大地、更不可阻挡地向前挺进着。没有什么能够阻挡它的胜利。

[德]胡塞尔.倪梁康译.哲学作为严格的科学.商务印书馆,1999,11

科学的发展史,也是一部思维的发展史。在人们的社会实践中正是思维提供了客观世界的真实情况和运动规律,从而推动了科学的发展;而科

学的发展,又对人类的思维提出了更多的要求。

高士其.引自:钱学森主编.关于思维科学.上海人民出版社,1986,1

在科学原理第一次发现和第一次加以实际利用,过去有,至今仍然有巨大的时间间距。

[英]贝尔纳.陈体芳译.科学的社会功能.广西师范大学出版社,2003,154

而一种范式通过革命向另一种范式的过渡,便是成熟科学通常的发展模式。

[美]托马斯·库恩.金吾伦,胡新和译.科学革命的结构.北京大学出版社,2003,11

成功的归纳是归并。一个理论被吸收到第二个具有更大范围的理论中,这提示着科学的进步很像形成一套不断扩展的中国套箱。

[美]约翰·洛西.邱仁宗,金吾伦译.科学哲学历史导论.华中工学院出版社,1982,195

科学的发展是坎坷不平的。理论并不相互流入对方。相反,竞争是法则,一个理论被另一个理论代替常常是革命推翻。

[美]约翰·洛西.邱仁宗,金吾伦译.科学哲学历史导论.华中工学院出版社,1982,209

电化学。维德曼在说明电花对化学分解和重新化合的影响时宣称:这宁可说是化学上的事情。在同一情况下,化学家也宣称:这倒不如说是物理学上的事情。这样,在分子科学和原子科学的接触点上,双方都宣称与己无关,但是恰恰就在这一点上可望取得最大的成果。

[德]恩格斯.自然辩证法.人民出版社,1971,268

在我看来,新的科学论著是否被接受,要受三种相互作用的因素的影响:作品本身的内容,作者的社会特点,社会因素如思想权威的作用。

[美]史蒂芬·科尔.林建成等译.科学的制造——在自然与社会之间.上海人民出版社,2001,26

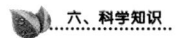

科学理论永远都在变化着。
　　　　　［英］卡尔·波普尔. 查汝强等译. 科学发现的逻辑. 科学出版社,1986,42

惠威尔把科学的进化发展比作支流汇合成江河。
　　　　　［美］约翰·洛西. 邱仁宗,金吾伦译. 科学哲学历史导论. 华中工学院出版社,
　　　　　　　　　　　　　　　　　　　　　　　　　　　　　　　　　　　1982,129

科学发展的忠实记录包含大量不成功的实验和理论,它们在后来被善意地忘掉了。
　　　　　［英］约翰·齐曼. 赵振江译. 可靠的知识. 商务印书馆,2003,131

科学发展得太快了,以至我们的日常理解无法跟上它的步伐。
　　　　　［英］巴里·巴恩斯. 鲁旭东译. 局外人看科学. 东方出版社,2001,28

在科学中,也像在玩扑克牌实验中一样,新事物总是随着困难一起突现出来,它违反期望所提出的背景,并以抗拒来表现自己。
　　　　　［美］托马斯·库恩. 金吾伦,胡新和译. 科学革命的结构. 北京大学出版社,
　　　　　　　　　　　　　　　　　　　　　　　　　　　　　　　　　　　　2003,59

所有危机都始于范式变得模糊,随之而使常规研究的规则松弛。
　　　　　［美］托马斯·库恩. 金吾伦,胡新和译. 科学革命的结构. 北京大学出版社,2003,77

只有当科学在社会生活中可以起积极的作用,而不仅仅是供人思考的时候,科学才能充分发展。
　　　　　［英］贝尔纳. 陈体芳译. 科学的社会功能. 广西师范大学出版社,2003,374

新的科学真理不是由于说服它的反对派,使他们接受而获得胜利的,而是由于这些反对派最终死去,而不熟悉它的新一代人成长起来使科学真理获得胜利。
　　　　　［德］普朗克. 引自:科恩著. 鲁旭东等译. 科学中的革命. 商务印书馆,1998,583

文艺复兴以后,采用实验方法研究自然,哲学和科学才分道扬镳;因为自然哲学开始建立在牛顿动力学的基础上,而康德和黑格尔的追随者则引导唯心主义的哲学离开了当时的科学。同时,当时的科学也很快地就对形而上学不加理会了。

[英]W·C·丹皮尔.李珩译.科学史.广西师范大学出版社,2001,1

科学和哲学有过一段分离时期——一边是朴素的唯物主义,一边是多少有些玄妙的德国唯心主义。在这段分离时期过后,科学和哲学又重新携起手来,最先是在各种各样的进化论思想中携起手来,后来又通过更深刻的分析,靠了数学和物理学的新发展而携起手来。

[英]W·C·丹皮尔.李珩译.科学史及与哲学和宗教的关系.商务印书馆,1975,19

在解释新的科学理论的发生时,强调方法、强调科学以外的思想环境并不十分合适。

[美]托马斯·库恩.范岱年,纪树立译.必要的张力.北京大学出版社,2004,138

科学活动在时空中的变化水平和形式要通过一种自然选择的方式来发展。

[以]约瑟夫·本·戴维.引自:鲁大振等主编.世界科学名著导读手册.
中国城市出版社,2003,115

物理科学的不同理论之间的判定问题,如果我们所碰到的理论都是具有高度普遍性的,那么这问题就不能在这些科学内部求得解决。

[美]菲利普·弗兰克.许良英译.科学的哲学——科学和哲学之间的纽带.
上海人民出版社,1985,375

科学的进展在很大程度上是在于以抽象的符号世界代替了常识世界,这是一个事实问题。

[美]菲利普·弗兰克.许良英译.科学的哲学——科学和哲学之间的纽带.
上海人民出版社,1985,64

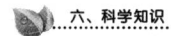

先前的真理并非被逐放,而是被吸收;并非有矛盾,而是被扩张。

[英] 休厄尔. 引自:野家启一著. 毕小辉译. 库恩. 河北教育出版社,2002,59

复数意义上的科学,即一切打算被建立和已经被建立的科学,都是依赖于同一的哲学的一个分支。

[德] 胡塞尔. 张庆熊译. 欧洲科学危机和超验现象学. 上海译文出版社,1988,8

每一门即使是十分精确的科学现在都还是一个仅仅得到有限发展的学说系统,它被包围在一个尚未真正形成的科学之无限视域之中。

[德] 胡塞尔. 倪梁康译. 哲学作为严格的科学. 商务印书馆,1999,62

现代经验科学追求的是知识的确定性和可控性,靠放弃崇高的亚里士多德式风格的全面知识来保证它们的发展道路。因为经验科学使可观察到的东西屈从于数学的量化方法,它发展了有关自然规律的新观点,并在各个方面依靠试验和假设逼近科学知识。

[德] 伽达默尔. 薛华等译. 科学时代的理性. 国际文化出版公司,1988,127

在任何国家里当艺术和科学达到完美地步时,它们就自然地,或者毋宁说必然地要趋于衰落,而且在这个国家里它们很少甚至绝不能恢复往日的繁荣。

[英] 休谟. 杨适等译. 人性的高贵与卑劣——休谟散文集. 三联书店,1988,64

人类文化开端于一种远为错综复杂的心智状态。几乎所有的自然科学都不得不经过一个神话阶段。在科学思想的历史上,炼金术先于化学,占星术先于天文学。科学只有靠着引入一种新的尺度,一种不同的逻辑的真理标准,才能超越这些最初阶段。它宣称,只要人把自己局限在他的直接经验——观察事实的狭隘圈子里,真理就不可能被获得。

[德] 恩斯特·卡西尔. 甘阳译. 人论. 上海译文出版社,2003,328

科学是一只能动的罗盘,永远明确自己的方向。

[德]海因里希·安乐·德巴里. 引自:文三甲主编. 名人与你同生日丛书·第一辑.

山西人民出版社,2000,46

对异端和非正统的支持常常导致了科学的进步。

[英]约翰·普莱费尔. 引自:文三甲主编. 名人与你同生日丛书·第三辑.

山西人民出版社,2000,43

从事科学研究的人不会永远没有机会的,需要注意的是当机会出现时,要牢牢抓住,只有这样,科学研究才会有所突破,有所进展。

[德]格奥尔吉乌斯·阿格里科拉. 引自:文三甲主编. 名人与你同生日丛书·第三辑.

山西人民出版社,2000,107

科学将继续以无限的洞察力向前发展。

[德]阿尔布雷希特·科塞尔. 引自:《诺贝尔奖金获得者传》编委会编.

诺贝尔奖金获得者传·第1卷. 湖南科学技术出版社,1981,295

科学的发展是一个辩证的、革命的过程。

[英]肯德鲁. 引自:叶·谢·利希滕施泰因主编. 印佳翔等译. 科学名言集.

上海科学技术出版社,1986,11

任何事物,包括现今的一切知识都对批评和无偏见的质询开放。科学通常建立在更新现存既有模式的基础之上,是一个不断发展的过程。

[美]巴茹·贝纳塞拉夫. 引自:王恒等编. 48位诺贝尔科学奖获得者寄语中国.

海南出版社,2001,161

智力绝不会在已经认识的真理面前停止不前,而始终会不断前进,走向尚未认识的真理。

[意]布鲁诺. 引自:洪松译编. 外国名言一千句. 新蕾出版社,

1981,70

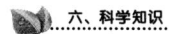

凡是有知识的人都会高度赞赏我们这个世纪的科学成就,即使是只随便看一下科学在工业上的应用,也会有此感觉。可是如果记住科学的基本问题,对于它新近的成就就不会估计过高。这正像坐在火车里一样,要是我们只观察靠近轨道的东西,我们似乎是在急速地向前奔驰;但当我们注视到远处的山脉时,景色似乎就变化得非常慢。科学的基本问题也正是这样。

[美]爱因斯坦.爱因斯坦文集·第三卷.商务印书馆,1979,304

正像新生的婴儿一样,科学的真理必将在斗争中不断发展,广泛传播,无往而不胜。

[美]富兰克林.引自:王通讯,朱彤编.科学家名言.河北人民出版社,1980,19

在看到资本主义发展为主导生产方法的同一时期——1450年到1690年——也看到实验和计算都发展为自然科学的主导方法,转变是复杂的;各项技术上的变化导致了科学,而科学又转而导致一些新而更快的技术变化。这样,在技术、经济和社会三方面联合起来的革命,是一桩独特的社会现象。这场革命的根本重要性,甚至比起使得文明本身成为可能的农业发现还要伟大,因为它自身,通过科学,就会有无限进展的种种可能性。

[英]贝尔纳.伍况甫等译.历史上的科学.科学出版社,1983,209

科学的进步取决于科学家的劳动和他们的发明的价值。

[法]巴斯德.引自:洪松译编.外国名言一千句.新蕾出版社,1981,64

如果一位科学家在身后未留下总归不是实践中所需的和有用的著作,那么就不能承认他起到了自己的作用。

[前苏联]巴尔金.引自:叶·谢·利希滕施泰因主编.印佳翔等译.科学名言集.上海科学技术出版社,1986,236

科学的发展有自己的相对的独立性,它的发展的内在动力是实验和理论的对立统一。它的基础是实验和观察,它的"发展形式是假说"。在新的实验事实同旧的理论出现不可调和的矛盾时,科学理论就不得不发生革命,但这种革命是以知识和经验的继承与积累为基础的。因此,科学发展的形式是继承和革命的统一。

钱三强. 钱三强科普著作选集. 上海教育出版社,1990,133

我们的科学进步得如此之快,以致大多数原始的论文很快失去了它的现实意义而显得过时了。但是,另一方面,根据原始论文来追踪理论的形成过程却始终具有一种特殊的魅力;而且这样一种研究,比起通过许多同时代人的工作对已完成的题目作出一种流畅的、系统的叙述来,往往对于实质提供一种更深刻的理解。

[美]爱因斯坦. 爱因斯坦文集·第一卷. 商务印书馆,1977,177

科学工作最使人感兴趣的,与其说是问题的解决,恐怕不如说是问题的形成……有了正确的认识,方才可以形成一个问题,做到这一步,问题可算是解决了一半。

李四光. 李四光纪念文集. 地质出版社,1981,124

在自然历史的领域里,以及一般地在各门描述科学里,近代也还是在继续古代的工作。

[英]亚·沃尔夫. 周昌忠等译. 十六、十七世纪科学、技术和哲学史. 商务印书馆,1997,12

正如在科学的其他研究领域一样,正确地提出问题,比给出答案更重要。

[美]理查德·S·韦斯特尔福. 彭万年译. 近代科学的建构. 复旦大学出版社,2000,11

某一科学领域中的革命性进展,往往依赖于其他科学领域中的革命,这种不可预见性是快速地按指数增加的。

[美]I·伯纳德·科恩. 鲁旭东,赵培杰,宋振山译. 科学中的革命. 商务印书馆,1998,25

七、科学与文化

1. 哲学

哲学要指导科学,哲学也来自科学技术的提炼。这似乎是我们观点的要害:必集大成,才能得智慧。

钱学森.引自:北京大学现代科学与哲学研究中心编.钱学森与现代科学技术.

人民出版社,2001,375

哲学与自然科学不仅必须一致,而且哲学科学的产生和发展是以经验物理学为前提和条件。

[德]黑格尔.引自:王太庆主编.西方自然哲学原著选辑.1993,640

哲学的推广必须以科学成果为基础。可是哲学的推广一经建立并广泛地被人们接受以后,它们又常常促使科学思想的进一步发展,因为它们能指示科学从许多可能着手的路线中选择一条路线。等到这种已经接受了的观点被推翻了以后,又会有一种意想不到的和全然不同的发展,它又成为一种新的哲学观点的源泉。

[美]爱因斯坦.爱因斯坦文集·第一卷.商务印书馆,1976,374

哲学必须重新与自然科学结合,自然科学必须重新与哲学结合。这种建立在相互需要和内在必然性上面的结合,是持久的、幸福的、多子多孙的,不能与以前那种哲学与神学的错配同日而语。

[德]费尔巴哈.引自:王太庆主编.西方自然哲学原著选辑.1993,697

　　哲学和自然科学为了使双方互不理解,该做的全都做了,它们完全达到了这个目的。这时,情况也明朗了,哲学没有自然科学,就像自然科学没有哲学一样,都是不可能的。

[俄]赫尔岑. 引自:北京大学哲学系外国哲学史教研室编译. 西方哲学原著选读·下卷.

商务印书馆,2003,506

　　总之,不需要任何形而上学,或者说,假如容许有形而上学,那也只能是善于与科学和睦相处甚至服从于科学的形而上学。因为——完全可以预见——如果形而上学和科学发生冲突,那它必将"被彻底消灭"。

[俄]列夫·舍斯托夫. 董友等译. 在约伯的天平上. 三联书店,1989,7

　　哲学若没有体系,就不能成为科学。

[德]黑格尔. 引自:北京大学哲学系外国哲学史教研室编译. 西方哲学原著选读·下卷.

商务印书馆,2003,376

　　自然哲学需要借助于科学来完成,并且需要它的确证或推动,以便从基本的科学事实中获得哲学事实。

[法]雅克·马利坦. 尹今黎,王平译. 科学与智慧. 上海社会科学院出版社,

1992,60

　　科学是全部真正哲学的条件。

[德]雅斯贝尔斯. 余灵灵,徐信华译. 存在与超越——雅斯贝尔斯文集. 三联书店,

1988,4

　　自从最古老的思索为我们所知以来,哲学就与关于自然的科学以及关于数和形的科学不可分割地联系在一起。

[法]皮埃尔·迪昂. 李醒民译. 物理学理论的目的和结构. 华夏出版社,

1999,384

　　不管自然科学家采取什么样的态度,他们还是得受哲学的支配。问题

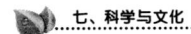

只在于:他们是愿意受某种坏的时髦哲学的支配,还是愿意受一种建立在通晓思维的历史和成就的基础上的理论思维的支配。

[德] 恩格斯. 自然辩证法. 人民出版社,1971,187

在自然科学中,由于它本身的发展,形而上学的观点已经成为不可能的了。

[德] 恩格斯. 自然辩证法. 人民出版社,1971,3

认为事物是既成的东西的旧形而上学,是从那种把非生物和生物当作既成事物来研究的自然科学中产生的。而当这种研究已经进展到可以向前迈出决定性的一步,即可以过渡到系统地研究这些事物在自然界本身中所发生的变化的时候,在哲学领域内也就响起了旧形而上学的丧钟。

[德] 恩格斯. 马克思恩格斯全集·第21卷.338~339

随着自然科学领域中每一个划时代的发现,唯物主义必然要改变自己的形式……

[德] 恩格斯. 马克思恩格斯全集·第21卷.320

的确,蔑视辩证法是不能不受惩罚的。无论对一切理论思维多么轻视,可是没有理论思维,就会连两件自然的事实也联系不起来,或者连二者之间所存在的联系都无法了解。在这里,唯一的问题是思维得正确或不正确,而轻视理论显然是自然主义地、因而是不正确地思维的最确实的道路。

[德] 恩格斯. 自然辩证法. 人民出版社,1971,43

……辩证法的规律是自然界的实在的发展规律,因而对于理论自然科学也是有效的。

[德] 恩格斯. 自然辩证法. 人民出版社,1971,47

所谓客观辩证法是支配着整个自然界的,而所谓主观辩证法,即辩证的思维,不过是自然界中到处盛行的对立中的运动的反映而已,这些对立,以其不断的斗争和最后的互相转变或向更高形式的转变,来决定自然界的生活。

[德]恩格斯.自然辩证法.人民出版社,1971,189

运动本身就是矛盾;甚至简单的机械的位移之所以能够实现,也只是因为物体在同一瞬间既在一个地方又在另一个地方,既在同一个地方又不在同一个地方。这种矛盾的连续产生和同时解决正好就是运动。

[德]恩格斯.反杜林论.人民出版社,1970,143

既然简单的机械的位移本身已经包含着矛盾,那末物质的更高级的运动形式,特别是有机生命及其发展,就更加包含着矛盾。

[德]恩格斯.反杜林论.人民出版社,1970,118

我们已经提到,高等数学的主要基础之一是这样一个矛盾:在一定条件下直线和曲线应当是一回事。高等数学还有另一个矛盾:在我们眼前相交的线,只要离开交点五六厘米,就应当认为是平行的、即使无限延长也不会相交的线。

[德]恩格斯.反杜林论.人民出版社,
1970,118~119

数学本身由于研究变数而进入辩证法的领域,而且很明显,正是辩证哲学家笛卡儿使数学有了这种进步。辩证思维对形而上学思维的关系,和变数数学对常数数学的关系是一样的。这丝毫不妨碍大多数数学家只在数学领域中承认辩证法,也不妨碍他们中相当多的人完全按照旧的有局限性的形而上学方式去进一步运用通过辩证道路所得到的方法。

[德]恩格斯.反杜林论.人民出版社,1970,119

同一和差异——必然性和偶然性——原因和结果——这是两个主要的对立,当它们被分开来考察时,都互相转化。于是必须求助于"根据"。

[德]恩格斯.自然辩证法.人民出版社,1971,194

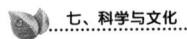

但是,偶然性只是相互依存性的一极,它的另一极叫做必然性。在似乎也是受偶然性支配的自然界中,我们早就证实在每一个领域内都有在这种偶然性中为自己开辟道路的内在的必然性和规律性。

[德]恩格斯.马克思恩格斯全集·第21卷.199

有一个爱好虚构的思辨体系,但思想极其深刻的研究人类发展基本原则的学者一向认为,自然界的基本奥秘之一,就是他所说的对立统一规律。

[德]马克思.马克思恩格斯全集·第9卷.105

初等数学,即常数的数学,是在形式逻辑的范围内活动的,至少总的说来是这样;而变数的数学——其中最重要的部分是微积分——本质上不外是辩证法在数学方面的运用。

[德]恩格斯.反杜林论.人民出版社,1970,132

单凭观察所得的经验,是决不能充分证明必然性的。

[德]恩格斯.自然辩证法.人民出版社,1971,207

原则不是研究的出发点,而是它的最终结果;这些原则不是被应用于自然界和人类历史,而是从它们中抽象出来的;不是自然界和人类去适应原则,而是原则只有在适合于自然界和历史的情况下才是正确的。这是对事物的唯一唯物主义的观点。

[德]恩格斯.反杜林论.人民出版社,1970,32

数学:辩证的辅助工具和表现方式。——数学的无限出现在现实中……

[德]恩格斯.自然辩证法.人民出版社,1971,3

数学中的转折点是笛卡尔的变数。有了变数,运动进入了数学,有了变数,辩证法进入了数学,有了变数,微分和积分也就立刻成为必要的了,而它们也就立刻产生,并且是由牛顿和莱布尼茨大体上完成的,但不是由他们发明的。

[德]恩格斯.自然辩证法.人民出版社,1971,236

如果科学是一个牢固确立在理性之上的探索体系,那么我们自然应该仿效它的方法,接受它的结论,采取它的前提。但是,如果科学基本上是非理性的,那么,我们完全可以将科学知识与占卜、宗教预言、宗教教义和算命等量齐观。

[美]L·劳丹.刘新民译.进步及其问题.华夏出版社,1990,2

有些哲学家提出,合理性就是使个人效用达到最大的行为;另一些哲学家则提出,合理性就是相信那些我们有充足的理由相信为真(或至少可能为真)的命题并按这些命题行动;还有一些哲学家暗示合理性随成本—效益分析而变;也有一些哲学家声称合理性只不过是提出能予以反驳的陈述。

[美]L·劳丹.刘新民译.进步及其问题.华夏出版社,1990,116

事实上,不可知论不是一种教条,而是一种方法。

[英]赫胥黎.引自:杨国荣著.科学的形上之维——中国近代科学主义的形成与衍化.

上海人民出版社,1999,264

如果物理学理论对形而上学没有日益明确的确定和日益精确的反思,那么为这种理论的进步而工作恐怕是不合理的;对超越于物理学的秩序的信仰是物理学理论的唯一辩护。

[法]皮埃尔·迪昂.李醒民译.物理学理论的目的和结构.华夏出版社,1999,375

马克思主义哲学本身是要发展的,它要随着人类社会实践的积累而发展。发展了的自然科学、社会科学、数学、技术科学、工程技术,又影响马克思主义哲学的发展。

钱学森.北京大学现代科学与哲学研究中心编.引自:钱学森与现代科学技术.

人民出版社,2001,43

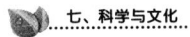

自然哲学应该借助实验科学来寻求自身的完善。这一事实非常显著地表明：自然哲学和实验科学属于同一种类的知识领域，二者都同理性抽象的第一个层次相联系（尽管它们有不同的名称）。

[法]雅克·马利坦.尹今黎,王平译.科学与智慧.
上海社会科学院出版社,1992,52

这足以证明,自然科学的必然趋势,就是使自然成为心智的东西；正因为这个趋势,它才成为自然哲学。自然哲学是哲学的一种必要的基本科学。

[德]谢林.引自:北京大学哲学系外国哲学史教研室编译.十八世纪末——十九世纪初德国哲学.商务印书馆,1975,210

知识就是科学,这有内在的必然性,是出于知识的本性的；要令人满意地说明这一点,就只有陈述哲学本身。

[德]黑格尔.引自:北京大学哲学系外国哲学史教研室编译.
西方哲学原著选读·下卷.商务印书馆,1982,361

自然科学时代——所谓自然科学时代,我当然是指十七世纪而言——的哲学,几乎不能与自然科学分离开。哲学也同样卓有成效地致力于说明自然科学的方法。

[德]H·李凯尔特.涂纪亮译.文化科学和自然科学.商务印书馆,1986,9

一门有生命力的科学哲学必须联系科学的历史和实践,但不要陷入科学史和科学社会学中。

[美]约翰·洛西.邱仁宗,金吾伦译.科学哲学历史导论.华中工学院出版社,
1982,230

把现代科学技术同马克思主义哲学组成一个严密的体系,也阐明了两点思想：一是马克思主义哲学作为科学技术的最高概括一定要指导一切科学技术工作,这是从原则到具体的指导；二是马克思主义哲学又是从科学

技术,即人类实践概括出来的,科学技术的进步,人类实践的发展,也必然会丰富并深化马克思主义哲学。

钱学森. 关于思维科学. 上海人民出版社,1986,9

科学技术工作者在认识和改造自然界的过程中,总是受一定的世界观和方法论支配的,正确的世界观和方法论为科学研究提供了正确的方向和方法。

李四光. 李四光纪念文集. 地质出版社,1981,120

部门科学是有限的,它们被两种既存事物所限制,这就是坚定不移地存在于观察者之外的对象,以及与对象直接对立的观察者个人。哲学用逻辑来扬弃个人和对象,但在扬弃的同时,又把他们保存下来。哲学是各个部门科学的统一体;部门科学汇集于科学之中,为哲学提供养料。

[俄]赫尔岑. 引自:北京大学哲学系外国哲学史教研室编译. 西方哲学原著选读·下卷.
商务印书馆,1982,512

世界观可以争执,唯有科学才能决断,而它的决断带有永恒的烙印。

[德]胡塞尔. 倪梁康译. 哲学作为严格的科学. 商务印书馆,1999,65

世界观哲学的伟大意义使得那种对建立严格哲学的要求不会成为多余。世界观被局限在个别生活上,每一个时代都局限在不同的个别生活上;科学的观念是超时间的。

[德]胡塞尔. 倪梁康译. 哲学作为严格的科学. 商务印书馆,1999,90

已经得到表明,世界观的价值尤其是建立在特有的基础之上,但它必须被看做个别人格的习性和成就。相反,科学则是非人格的,并且是在最高程度上作为严格科学的哲学。

[德]胡塞尔. 倪梁康译. 哲学作为严格的科学. 商务印书馆,1999,91

马克思主义哲学必然要指导科学技术研究,而科学技术的发展也必然

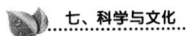

会发展深化马克思主义哲学。因为马克思主义哲学不是死的,它一方面指导我们的科学技术工作,另一方面科学技术工作实践总结出来的理论,必然会影响到马克思主义哲学的发展和深化。

钱学森.引自:于景元,涂元季编.创建系统学.山西科学技术出版社,2001,6

哲学缺乏别的科学所享有的一种优越性:哲学不似别的科学可以假定表象所直接接受的为其对象,或者可以假定在认识的开端和进程里有一种现成的认识方法。哲学的对象与宗教的对象诚然大体上是相同的。两者皆以真理为对象——就真理的最高意义而言,上帝即是真理,而且唯有上帝才是真理。

[德]黑格尔.引自:北京大学哲学系外国哲学史教研室编译.西方哲学原著选读·下卷.
商务印书馆,1982,373

此外,根据经验的方法,我们首先发现:哲学本来不是同其他科学并列或协作的一门独特科学,而是全部知识的统称,一切知识的总体,正像艺术是种种不同的艺术的总体一样。因此,凡是以知识和脑力劳动为主要职业的人,每一个思想家,不论其思想内容是什么,本来都不失为哲学家。

[德]约瑟夫·狄慈根.杨东莼译.狄慈根哲学著作选集.三联书店,1978,8

其他一切科学都通过其各自不同的对象而相区别,然而哲学却以其独自的方法为其特征。当然,哲学也有一个对象、一个目的;哲学要理解"普遍的东西",理解作为整体的世界,理解宇宙。但是,作为哲学特征的不是这个对象,不是这个目的,而是达到这目的的方式和方法。

[德]约瑟夫·狄慈根.杨东莼译.狄慈根哲学著作选集.三联书店,1978,8

一切别的科学从事于研究个别的事物或对象,就是在它们研究万有、研究宇宙时,也总是仅仅研究与个别的部分或要素——它们构成宇宙万物——的关系……因此,这些科学都自认为:"我们的结论是以事实为基础的"。思辨哲学的方法则相反。思辨哲学虽然也以某种特殊的题目为其研究对象,但是它却不从特殊之中去探究其对象。思辨哲学把从感觉得到的证据,从耳、目、手、脑得到的肉体经验当做虚妄现象而予以排斥,把自己局限于"纯粹的"、排除一切前提的思维,从而采取相反的方法,借人类理性的统一性认识宇宙万物的多样性。

[德]约瑟夫·狄慈根.杨东莼译.狄慈根哲学著作选集.三联书店,1978,9

对于经验科学,对于归纳方法来说,由经验得来的各种各样的东西是第一性的,而思维是第二性的。反之,思辨要求不借助经验而产生出科学的真理。哲学的认识不应以变化无常的事实为基础,而应当是绝对的、超越时间和空间的。思辨哲学不想成为形而下学,而想成为形而上学。

[德]约瑟夫·狄慈根.杨东莼译.狄慈根哲学著作选集.三联书店,1978,10

科学决不容许它自己离开常识的道路,离开感觉世界的真理。自然科学立即就踏上了这条道路,并且它的光辉成果使人们认识到归纳方法是非常有效的;而另一方面,哲学并不具体研究,不用感觉经验和观察,而仅靠理性来探求一个体系,借以阐明重要的、普遍的、值得知道的知识。

[德]约瑟夫·狄慈根.杨东莼译.狄慈根哲学著作选集.三联书店,1978,11

凡是已经可以明白解答的问题都放在科学里,把现在没有明白解答的问题剩下叫做哲学。

[英]罗素.张申府著译.罗素哲学译述集.教育科学出版社,1989,16

哲学和自然科学从各自的立场出发来对待自然界,它们都强烈地奢望,即使不能掌握全部真理,也要掌握通向真理的唯一真实的途径。哲学从某种不可及的高度预先道出了秘密之所在,自然科学则恭顺地听命于经验而不再前进;它们彼此仇视,在互不信任中成长;许多偏见都植根于它们两者;它们使用了这么多的辛辣言辞,以至直到现在,尽管它们都非常愿意,却仍然不能调和。哲学和自然科学都互相用那些真正引起恐惧和沮丧的阴影与幽灵来吓唬对方。

[俄]赫尔岑.引自:北京大学哲学系外国哲学史教研室编译.西方哲学原著选读·下卷.商务印书馆,1982,505

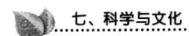

七、科学与文化

尽管哲学必须避免以指导和调整方式干预科学的工作,它自身现在必须首先转回自己的老任务,对我们由科学铸成的生活作出某种估量。科学对哲学的独立性,同时意味着科学的非责任性。

[德]伽达默尔.薛华等译.科学时代的理性.国际文化出版公司,1988,143

因此,科学逐渐意识到它自身及其程序。正是由于这个事实,科学自身才摆脱了为机械论所强加的哲学的或伪哲学的形式,在觉醒的自我意识中,科学愈来愈领悟到,它不是一种哲学。

[法]雅克·马利坦.尹今黎,王平译.科学与智慧.上海社会科学院出版社,1992,45

科学理论的易错论和第一哲学所追求的知识类型是互不相容的。每一种全面、完善而彻底的陈述体系都必须由语言来表达,而且无需论证和分析、改进和革新。它实际上已经变成了其历史效果。这种封闭特征和科学知识进步过程中毫无偏见的开放性是水火不容的。

[德]哈贝马斯.曹卫东,付德根译.后形而上学思想.译林出版社,2001,35

要查究那种永恒的、不变的形式(至少在理性眼中看来和就其本质的法则说来是这样的),这就构成形而上学;要查究那能生因、质料因、隐秘过程和隐秘结构(所以这些都是涉及自然的一般的和通常的进程,而不涉及自然的永恒的和基本的法则),这就构成物理学。在这两种之下还附有实践方面的两个分支:在物理学之下有机械学;在形而上学之下有我所谓之幻术(在这个字的较纯粹的意义上来说的),这是因其活动途径之广阔,因其控制自然之较强而言的。

[英]弗兰西斯·培根.许宝骙译.新工具.商务印书馆,1984,117

故真治哲学者,必知宇宙论与人生论不可判而为二,非深解人生真相,决不能悟大自然之真性。

熊十力.熊十力别集·新唯识论.中国人民大学出版,2006,2

余一向主张科学之外,应有哲学,即因科学对于宇宙只从物理方面分别部门去研究,而哲学直须向天地万物与吾人不可分割处作综合探索。

熊十力.熊十力别集·新唯识论.中国人民大学出版,2006,259

盖一切哲学问题,比于各科学上之问题,性质皆较广泛,吾人对之,尚不能作完全客观的研究。故其解决多有待于哲学家之主观的思考及其"见"。故科学之理论,可以成为天下所承认之公言,而一家之哲学则只能成为一家之言也。

冯友兰.中国哲学史·全二册,中华书局,1961,14

笼统地说,只有普遍的真理,因只要是真理就有普遍性,如科学一样,无所谓中国的科学或西方的科学,就只有一个科学。而且科学是无国界、无颜色的,这对科学的真理来讲是最显明的。但我们不能把哲学完全视同科学,否则就只有一个哲学,正如没有两个科学一样。

牟宗三.中西哲学之会通十四讲.上海古籍出版社,1997,2

讨论这些问题时,让我感到这些科学家一方面变成了哲学家,同时也变成了在精神世界里自我提升、自我反思的主体。这样一来,会谈就变成对话,而对话的问题触及很多科学界的自我反思。因为这个原因我才说,科学作为理性之光可驱除黑暗的观念过时了。

[美]杜维明.引自:卢风著.现代性与物欲的释放:杜维明先生访谈录.

中国人民大学出版社,2009,108~109

把马克思主义哲学放在科学技术体系最高层次也说明了马克思哲学的实质:它绝不是孤立于现代科学技术之外的,它是和现代科学技术紧密相连的。也可以说,马克思主义哲学就是全部科学技术的科学,马克思主义哲学的对象就是全部科学技术。

钱学森.引自:北京大学现代科学与哲学研究中心编.钱学森与现代科学技术.

人民出版社,2001,9

解决科学技术问题,和解决社会、政治问题一样,我们的思想方法是不

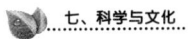

能离开马克思列宁主义的认识论和方法论的。

李四光.李四光纪念文集.地质出版社,1981,120

在科研工作中,要学会运用唯物辩证法,打破唯心论和形而上学的各种各样的束缚。

李四光.李四光纪念文集.地质出版社,1981,120

我们要懂点哲学,但作为一个科学技术工作者,不必要以哲学家的身份来专讲大道理,而忽视实际的具体问题。

李四光.李四光纪念文集.地质出版社,1981,120

所有的科学技术工作,自然科学、社会科学、技术科学、数学、工程技术,不用马克思主义哲学来指导,或者不重视马克思主义的哲学对于科学研究的指导作用,是危险的。

钱学森.引自:北京大学现代科学与哲学研究中心编.钱学森与现代科学技术.
人民出版社,2001,42

关于罗素的这些努力,我特别高兴地注意到,在这本书的最后一章里,他终于弄清楚了:人们没有"形而上学"毕竟是不行的。

[美]爱因斯坦.爱因斯坦文集·第一卷.商务印书馆,1976,411

像目前这个时候,经验迫使我们去寻求更新、更可靠的基础,物理学家就不可以简单地放弃对理论基础做批判性的思考,而听任哲学家去做;因为他自己最晓得,也最确切地感觉到鞋子究竟是在哪里夹脚的。

[美]爱因斯坦.爱因斯坦文集·第一卷.商务印书馆,1976,341

认识论同科学的相互关系是值得注意的。它们互为依存。认识论要是不同科学接触,就会成为一个空架子。科学要是没有认识论——只要这真是可以设想的——就是原始的混乱的东西。

[美]爱因斯坦.爱因斯坦文集·第一卷.商务印书馆,1976,480

如果把哲学理解为在最普遍和最广泛的形式中对知识的追求，那么，显然，哲学就可以被认为是全部科学研究之母。可是，科学的各个领域对那些研究哲学的学者们也发生强烈的影响，此外，还强烈地影响着每一代的哲学思想。

[美]爱因斯坦.爱因斯坦文集·第一卷.商务印书馆,1976,519

只有知晓了柏拉图和亚里士多德的著作所摘要举出的希腊化的世界图像，现代科学的出现才成为可能的。

[英]贝尔纳.伍况甫等译.历史上的科学.科学出版社,1959,145

先有自然科学，为哲学提供反思的材料。但是，这两样东西联系得如此紧密，以至于没有哲学的开始，自然科学就不能走出多远，并且哲学通过启发科学家在工作中对新原理的进一步意识而为未来提供新的信念和一贯性，并以此反作用于它由以生长出的科学。

[英]罗宾·柯林伍德.吴国盛,柯映红译.自然的观念.华夏出版社,1999,3

我们已经指出过，在近代之初哲学和科学是彼此不分的。哲学这个术语广义上用来泛指所有世俗的知识，包括一切今天所称的科学。

[英]亚·沃尔夫.周昌忠等译.十六、十七世纪科学、技术和哲学史.商务印书馆,
1997,703

我认为，特别是在公认的危机时期，科学家常常转向哲学分析，以作为解开他们领域中的谜的工具。

[美]托马斯·库恩.金吾伦,胡新和译.科学革命的结构.北京大学出版社,2003,81

我们愈深入实际科学，它同哲学的联系也就看得愈明显。

[美]菲利普·弗兰克.科学的哲学——科学和哲学之间的纽带.上海人民出版社,
1985,2

哲学虽不是抄集各种科学结果所能成的东西，但不用科学的方法下手

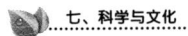

研究、说明的哲学,不知道是什么一种怪物。

陈独秀.引自:三联书店选编.陈独秀文章选编·上.三联书店,1984,513

如果说哲学对医生来说是必要的,那么最好的医生也一定是位哲学家。

[希]盖仑.引自:吴阶平等编.世界著名科学家传记·医学家Ⅰ.科学出版社,1996,61

心理学是自然科学与哲学的中间桥梁。

[德]威廉·冯特.引自:文三甲主编.名人与你同生日丛书·第八辑.
山西人民出版社,2000,67

自然哲学或哲学的自然科学,两者的联系为我毕生的任务。

[德]奥古斯特·蒂内曼.引自:文三甲主编.名人与你同生日丛书·第九辑.
山西人民出版社,2000,28

没有疑问,哲学与科学在许多方面是互相促进的。

[前苏联]罗蒙诺索夫.引自:杨栩编.外国名人名言录.新华出版社,1983,143

仅仅从人性出发来考虑,恶行并不是因为被禁止而有害的,而是因为有害才被禁止的。

[美]富兰克林.米子译.富兰克林自传.花城出版社,2004,113

我认为,全部科学都是宇宙论,我对哲学的兴趣,和我对科学的兴趣一样强烈,仅仅在于哲学对宇宙论作出的贡献。

[英]卡尔·波普尔.查汝强等译.科学发现的逻辑.科学出版社,
1986,序言

思辨的科学与别的科学的关系,可以说是这样的:思辨科学对于经验科学的内容并不是置之不理,而是加以承认与利用,将经验科学中的普遍原则、规律和分类等加以承认和应用,以充实其自身的内容。此外,它把哲学上的一些范畴引入科学的范畴之内,并使它们通行有效。由此看来,哲

学与科学的区别乃在于范畴的变换。

[德]黑格尔.贺麟译.小逻辑.商务印书馆,1997,49

没有经验就没有科学,同样,在片面的经验主义中也没有科学。经验和思辨是同一种知识的两个必要的、真正的、现实的阶段。思辨不是别的,而是高度发展了的经验。

[俄]赫尔岑.引自:北京大学哲学系外国哲学史教研室编译.
西方哲学原著选读·下卷.商务印书馆,2003,509

我深信,哲学家对科学思想的进步起过有害的影响,他们把某些基本概念从经验的领域里——在那里,它们是受我们支配的——排除出去,而放到虚无缥缈的先验的顶峰上去。

[美]爱因斯坦.爱因斯坦文集·第一卷.商务印书馆,1977,157

这些学者之所以厌恶原子论,无疑可以溯源于他们的实证论的哲学观点。这是一个有趣的例子,它表明即使是有勇敢精神和敏锐本能的学者,也可以因为哲学上的偏见而妨碍他们对事实作出正确解释。

[美]爱因斯坦.爱因斯坦文集·第一卷.商务印书馆,1977,22

没有人能够否认,那些认识论的理论家们曾为这一发展铺平了道路。从我自己来说,我至少知道:我曾直接地或间接地特别从休谟和马赫那里受到很大的启发。

[美]爱因斯坦.爱因斯坦文集·第一卷.商务印书馆,1977,86

科学家对认识论体系的追求却没有可能走得那么远。他感激地接受认识论的概念分析;但是,经验事实给他规定的外部条件,不容许他在构造他的概念世界时过分拘泥于一种认识论体系。

[美]爱因斯坦.爱因斯坦文集·第一卷.商务印书馆,1977,480

各门科学从它们的共同母体哲学中解放出来,则表示某些基本概念的

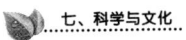

意义已变得足够清楚,可以用来进一步进行富有成效的工作。

[德]石里克,引自:洪谦主编.逻辑经验主义.商务印书馆,1982,10

哲学不像某些科学一样,具有自身的一套狭小的抽象概念体系,并自行改进,力求完整。哲学是考虑各种科学的学问,特别是要使各种科学变得和谐与完善。

[英]A·N·怀特海.科学与近代世界.商务印书馆,1959,85

在观察和实验中注入了概念,渗透着理论……可理解性是物理学的目的,是自然哲学的任务,因为自然哲学也是物质的哲学,是使每一个对现象的新观察符合于解释模式的、连续的概念上的奋斗。

[美]N·R·汉森.邢新力,周沛译.发现的模式——对科学的概念基础的探究.

中国国际广播出版社,1988,167

文艺复兴之后残存的经院哲学家是反对新的实验科学的,但是,他们的学说的彻底唯理论却造成了产生近代科学的学术气氛。

[英]W·E·丹皮尔.李珩译.科学史.广西师范大学出版社,2001,86

科学与伪科学的分界不全然是一个书斋里的哲学问题:它是一个与社会和政治息息相关的问题。

[英]伊·拉卡托斯.兰征译.科学研究纲领方法论.上海译文出版社,1999,1

我们可以见到生物科学的发展与哲学的主导思想是分不开的,而同时没有一个科学家,没有他的哲学主导思想。不仅生物科学如此,其他的科学也是一样,我们只要研究一下科学的发展史,便可完全了解了。

童第周.引自:煦峰,文药编.童第周:追求生命的真相.解放军出版社,2002,110

故科学无论如何发达,而人生观问题之解决,决非科学所能为力,惟赖诸人类之自身而已。

丁文江.引自:胡适编.丁文江的传记.安徽教育出版社,1999,76

但是，在从笛卡尔到黑格尔和从霍布斯到费尔巴哈这一长时期内，推动哲学家前进的，决不像他们所想像的那样，只是纯粹思想的力量。恰恰相反，真正推动他们前进的，主要是自然科学和工业的强大而日益迅速的进步。

[德]恩格斯.马克思恩格斯全集·第21卷,118

它(工具主义)把科学理论解释为用以预言即将发生的事件的实用的工具。

[英]卡尔·波普尔.纪树立等译.猜想与反驳.中国美术学院出版社,2003,80

没有思想性的追求是失去目的和意义的追求。凡是历史上那些伟大人物，真正的自然哲学家，都是思想家。

[英]牛顿.引自：龚时中编著.牛顿传.湖北辞书出版社,1998,164

一个人如果没有希腊自然哲学的知识，就很难在现代原子物理学中取得进展。

[德]海森伯.范岱年译.物理学和哲学——现代科学中的革命.商务印书馆,1981,134

2. 宗教

理性与宗教分野的背后，是科学与信仰的对峙；理性摆脱宗教的约束，意味着科学对信仰的超越。

杨国荣.科学的形上之维——中国近代科学主义的形成与衍化.上海人民出版社,1999,192

我以为科学不仅替宗教的冲动清洗了它的拟人论的渣滓，而且也帮助我们对生活的理解能达到宗教的精神境界。

[美]爱因斯坦.爱因斯坦文集·第三卷.商务印书馆,1979,185

教义是宗教与科学冲突的理智上的原因，但对立之所以尖锐剧烈则一

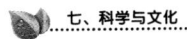

直是由于教义同教会和同道德法规的联系。

[英]罗素.徐奕春,林国庆译.宗教与科学.商务印书馆,1982,2

恰巧是清教而不是其他可以想见的等价的功能性实体,通过为科学的合法性提供出一个坚实的基础,从而推动了科学的体制化。

[美]R·K·默顿.范岱年译.十七世纪英格兰的科学、技术与社会.商务印书馆,2000,14

即尽管科学与宗教互相联系,但二者也具有各自的发展动力。

[美]R·K·默顿.范岱年译.十七世纪英格兰的科学、技术与社会.商务印书馆,2002,27

科学与宗教彼此间的相互影响一直存在,就是在现代,在科学发展高度完善、高度独立的国家中也是如此。

[美]乔治·萨顿.刘珺珺译.科学的生命.商务印书馆,1987,33

从开始起,天文学便离不开宗教。

[英]贝尔纳.伍况甫等译.历史上的科学.科学出版社,1959,68

今天宗教领域同科学领域之间的冲突的主要来源,在于人格化了的上帝这个概念。科学的目的是建立那些能决定物体和事件在时间和空间上相互关系的普遍规律。对于自然界的这些规律或者定律,要求——而不是要证明——它们具有绝对的普遍有效性。

[美]爱因斯坦.爱因斯坦文集·第三卷.商务印书馆,1979,183

在我看来,一个人受了宗教感化,他就是已经尽他的最大可能从自私欲望的镣铐中解放了出来,而全神贯注在那些因其超越个人的价值而为他所坚持的思想、感情和志向……所以,说一个信仰宗教的人是虔诚的,意思是说,他并不怀疑那些超越个人的目的和目标的庄严和崇高,而这些目的和目标是既不需要也不可能有理性基础的。但是它们的存在同他自己的存在是同样必然的,是同样实实在在的。在这个意义上,宗教是人类长期的事业,它要使人类清醒地、全面地意识到这些价值和目标,并且不断地加强和扩大它们的影响。如果人们根据这些定义来理解宗教和科学,那么它们之间就显得不可能有什么冲突了。因为科学只能断言"是什么",而不能断言"应当是什么";可是在它的范围之外,一切种类的价值判断仍是必要的。而与此相反,宗教只涉及对人类思想和行动的评价,它不能够有根据地谈到各种事实以及它们之间的关系。依照这种理解,过去宗教同科学之间人所共知的冲突则应当完全归咎于对上述情况的误解。

[美]爱因斯坦.爱因斯坦文集·第三卷.商务印书馆,1979,181~182

你不喜欢用"宗教"这个词来表述斯宾诺莎哲学中最清楚表示出来的一种感情的和心理的态度,对此我可以理解。但是,我没有找到一个比"宗教的"这个词更好的词汇来表达(我们)对实在(Realität)的理性本质的信赖(Vertrauen);实在的这种理性本质至少在一定程度是人的理性可以接近的。在这种(信赖的)感情不存在的地方,科学就退化为毫无生气的经验(Empirie)。尽管牧师们会因此发财,我可毫不在意,而且对此也无可奈何。

[美]爱因斯坦.爱因斯坦文集·第一卷.商务印书馆,1976,525

每一个自然科学工作者都应当具有特殊的宗教感情,因为他不能表达他所了解的而且正好是由他首先想出来的那些相互关系。他觉得自己是个孩子,要由成年人中某个人来领导。

[美]爱因斯坦.爱因斯坦文集·第一卷.商务印书馆,1976,285

在科学的猛攻之下,一个又一个部队放下了武器,一个又一个城堡投降了,直到最后,自然界无限的领域都被科学所征服,而且没有给造物主留下一点立足之地。

[德]恩格斯.自然辩证法.人民出版社,1971,179

促使人们去做这种工作的精神状态是同信仰宗教的人或谈恋爱的人的精神状态相类似的;他们每天的努力并非来自深思熟虑的意向或计划,而是直接来自激情。

[美]爱因斯坦.爱因斯坦文集·第一卷.商务印书馆,1976,103

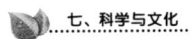

我信仰斯宾诺莎的那个在存在事物的有秩序的和谐中显示出来的上帝，而不信仰那个同人类的命运和行为有牵累的上帝。

[美]爱因斯坦.爱因斯坦文集·第一卷.商务印书馆,1976,243

当人们从历史上来看着问题时，他们总是倾向于认为科学同宗教是势不两立的对立物，其理由是非常明显的。凡是彻底深信因果律的普遍作用的人，对那种由神来干预事件进程的观念，是片刻也不能容忍的——当然要假定他是真正严肃地接受因果性假说的。

[美]爱因斯坦.爱因斯坦文集·第一卷.商务印书馆,1976,281

我认为宇宙宗教感情是科学研究的强有力、最高尚的动机。只有那些做了巨大努力，尤其是表现出热忱献身——要是没有这种热忱，就不能在理论科学的开辟性工作中取得成就——的人，才会理解这样一种感情的力量，唯有这种力量，才能做出那种确实是远离直接现实生活的工作。

[美]爱因斯坦.爱因斯坦文集·第一卷.商务印书馆,1976,282

只有献身于同样目的的人，才能深切地体会到究竟是什么在鼓舞着这些人，并且给他们以力量，使他们不顾无尽的挫折而坚定不移地忠诚于他们的志向。给人以这种力量的，就是宇宙宗教感情。

[美]爱因斯坦.爱因斯坦文集·第一卷.商务印书馆,1976,282

你很难在造诣较深的科学家中间找到一个没有自己的宗教感情的人，但是这种宗教感情同普通人的不一样。

[美]爱因斯坦.爱因斯坦文集·第一卷.商务印书馆,1976,283

可是科学家却一心一意相信普遍的因果关系。在他看来，未来同过去一样，它的每一细节都是必然的和确定的。道德不是什么神圣的东西，它纯粹是人的事情。他的宗教感情所采取的形式是对自然规律的和谐所感到的狂喜和惊奇，因为这种和谐显示出这样一种高超的理性，同它相比，人类一切有系统的思想和行动都只是它的一种微不足道的反映。只要他能够从自私欲望的束缚中摆脱出来,这种感情就成了他生活和工作的指导原则。这样的感情同那种使自古以来一切宗教天才着迷的感情无疑是非常相像的。

[美]爱因斯坦.爱因斯坦文集·第一卷.商务印书馆,1976,283

但是不应当认为理智的思考在目标和伦理判断的形成中不起作用。当人们认识到,为要达到一个目的就要用到一定的手段,那时,手段本身也就成为一种目的。理智使我们弄清楚手段同目的的相互关系。但只凭思考,我们还领会不到那些终极的和基本的目的。弄清楚这些基本目的和基本价值,并且使它们在个人的感情生活中牢靠地建立起来,我以为这正是宗教在人类社会生活中所必须履行的最重要的职能。

[美]爱因斯坦.爱因斯坦文集·第三卷.商务印书馆,1979,174

然而,尽管宗教的和科学的领域本身彼此是界限分明的,可是两者之间还是存在着牢固的相互关系和依存性。虽然宗教可以决定目标,但它还是从最广义的科学学到了用什么样的手段可以达到它自己所建立起来的目标。可是科学只能由那些全心全意追求真理和向往理解事物的人来创造,然而这种感情的源泉却来自宗教的领域。同样属于这个源泉的是这样一种信仰:相信那些对于现存世界有效的规律能够是合乎理性的,也就是说可以由理性来理解的。我不能设想一位真正科学家会没有这样深挚的信仰。这情况可以用这样一个形象来比喻:科学没有宗教就像瘸子,宗教没有科学就像瞎子。

[美]爱因斯坦.爱因斯坦文集·第三卷.商务印书馆,1979,182

固然,主张有一个能干涉自然界事件的人格化的上帝这种教义,决不会被科学真正驳倒,因为这种教义总是能够躲进科学知识尚未插足的一些领域里去的。

[美]爱因斯坦.爱因斯坦文集·第三卷.商务印书馆,1979,184

在我看来,人类精神愈是向前进化,就愈可以肯定地说,通向真正宗教

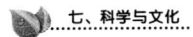

感情的道路，不是对生和死的恐惧，也不是盲目信仰，而是对理性知识的追求。

[美]爱因斯坦.爱因斯坦文集·第三卷.商务印书馆,1979,186

宗教同科学之间真正存在着不可克服的矛盾吗？宗教能被科学代替吗？多少世纪以来对这两个问题的回答曾引起不少的争论，事实上还引起了残酷的斗争。但照我自己的见解，无可怀疑的是，对这两个问题作冷静的考虑只能得出否定的答案。

[美]爱因斯坦.爱因斯坦文集·第三卷.商务印书馆,1979,253

正是宗教传统的这种神秘的内容，或者更确切些说，这种象征性的内容，可能会同科学发生冲突。只要宗教的这套观念包含着它对那些原来属于科学领域的论题所作的一成不变的教条式陈述，这种冲突就一定会发生。

[美]爱因斯坦.爱因斯坦文集·第三卷.商务印书馆,1979,254

这里提出的对宗教的解释，意味着科学对宗教态度的一种依存关系，在我们这个物欲主义占优势的时代，这种关系真是太容易被忽视了。固然科学对结果是同宗教的或者道德的考虑完全无关的，但是那些我们认为在科学上有伟大创造成就的人，全都浸染着真正的宗教的信念，他们相信我们这个宇宙是完美的，并且是能够使追求知识的理性努力有所感受的。如果这种信念不是一种有强烈感情的信念，如果那些寻求知识的人未曾受过斯宾诺莎的对神的理智的爱（Amor Dei Intellectualis）的激励，那么他们就很难会有那种不屈不挠的献身精神，而只有这种精神才能使人达到他的最高的成就。

[美]爱因斯坦.爱因斯坦文集·第三卷.商务印书馆,1979,256

在我们这个讲究物质享受的时代，唯有那些具有深挚宗教感情的人才是认真探索的人。

[美]爱因斯坦.爱因斯坦文集·第三卷.商务印书馆,1979,384

在我看来，值得大书特书的伟大历史故事是科学、艺术和宗教的相互关系的和谐运动。

[美]乔治·萨顿. 刘珺珺译. 科学的生命. 商务印书馆,1987,21

哥白尼关于太阳(而不是地球)位于宇宙中心的这个思想，不是新的观察的结果，而是按照半宗教的柏拉图主义和新柏拉图主义的观念对旧的众所周知的事实作新解释的结果。

[英]卡尔·波普尔. 傅季重等译. 猜想与反驳. 上海译文出版社,

2003,267

可以毫不夸张地说，从17世纪起，西方历史可以概括成科学所起作用的不断扩大，它将原来以基督教为中心的文化变革为现在的以科学为中心的文化。

[美]理查德·S·韦斯特尔福. 彭万年译. 近代科学的建构:机械论与力学.

复旦大学出版社,2000,127

它们……无疑之中促进了近代科学。清教的几乎不加掩饰的功利主义、对世俗的兴趣、有条不紊且坚持不懈的行动、彻底的经验论、倡导自由研究的权利乃至责任，以及反传统主义，所有这一切总括在一起，都是与科学中同样的价值观念相一致的。

[美]R·K·默顿. 鲁旭东,林聚任译. 科学社会学. 商务印书馆,2003,xxix

历史学家常常尽力证明宗教思想与科学之间是不可调和的，虽然科学家自己很少认为这两个体系是对立的。

[美]乔纳森·科尔. 赵佳苓等译. 科学界的社会分层. 华夏出版社,1989,7

科学并不是在一片广阔而有益于健康的草原——愚昧的草原——上发芽成长的，而是一片有害的丛林——巫术和迷信的丛林——中发芽成长的，这片丛林一再地对知识的幼苗加以摧残，不让它成长。

[英]W·C·丹皮尔. 李珩译. 科学史. 广西师范大学出版社,2001,29

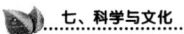

科学思想只不过是宗教思想更为完备的形态而已。

[德]杜尔克海姆.引自:野家启一著.毕小辉译.库恩—范式.河北教育出版社,2002,230

在许多场合,科学已经代替了宗教的功能。

[德]汉斯·波塞尔.李文潮译.科学:什么是科学.三联出版社,2001,2

宗教教义和科学理论不同,它自称含有永恒的和绝对可靠的真理,而科学却总是暂时的,它预期人们一定迟早会发现必须对它的目前的理论作出修正,并且意识到自己的方法是一种在逻辑上不可能得出圆满的、最终的论证的方法。

[英]罗素.徐奕春,林国庆译.宗教与科学.商务印书馆,1982,5

正如近三百年来曾多次出现的情况那样,现在又有人宣布科学与宗教已经和解:科学家们谦和地承认,有些领域不属于科学的范围;而自由派神学家则承认,他们不会贸然否定科学所能证实的人和事实。

[英]罗素.徐奕春,林国庆译.宗教与科学.商务印书馆,1982,89

科学开始于某个平常的所在,而不开始于对自己的(宗教信仰)的阐述。科学并不这样说:"承认这一切,我会把我珍藏的真理给你的,你只要卑躬屈膝服从我,就能够得到它"。

[俄]赫尔岑.李原译.科学中华而不实的作风.商务印书馆,1983,19

当我们越来越多地了解自然界一些美妙的不可思议的结构后,不管我们是正面还是不正面回答这个问题,都确实有你所问的这个问题存在,是不是有人或者是神在那里主持着?我想,这也是一个永远不能有最后答案的问题。

[美]杨振宁.杨振宁文录.海南出版社,2002,292

今日人类的知识,和古时大不相同。今日人类的知识,多是科学的知识。古时人类的知识,多是宗教的感觉。科学的知识,不服从迷信,对于一件事,须用观察和实验的方法,过细去研究,研究屡次不错,始认定为知识。宗教的感觉,专是服从古人的经传。古人所说的话,不管他是对不对,总是服从,所以说是迷信。

孙中山.中山全集·二.上海孙文学说研究社,1926,255

就宗教和科学比较起来,科学自然较优。

孙中山.中山全集·二.上海孙文学说研究社,1926,255

宗教之虚妄,早以科学之真实,为归纳法推定之,故以宗教之迷信,阻塞思想之自由,其发挥良德者少,以科学真理,发明道德为进化,其符合良德者多……

吴稚晖.引自:江晖编著.现代中国思想的兴起·下卷·第二部.三联书店,2004,1256

我个人有与科学家交往的经历,我是很欣赏那种对话关系的。我甚至说,我们正面临一个对话文明的出现,其中科学和宗教的对话会引发人类的新思路。

[美]杜维明.引自:卢风著.现代性与物欲的释放:杜维明先生访谈录.
中国人民大学出版社,2009,108

近代科学的先驱者们实际上都笃信宗教,事实上都是基督教的忠实儿子。然而,对科学来说,幸运的是:他们对于自然现象的态度都基本上是世俗的、注重事实的。

[英]亚·沃尔夫.周昌忠等译.十六、十七世纪科学、技术和哲学史.商务印书馆,
1985,8

我们的社会已经变成了一个以专门的非个人性知识为基础的世俗社会,这个社会赋予科学家和科学知识的地位,如同我们的前辈们承认牧师和宗教教义所拥有的地位。

[英]巴里·巴恩斯.鲁旭东译.局外人看科学.东方出版社,2001,1

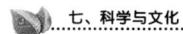七、科学与文化

现代社会中的科学家和技术专家的地位,与两三个世纪以前教士和牧师的地位,有许多相似之处。在过去,宗教人士被授予认识的权威。

[英]巴里·巴恩斯.鲁旭东译.局外人看科学.东方出版社,2001,153

清教主义本身赋予了科学三重效用。首先,在对科学家皈依状态作出实际证明方面;其次,在扩大对自然界的控制方面;第三,在赞颂上帝方面,自然哲学都起着工具性的作用。

[美]R·K·默顿.鲁旭东,林聚任译.科学社会学.商务印书馆,2003,232

必须要有明显的证据,才能使任何一个头脑健全的人去相信那些作为基督教支柱的奇迹;我们越是对自然界的固有法则知道得更多,就越是对奇迹变得更加不可信赖。

[英]达尔文.毕黎译注.达尔文回忆录.商务印书馆,1982,51

打一开始,我就不能接受科学和宗教是不同领域的说法。我接受的想法是:宗教必须被当成一种物质程序来加以解析,从底往上,从原子到基因到灵魂;宗教必须被包容在那唯一、至高的人类博物学者形象之中。

[美]爱德华·威尔逊.杨玉龄译.大自然的猎人——生物学家威尔逊自传.
上海科学技术出版社,2000,42

真理只有一个。它不在宗教中,而是在科学中。

[意]达·芬奇.引自:傅明伟等编.世界名人名言精选.上海交通大学出版社,
2004,547

科学是宗教最有效的解毒剂。

[英]史密斯.引自:傅明伟等编.世界名人名言精选.上海交通大学出版社,2004,520

科学知识会使宗教信仰站不住脚。

[英]弗朗西斯·H·C·克里克.引自:王恒等编.48位诺贝尔科学奖获得者寄语中国.
海南出版社,2001,38

219

对玻意耳和培根来说都一样,实验科学本身就是一项宗教事业。

[美]R·K·默顿. 鲁旭东,林聚任译. 科学社会学. 商务印书馆,2003,318

教会对知识垄断的崩溃迅速带来了空前丰富的知识的繁荣。

[德]卡尔·曼海姆. 黎鸣,李书崇译. 意识形态与乌托邦. 商务印书馆,2000,13

宗教的重要性首先,但不是唯一地,在于一般地影响着对科学的兴趣的程度,而不在于把科学研究引导向某些特定的方向。

[美]R·K·默顿. 范岱年译. 十七世纪英格兰的科学、技术与社会. 商务印书馆,2000,260

科学可以是非教徒的宗教,非诗人的诗,不会绘画的人的艺术,严肃者的幽默,拘谨腼腆者的谈情说爱。科学不仅始于惊异,亦终于惊异。

[美]亚拉伯罕·马斯诺. 邵威等译. 科学与科学家的心理. 北京大学出版社,1989,171

如果有什么人是科学的化身的话,那么这个人就是牛顿,但他却用了大量的聪明才智研究那些肯定是非科学的问题,圣经年表、炼金术、神秘医术以及历史预言。

[丹]赫尔奇·克拉夫. 任定成译. 科学史学导论. 北京大学出版社,2005,28

我们对自然界的固有法则知道得越清楚,就越难相信基督的奇迹⋯⋯我逐渐不相信基督教是一种神圣的启示。

[英]达尔文. 引自:周邦立编著. 达尔文年谱. 科学出版社,1982,108

追求真理的科学家,他内心受到像清教徒一样的那种约束:他不能任性或感情用事。附带地说,这个特点是慢慢发展起来的,而且是现代西方思想所特有的。

[美]爱因斯坦. 爱因斯坦文集·第三卷. 商务印书馆,1979,280

从历史上说,一切(或几乎一切)科学理论都起源于神话,一个神话可能包含对科学理论的重要预言。

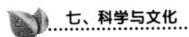

[英]卡尔·波普尔. 傅季重等译. 猜想与反驳:科学知识的增长. 上海译文出版社,1986,54

一切宗教、艺术和科学都是同一株树的各个分支。所有这些志向都是为着使人类的生活趋于高尚,把它从单纯的生理上的生存的境界提高,并且把个人导向自由。

[美]爱因斯坦. 爱因斯坦文集·第三卷. 商务印书馆,1979,149

宗教所规定的一个目标,即社会功利业已被用来认可科学,在这种情况下,科学被看做技术的婢女。

[美]R·K·默顿. 范岱年译. 十七世纪英格兰的科学、技术与社会. 商务印书馆,2002,113

科学知识的基础是内在的内容,内蕴(于万物)的理念,和它们激动精神的生命力,正如宗教是一种有教养的心灵,一种唤醒了觉性的精神,一种经过发展教导的内容。

[德]黑格尔. 小逻辑. 贺麟译. 商务印书馆,1997,12

除科学的方法外,我决不会承认任何获得真理的方法,但在情感的王国,我不否认那些产生宗教的经验的价值。

[英]罗素. 徐奕春,林国夫译. 宗教与科学. 商务印书馆,1982,99

在科学发展之初,科学与神秘的信仰之间,可能有密切的关系。

[英]李约瑟. 陈立夫译. 中国古代科技思想史. 江西人民出版社,1999,116

科学对过去是描述,对未来是信仰。

[英]卡尔·皮尔逊. 李醒民译. 科学的规范. 华夏出版社,1999,108

在任何文化中,总存在着一些不在科学范围之内但为人们普遍接受的信仰。虽然科学命题与非科学命题在合理信仰总体中的确切比例随时期的不同而有所不同,但在思想史上从未有过一个时期,合理信仰的领地全为科学理论所占据。

[美]L·劳丹. 刘新民译. 进步及其问题. 华夏出版社,1990,59

对科学的信仰是对其预见能力有一种信心。

[英]约翰·齐曼. 赵振江译. 可靠的知识. 商务印书馆,2003,159

科学在发展逻辑思维和研究实在的合理态度时,能在很大程度上削弱世上流行的迷信。

[美]爱因斯坦. 爱因斯坦文集·第一卷. 商务印书馆,1977,284

如果追溯到越来越原始的理论和神话,我们最后将找到无意识的、天生的期望。

[英]卡尔·波普尔. 傅季重等译. 猜想与反驳:科学知识的增长. 上海译文出版社,1986,67

科学必然开始于神话和对神话的批判;既不是开始于观察的集合,也不是开始于发明实验,而是开始于对神话、对巫术技巧和实践的批判讨论。

[英]卡尔·波普尔. 傅季重等译. 猜想与反驳科学知识的增长. 上海译文出版社,1986,72

幻术作为对于世上事物怎样动作的一种解说,纵使是错误的,也说算是进步的,但后来它却变成有效思维前进的阻碍了。

[英]贝尔纳. 伍况甫等译. 历史上的科学. 科学出版社,1983,23

因而我们最好不要把巫术和科学对立起来,而应把它们比作获取知识的两种平行的方式……科学与巫术需要同一种智力操作,与其说二者在性质上不同,不如说它们只是适用于不同种类的对象。

[法]克劳德·列维·斯特劳斯. 李幼蒸译. 野性的思维. 商务印书馆,1987,18

即如希腊早期的形式科学,也不过是理性化的神话而已。

[英]贝尔纳. 伍况甫等译. 历史上的科学. 科学出版社,1983,21

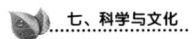

所有神话,首先成定式时,必定反映当时实用技术和社会组织的水平。

[英]贝尔纳. 伍况甫等译. 历史上的科学. 科学出版社,1983,41

在谈到伽利略、开普勒和牛顿及其他伟大物理学家从事科学研究的动机时,普朗克曾说:"对于所有这些人来说,他们有意或无意献身于科学的动机,乃是出于一种信仰,即对一种合乎理性的世界秩序表示坚定不移的信仰。"

[德]普朗克. 引自:赵鑫珊著. 普朗克之魂:感觉世界·物理科学世界·实在世界.

文汇出版社,1999,43

如果我们没有了信仰,剩下的就只是一味用人类的理智去解决人生中的每一个谜,那人生会是怎样一种不堪忍受的重负啊。这样一来,我们就不会有艺术和音乐了,惊叹也没有了,科学也没有了……

[德]普朗克. 引自:赵鑫珊著. 普朗克之魂:感觉世界·物理科学世界·实在世界.

文汇出版社,1999,41

外在的世界在某些方面独立于人,具有某种绝对的性质,寻找这些可以表征绝对性的定律对我来说,是生命和科学活动中最有意义的事情。

[德]普朗克. 引自:杨建邺著. 玻尔传. 长春出版社,1999,51

重要的事是不丧失勇气,不丧失更好的明天将会来临的希望。此时,我们德国科学的前景是非常严峻的。但我坚定地希望,如果我们能以适当的方式渡过困难的下一年,德国科学将再度达到顶点。只要德国科学能以旧日的方式继续下去,就无法设想德国会被驱逐出文明国家的行列。

[德]普朗克. 引自:J·L·海耳布朗著. 刘兵译. 正直者的困境:作为德国科学

发言人的马克斯·普朗克. 东方出版中心,1998,88

最高的法庭是在人民自己的意识和信念的终点——这适用于你(指玻尔),适用于爱因斯坦,适用于所有其他的物理学家——在任何科学面前,一开始都存在有信仰。对我来说,这是对所有发生的事都完全遵守自然规律的信仰。

  [德]普朗克.引自:J·L·海耳布朗著.刘兵译.正直者的困境:作为德国科学发言人的马克斯·普朗克.东方出版中心,1998,129

  我的座右铭总是:审慎地考虑前进的每一步,然后,如果你相信你能承担对之所负责任的话,就不让任何东西阻挡你前进。

  [德]普朗克.引自:J·L·海尔布朗著.刘兵译.正直者的困境:作为德国科学发言人的马克思·普朗克.东方出版中心,1998,5

  同深挚的感情结合在一起的。对经验世界中所显示出来的高超的理性的坚定信仰,这就是我的上帝概念。照通常的说法,这可以叫做"泛神论的"概念(斯宾诺莎)。

  [美]爱因斯坦.爱因斯坦文集·第一卷.商务印书馆,1977,244

3. 伦理

  德行使心灵明晰,使人不仅能更易了解德行,而且也更易了解科学的真理。

  [英]罗吉尔·培根.引自:北京大学哲学系外国哲学史教研室编译.西方哲学原著选读·上卷.商务印书馆,1981,290

  科学与道德,又有不可离之关系焉,今人一言及科学,若啻属于智识,而于道德之事无与焉者,此大误也。

  任鸿隽.引自:樊洪业等选编.科学救国之梦——任鸿隽文存.上海科技教育出版社,上海科学技术出版社,2002,17

  如果我们正确地理解科学,我们就应该获得良知,而这种良知进应使我们对自己的行为有所约束,这样我们就可以迎来一个充满了光明和希望

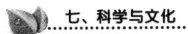

的未来时代。

[法]弗朗索瓦·雅各布.引自:王恒等编.48位诺贝尔科学奖获得者寄语中国.

海南出版社,2001,50

我们所谓的科学的唯一目的是提出"是"什么的问题。至于决定"应该是"什么的问题,却是一个同它完全无关的独立问题,而且不能通过方法论的途径来解决。只有在逻辑联系方面,科学才能为道德问题提供一定的规范;也只有在怎样实现道德所企求的目标这个问题上,科学才能提出一些方法;至于怎样决定这些道德目标的本身,就完全超出科学的范围了。

[美]爱因斯坦.爱因斯坦文集·第一卷.商务印书馆,1977,526

实际生活向人们提出了一系列一定的伦理要求,只有当这些要求完全符合理性世界观时,它们才能正确合理地得以实现。

[德]恩斯特·海因利希·海克尔.引自:上海外国自然科学哲学著作编译组译.宇宙之谜关于元哲学的通俗读物·第二辑.山西人民出版社,1974,329

关于事实和关系的科学陈述,固然不能产生伦理的准则,但是逻辑思维和经验知识却能够使伦理准则合乎理性,并且连贯一致。

[美]爱因斯坦.爱因斯坦文集·第三卷.商务印书馆,1979,280

从逻辑看来,一切公理都是任意的,伦理公理也如此。但是从心理学的和遗传学的观点看来,它们绝不是任意的。它们是从我们天生的避免痛苦和灭亡的倾向,也是从个人所积累起来的对于他人行为的感情反应推导出来的。

只有由有灵感的人所体现的人类的道德天才,才有幸能提出应用如此广泛而且根基如此扎实的一些伦理公理,以致人们会把它们作为在他们大量个人感情经验方面打好基础的东西而接受下来。伦理公理的建立和考验同科学的公理并无很大区别。真理是经得住经验的考验的。

[美]爱因斯坦.爱因斯坦文集·第三卷.商务印书馆,1979,281

在像居里夫人这样一位崇高人物结束她的一生的时候,我们不要仅仅满足于回忆她的工作成果对人类已经作出的贡献。第一流人物对于时代和历史进程的意义,在其道德品质方面,也许比单纯的才智成就方面还要大。即使是后者,它们取决于品格的程度也远超过通常所认为的那样。

[美]爱因斯坦.爱因斯坦文集·第一卷.商务印书馆,1977,339

我幸运地同居里夫人有二十年崇高而真挚的友谊。我对她的人格的伟大愈来愈感到钦佩。她的坚强,她的意志的纯洁,她的律己之严,她的客观,她的公正不阿的判断——所有这一切都难得地集中在一个人的身上。她在任何时候都意识到自己是社会的公仆,她的极端的谦虚,永远不给自满留下任何余地。

[美]爱因斯坦.爱因斯坦文集·第一卷.商务印书馆,1977,339

居里夫人的品德力量和热忱,哪怕只要有一小部分存在于欧洲的知识分子中间,欧洲就会面临一个比较光明的未来。

[美]爱因斯坦.爱因斯坦文集·第一卷.许良英等译.商务印书馆,1977,340

伽利略表现为一个具有坚强意志,并且具有智慧和勇气的人;他代表理性的思维,挺身而出,反对那一批倚仗人民的无知,并且利用披着牧师与学者外衣的教师的无所事事,借以把持并维护其权势的人。他以非凡的文学才能,用极其鲜明生动的语言,向他那个时代受到教育的人进行宣传,克服他同时代人的人类中心论和神秘思想,并且引导他们恢复从客观的和因果关系的角度来看待宇宙,而这种态度,自从希腊文化衰退以后,在人世间已经失传了。

[美]爱因斯坦.爱因斯坦文集·第一卷.商务印书馆,1977,579

随后,自然科学成长起来了,它给思想和实际生活以巨大影响,并且在近代进一步削弱了各族人民的宗教感情。因果的和客观的思想方式——虽然它不一定同宗教活动相矛盾——使得多数人不大有可能加深宗教感情。而由于宗教同道德之间传统的密切联系,在最近一百年左右,又带来

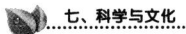

了道德思想和道德感情的严重削弱。照我看来,这就是我们这个时代的政治方式的日趋野蛮化的主要原因。再加上新的技术方法的惊人效率,这种野蛮化已成为文明世界可怕的威胁。

[美]爱因斯坦.爱因斯坦文集·第三卷.商务印书馆,1979,157

科学思想的方法之改变,对于道德的观念之冲荡,就大体说,是显而易见的。所求的福利及目的都大增多,规则经软化而成原理,原理变成了了解的方法。

[美]杜威.胡适,唐擘黄译.哲学的改造.安徽教育出版社,1999,101

她一生中最伟大的科学功绩——证明放射性元素的存在并把它们分离出来——所以能取得,不仅是靠着大胆的直觉,而且也靠着在难以想象的极端困难情况下工作的热忱和顽强。这样的困难,在实验科学的历史中是罕见的。

[美]爱因斯坦.爱因斯坦文集·第一卷.商务印书馆,1977,339

科学拥有如此惊人的特点:它从不提出道德的目的,与此同时却导致道德。不是以自己包含的内容,而是以自己的方法达到这个目的。科学的方法就是证明的方法。

[前苏联]列·贝格.引自:叶·谢·利希滕施泰因主编.印佳翔等译.科学名言集.
上海科学技术出版社,1986,106

科学的勤劳者应该不论在大事还是小事方面都要诚实、纯朴和谦虚,摈弃冒险和欺诈行为和追求表面效果的劣习。

[前苏联]鲍·帕通.引自:叶·谢·利希滕施泰因主编.印佳翔等译.科学名言集.
上海科学技术出版社,1986,151

我信奉三种美德:信任、希望和爱。我热爱科学,如同爱取得真理的工具一般。我相信进步,并把希望寄托在你们身上。

[俄]季米里亚泽夫.引自:叶·谢·利希滕施泰因主编.印佳翔等译.科学名言集.
上海科学技术出版社,1986,156

简明自然科学向导丛书

科学家本乎人心自觉之明以治学,出其所认识者公之于世;世人谁不好真恶伪? 其胜也,人心自觉之不可昧胜之也。

梁漱溟.引自:连宝辉编.梁漱溟箴言录.中国文联出版公司,1998,39

价值必须以知识为参考系,价值系统必须以知识系统为参考系,使其得到认知的有效性和合法性,也使其获得再评价或相互比较的认知基础。

[美]成中英.创造和谐.东方出版社,2011,265

只有当价值世界与知识世界动态及有机地结合在一起时,我们才能开拓出一个真正能满足人心与人生需要的生活世界。

[美]成中英.创造和谐.东方出版社,2011,269

一个真实的科学家是忠于科学、热爱科学的,不是为名为利,而是求知,爱真理,为国家作贡献,为人民谋福利。

贝时璋.引自:卢嘉锡主编.另一种人生——当代中国科学家随感·下.东方出版社,1998,128

我们全都知道,科学家有他的恶癖。我们中间有些人卖弄学问,有些人酗酒,有些人沽名钓誉。但是在正常情况下,我们难以在科学界里遇到招摇撞骗或者玩弄诡计的人。

[美]维纳.周昌忠译.我是一个数学家.上海科学技术出版社,1987,228~229

科学技术是集体创造的。任何发明创造绝不是属于哪一个人的,而是集体劳动,包括不同时期研究的结晶。科学研究的集体主义原则应该成为科学工作者职业道德的主要规范之一。

苏步青,引自:孙其言,朱志良编.中国当科学家锦言.科学出版社,1990,247

科学是老老实实的学问。科学具有认识的真理性、实践性和无限性的特征。所以,科学工作者必须老实、谦虚,来不得半点虚假和骄傲。

苏步青.理想·学习·生活.人民教育出版社,1986,34

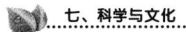

在长期的科学研究中,我深深地体会到,谦虚谨慎是科学工作者不可缺少的美德。

苏步青.理想·学习·生活.人民教育出版社,1986,34

科学工作者不仅应该博学多闻,具有远见卓识,在学术上有所造就,而且需要具备良好的科学道德,做到德才兼备。

施雅风.引自:卢嘉锡主编.另一种人生——当代中国科学家随感·下.东方出版社,1998,329

真正的科学家,他们研究科学的动机和原动力,是他们对求知、求真理的内在兴趣,而不是外在的名、利;他们对学术,又绝对地真诚,绝无虚伪;他们永远持着客观的态度,批判性、怀疑性的习惯。

吴大猷.吴大猷科学哲学文集.社会科学文献出版社,1996,339

德育主于感情,智育主于思维,故德育多资美术,而智育多资科学。

严复.引自:段治文编.中国现代科学文化的兴起.上海人民出版社,2001,50

在我们已达到的,按照"最新文明社会"规范行事的那个发展阶段上,人民道德上的昌盛可能比物质的繁荣更需要科学发展。

[法]巴斯德.引自:叶·谢·利希滕施泰因主编.印佳翔等译.科学名言集.上海科学技术出版社,1986年,116

科学进步在道德方面发生两大影响:第一,发生新的希望、新的勇敢。第二,发生新的"诚实"。

[美]杜威.胡适译.杜威五大讲演.安徽教育出版社,1999,134

物理学是作为对情感的安慰产生的:科学(作为通往认识之路)在道德被清除后获得了新的魅力——而由于我们在这里只看到前后一贯性,所以我们必须整理我们的生活以坚持这种一贯性。这便形成了一个对我们的生存条件作实践思考的种类,即认识者。

[德]尼采.周国平译.偶像的黄昏.光明日报出版社,1996,179

我们没有忘记,科学本身是善的。同其他任何发源于探求真理的精神力量的事物一样,科学在本性上是神圣的,对那些未能认识其固有尊严的人来说也是如此。

[法]雅克·马利坦.尹今黎,王平译.科学与智慧.上海社会科学院出版社,1992,32

指引社会主义方向的是一个社会——伦理目的。可是,科学不能创造目的,更不用说把目的灌输给人们;科学至多只能为达到某些目的提供手段。但目的本身却是由那些具有崇高伦理理想的人构想出来的,只要这些目的不是死胎,而是有生命的,并且是生命力充沛的,它们就会被许多人所采纳并且向前发展,这些人半不自觉地决定着社会缓慢的进化。

由于这些理由,在涉及人类的问题时,我们就应当注意不要过高地估计科学和科学方法;我们也不应当认为只有专家才有权力对影响社会组织问题发表意见。

[美]爱因斯坦.爱因斯坦文集·第三卷.商务印书馆,1979,268

科学研究要有好的传统。或许,科学界最重要的好传统就是:学术与道德的统一、善良、正直、谦逊、实事求是、永远进取与创新、热忱帮助年轻一代、热爱祖国、关心人类的前途等,这些就是一个优秀的科学工作者的基本品质。

钱三强.钱三强文选.浙江科学技术出版社,1994,75

科学的发明离不开脑力的开动,而科学成果的运用却要受道德的约束。

[英]奥斯本·雷诺.引自:文三甲主编.名人与你同生日丛书·第八辑.
山西人民出版社,2000,98

知识要由道德来掌舵,否则将会偏离正确的方向。

[美]阿道尔·迈耶.引自:文三甲主编.名人与你同生日丛书·第九辑.
山西人民出版社,2000,55

无论至于何处,遇男或女,贵人及奴婢,我之唯一目的,为病家谋幸福,

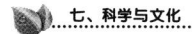

并检点吾身,不做各种害人及恶劣行为,尤不做诱奸之事。凡我所见所闻,无论有无业务关系,我认为应守秘密者,我愿保守秘密。倘是我严守上述誓言时,请求神让我生命与医术能够无上光荣;我苟违誓,天地鬼神实共殛之。

  [希] 希波克拉特斯. 引自:曾庆书编. 护理伦理学. 贵州科技出版社,1991,270

以诚待人,以诚待科学,不投机取巧,不哗众取宠。

  [加] 查尔斯·赫伯特·贝斯特. 引自:文三甲主编. 名人与你同生日丛书·第二辑.

山西人民出版社,2000,129

高尚的品德大多是通过平凡的努力而达到的。

  [匈] 菲利普·赛迈尔威斯. 引自:文三甲主编. 名人与你同生日丛书·第七辑.

山西人民出版社,2000,3

要意志坚强,要勤奋,要探索,要发现,并且永不屈服,珍惜在我们前进道路上降临的善,忍受我们之中和周围的恶,并下决心消除它。

  [英] 赫胥黎. 引自:杨栩编. 外国名人名言录. 新华出版社,1983,48

天才还远不是所有的一切。人的道德品质及其世界观——这是衡量真正科学家人品的标准。

  [俄] 谢切诺夫. 引自:叶·谢·利希滕施泰因主编. 印佳翔等译. 科学名言集.

上海科学技术出版社,1986,118

关于"是什么"这类知识,并不能打开直接通向"应当是什么"的大门。人们可能有关于"是什么"的最明晰、最完备的知识,但还不能由此导出我们人类所向往的目标应当是什么。客观知识为我们达到某些目的提供了有力的工具,但是终极目标本身和要达到它的渴望却必须来自另一个源泉。

  [美] 爱因斯坦. 爱因斯坦文集·第三卷. 商务印书馆,1979,173

关于真理的知识本身是了不起的,可是它却很少能起指导作用,它甚至不能证明向往这种真理知识的志向是正当的和有价值的。因此,我们在这里碰到了关于我们生活的纯理性想法的极限。

[美]爱因斯坦.爱因斯坦文集·第三卷.商务印书馆,1979,174

简单地相信品德的圆满,并不足以防范过失,我们要想在行为上做到坚定诚实,就得先把不良的习惯去掉,同时培养好习惯。

[美]富兰克林.米子译.富兰克林自传.花城出版社,2004,102

我相信一个人应该心怀善意,人人都应当乐于助人。

[英]米丽亚姆·路易莎·罗斯柴尔德.引自:文三甲主编.名人与你同生日丛书·第八辑.

山西人民出版社,2000,20

4. 艺术

科学是生活的理智,艺术是生活的欢乐,而宗教则是生活的和谐。

[美]乔治·萨顿.刘珺珺译.科学的生命.商务印书馆,1987,25

科学——各种科学,当然首先是医学——一旦得到应用,就成为一种艺术。

[美]乔治·萨顿.刘珺珺译.科学的生命.商务印书馆,1987,25

事实上,艺术作品常常传播科学思想。

[美]乔治·萨顿.刘珺珺译.科学的生命.商务印书馆,1987,37

一言以蔽之,艺术和科学,同某些植物一样,需要一块新鲜的土壤;无论土地多么富饶,也无论你怎样用技艺和细心来补充它,一旦地力耗尽,那它就再也不能产生出任何这类完善和完美的东西来了。

[英]休谟.杨适等译.人性的高贵与卑劣——休谟散文集.三联书店,

1988,67

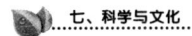

艺术和科学的最初发展,决不能指望会发生在专制政治之下。

[英]休谟.杨适等译.人性的高贵与卑劣——休谟散文集.三联书店,1988,42

但在下述意义上,科学类似于艺术:尽管二者本身是善的,但人们却能够利用它们来为其罪恶的行为和目的服务。

[法]雅克·马利坦.尹今黎,王平译.科学与智慧.上海社会科学院出版社,1992,32

科学求公例原则,要大家共认证实的;所以前人所有的今人都有得,其所贵便在新发明,而一步一步脚踏实地,逐步前进,当然今胜于古。艺术在乎天才秘诀,是个人独得的,前人的造诣,后人每觉赶不上,其所贵便在祖传秘诀,而自然要叹今不如古。

梁漱溟.引自:黄克剑,王欣编.梁漱溟集.群言出版公司,1993,124

从思维科学角度看,科学工作总是从一个猜想开始的,然后才是科学论证;换言之,科学工作是源于形象思维,终于逻辑思维。形象思维是源于艺术,所以科学工作是先艺术,后才是科学。相反,艺术工作必须对事物有个科学的认识,然后才是艺术创作。在过去,人们总是只看到后一半,所以把科学与艺术分了家,而其实是分不了家的;科学需要艺术,艺术也需要科学。

钱学森.引自:北京大学现代科学与哲学研究中心编.钱学森与现代科学技术.人民出版社,2001,368

学科学的人没有不崇拜美术的,因为两样东西性质虽然不同,都是供给人类的需要,而且可以互相帮助的:知识越丰富,表示情感的能力越大;越能表示情感,知识越丰富。

丁文江.引自:张君劢等.科学与人生观.山东人民出版社,1997,203

我们应该自觉地去研究科学技术和文学艺术之间的相互作用的规律。不但研究规律,而且应该能动地去寻找还有什么现代科学技术成果可以为文学艺术所利用,使科学技术为创造社会主义文艺服务。

钱学森.引自:北京大学现代科学与哲学研究中心编.钱学森与现代科学技术.
人民出版社,2001,357

艺术是表现,科学是理解。

[俄]赫尔岑.李原译.科学中华而不实的作风.商务印书馆,1983,94

科学受它的强烈妄想的鼓舞,毫不停留地奔赴它的界限,它的隐藏在逻辑本质中的乐观主义在这界限上触礁崩溃了。这时便有一种新型的认识脱颖而出,即悲剧的认识,仅仅为了能够忍受,它也需要艺术的保护和治疗。我们就会发现,苏格拉底所鲜明体现的那种贪得无厌的乐观主义求知欲,已经突变为悲剧的绝望和艺术的渴望。

[德]尼采.周国平译.悲剧的诞生.三联出版社,1986,65

由于学术传统,数学跨立于"艺术"与"科学"两者的边缘。

[英]约翰·齐曼.赵振江译.可靠的知识.商务印书馆,2003,20

大多数文学家,遗憾地说,还有不少科学家,他们只了解科学的物质成就,而忽略了它的精神。他们既看不到科学的内在美,也看不到科学不断地从大自然的怀抱撷取的那种美。现在我要说,从过去的科学著作中寻找那些没有而且也不能被替代的东西,或许是我们的所求索的最重要的部分。真正的人道主义者必须像他了解艺术的历程和宗教的历程那样,了解科学的生活史。

[美]乔治·萨顿.刘珺珺译.科学的生命.商务印书馆,1987,2

当你手中拿着这些书时所感受到的那种愉快,大多是由普朗克的一切论文所具有的那种纯真的艺术风格所引起的。在研究他的著作时,一般都会产生这样一种印象,觉得艺术性的要求使他创作的主要动机之一。

[美]爱因斯坦.爱因斯坦文集·第一卷.商务印书馆,1977,72

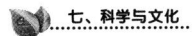七、科学与文化

我总认为迈克耳孙是科学中的艺术家。他的最大乐趣似乎来自实验本身的优美和所使用方法的精湛。他从来不认为自己在科学上是个严格的"专家",事实上确也不是——但始终是个艺术家。

[美]爱因斯坦.爱因斯坦文集·第一卷.商务印书馆,1977,561

自然在人类头脑中的反映,包括通过想象得出的反映(艺术)及通过理性能力获得的反映(科学)。

[美]乔治·萨顿.刘珺珺译.科学的生命.商务印书馆,1987,21

艺术和科学最明显的差别在于科学是逐渐进步的,而艺术则不然。

[美]乔治·萨顿.刘珺珺译.科学的生命.商务印书馆,1987,22

在科学领域中,方法至为重要……在艺术中结果比方法更为重要。

[美]乔治·萨顿.刘珺珺译.科学的生命.商务印书馆,1987,23

只有当它解开了疑难,只有当科学家的美学终于与大自然的美学相一致时,美学才在科学发展中发生良好作用。在科学中,美学很少是目的本身,而且从来不是首要的。

[美]托马斯·库恩.纪树立译.必要的张力——科学的传统和变革论文选.
福建人民出版社,1981,337

不要因为长期埋头科学而失去对生活、对美、对诗意的感受能力。

[英]达尔文.引自:湖南人民出版社编.亚洲大陆的新崛起.湖南人民出版社,1979,345

在启蒙运动中,科学基本上遵循文学意识形态;在这种意识形态中,善在于作品,同样在于手艺。

[美]托马斯·L·汉金斯.任定成,张爱珍译.科学与启蒙运动.复旦大学出版社,2000,9

音乐和物理学领域中的研究工作在起源上是不同的,可是被共同的目标联系着,这就是对表达对未知的东西的企求。它们的反应是不同的,可

是它们互相补充着。至于艺术上和科学上的创造,那么,在这里我完全同意叔本华的意见,认为摆脱日常生活的单调乏味,和在这个充满着由我们创造的形象的世界中寻找避难所的愿望,才是它们的最强有力的动机。这个世界可以由音乐的音符组成,也可以由数学的公式组成。我们试图创造合理的世界图像,使我们在那里面感到在家里一样,并且可以获得我们在日常生活中不能达到的安定。

[美]爱因斯坦. 爱因斯坦文集·第一卷. 商务印书馆,1977,284

建筑是无声的音乐、凝固的绘画,总之,是艺术的结晶。

[美]爱德华·斯通. 引自:文三甲主编. 名人与你同生日丛书·第三辑.

山西人民出版社,2000,41

建筑艺术是立体的书籍和画卷,是力与美的体现。

[美]乔治·斯科特. 引自:文三甲主编. 名人与你同生日丛书·第七辑.

山西人民出版社,2000,53

美是科学研究的一个重要的内在动力。美是衡量科学发现内在价值的一个重要标准。

[美]苏布拉曼扬·罗德拉塞卡. 引自:文三甲主编. 名人与你同生日丛书·第十辑.

山西人民出版社,2000,88

经过仔细思考与和谐处理的具备装饰的建筑,不可能删除其装饰而无损于其个性。

[美]路易斯·亨利·沙利文. 引自:文三甲主编. 名人与你同生日丛书·第九辑.

山西人民出版社,2000,9

如果从广义上来理解"艺术家"一词,包括自然科学家在内的科学家,往往也都是艺术家。

[前苏联]韦尔纳茨基. 引自:叶·谢·利希滕施泰因主编. 印佳翔等译. 科学名言集.

上海科学技术出版社,1986,223

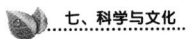

公民的生活是依靠人们之间的相互帮助来维持的,此时人们主要是利用艺术和科学所赋予他们的各种工具来进行互助的。因此,上古时期以来的科学艺术的创造者将永远受到普遍的尊敬。

[意]伽利略. 引自:叶·谢·利希滕施泰因主编. 印佳翔等译. 科学名言集.
上海科学技术出版社,1986,224

科学发明与艺术创作之间存在着联系,这是毫无疑义的。这两者都以观察、思索和弄清事实为前提,而且肩并肩地向着共同的高尚目标前进。

[前苏联]卡尔平斯基. 引自:叶·谢·利希滕施泰因主编. 印佳翔等译. 科学名言集.
上海科学技术出版社,1986,227

天文学和其他科学不可能脱离实践,虽然它们起初都始于思索,正如绘画起初存在于观察者的思维中,如果不经过亲手实践,是不可能成为完美的作品的。

[意]达·芬奇. 引自:叶·谢·利希滕施泰因主编. 印佳翔等译. 科学名言集.
上海科学技术出版社,1986,229

文明的程度,取决于科学和艺术的程度。

[法]普恩卡尔. 引自:叶·谢·利希滕施泰因主编. 印佳翔等译. 科学名言集.
上海科学技术出版社,1986,231

智慧、艺术能力、仁慈——所有这些东西无疑可因科学而增加。

[英]罗素. 王雨、陈基发编译. 走向幸福——罗素精品集. 中国社会出版社,1997,29

无论如何,一个伟大的科学家应被看做一个创造性的艺术家,把他看成一个仅仅按照逻辑规则和实验规章办事的人是非常错误的。

[英]贝弗里奇. 陈捷译. 科学研究的艺术. 科学出版社,1979,80

科学的方法从根本上讲是分析性的;而艺术的方法则是综合的,直观的。

[美]乔治·萨顿. 引自:傅明伟等编. 世界名人名言精选. 上海交通大学出版社,2004,513

理解科学需要艺术,而理解艺术也需要科学。

[美]乔治·萨顿.引自:傅明伟等编.世界名人名言精选.上海交通大学出版社,
2004,514

科学是一种艺术而不是简单劳动,这种艺术抓住一个好的主意,找到好的工具来实现它,科学就应该如此。

[美]爱德华·B·刘易斯.引自:《北京青年报》社,《发现·图形科普杂志》社主编.
与诺贝尔大师面对面.文化艺术出版社,2002,230

人们通过学习获得的知识可分为科学方面与艺术方面的。科学给物质以清楚的概念,揭示了行为和原因属性的奥秘;艺术则使科学用于人类的利益。科学满足我们天生的好奇心;艺术则带给人们许多欢乐。科学给艺术指明道路,艺术则能加快科学的发展。两者和睦相处,相得益彰。

[前苏联]罗蒙诺索夫.引自:叶·谢·利希滕施泰因主编.印佳翔等译.科学名言集.
上海科学技术出版社,1986,28

5. 教育

我们所以极力提倡科学教育的缘故,是因为科学教育能使宗教性的冲动,从盲目的变成功自觉的,从黑暗的变成光明的,从笼统的变成分析的。我们不单是要使宗教性发展,而且要使他发展的方向适宜于人生。

丁文江.引自:张君劢等著.科学与人生观.山东人民出版社,1997,205

科学于教育上之重要,不在于物质上之智识而在其研究事物之方法;尤不在研究事物之方法,而在其所与心能之训练。

任鸿隽.引自:樊洪业等选编.科学救国之梦——任鸿隽文存.
上海科技教育出版社,上海科学技术出版社,2002,67

提倡科学教育:一方面从事科学上高深的研究,一方面推广民众的科

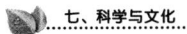

学训练,使科学方法得为国内一般社会所运用。

蔡元培.引自:胡国枢编.蔡元培评传.河南教育出版社,1990,209

新的教育必须以科学为指导,理论要有科学的依据和证明,实践要遵循科学的方法,结果要有科学的统计。

王凤喈.引自:梁琛编.剑桥中华民国史·下.中国社会科学出版社,1994,417

科学的答案只有通过锲而不舍的探索、百次千次的实验,才可能一步一步地在前人成就的基础上有所前进。任何伟大的发明和创造,都是多少代人智慧的结晶。一个人或一代人所能做的贡献是有限的。科学是没有止境的事业,需要从青少年开始培养一代又一代的新人。

严济慈.严济慈科技言论集.上海教育出版社,1990,269

为国家培养各项建设人才,首先是工业技术人才和科学研究人才,是教育工作的首要任务。

周恩来.周恩来教育文选.教育科学出版社,1984,141

一个新的伟大的科学观念常常不是逐渐说服或感化它的反对者(亦即不是以令其对立面改过自新的千古罕事)的方式,而多半是采取让反对者渐次衰亡,新成长起来的一代从一开始就熟知这种观念的方式建立起来的。这里又用得着一句老生常谈:"谁有青年,谁就有了将来。"因此,切实安排好学校的教学,实为科学进步最重要的条件之一。

[德]普朗克.引自:赵鑫珊著.普朗克之魂:感觉世界·物理科学世界·实在世界.
文汇出版社,2000,53

要尽可能打好基本科学知识的基础,特别是注重与各自担负的任务或专业有关的那些基本知识;尽可能掌握近代科学技术的工具,特别是在各自的行业中可能使用到的工具……由于专业的门类越来越多,专业化的倾向越来越强,科学技术工作者就不免受到争取早日成为专家的影响。但是基本知识都是发展专业,更好地完成专业任务所必需的,因此是不能忽视的。

李四光.李四光纪念文集.地质出版社,1981,128

科学技术工作者,应该在博的基础上求专,在专的要求下求博。

李四光.李四光纪念文集.地质出版社,1981,128

极端主张科学,固然也有弊病,但能使人人有管理衣、食、住的本领,供给生活的需要,则比较近于民治的精神,这是科学教育的长处。

[美]杜威.胡适译.杜威五大讲演.安徽教育出版社,1999,145

所以学校教育的目的,不是希望学生都成科学家,是希望科学知识传播得广,传播得远,应用得广,应用得远。产生一二个发明家,还是小事,传播应用得广远,影响最大。这就是科学教育的最后结果,仍然回到人事、社会上来。

[美]杜威.胡适译.杜威五大讲演.安徽教育出版社,1999,147

要塑造一位科学家,师长的亲和力与赞赏是很重要的因素。然而,真正决定性的因素还是在于学生自己的意愿和能力。你若是个蹩脚的猎人,森林永远是空空的。

[美]爱德华·威尔逊.杨玉龄译.大自然的猎人——生物学家威尔逊自传.
上海科学技术出版社,2000,107

要大大加强科学技术研究工作,大大加强各级教育工作,以及全体职工和干部的教育工作。

邓小平.邓小平文选·第三卷.人民出版社,1993,70

我们国家要赶上世界先进水平,从何着手呢?我想,要从科学和教育着手。

邓小平.邓小平文选·第二卷.人民出版社,1983,48

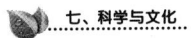

七、科学与文化

我知道科学、教育是难搞的,但是我自告奋勇来抓。不抓科学、教育,四个现代化就没有希望,就成为一句空话。

邓小平. 邓小平文选·第二卷. 人民出版社,1983,68

今后我们要很好地研究科研和教育如何协调、人员如何经常交流的问题。人员不流动,思想就会僵化。外国科研机构很注意更新科研队伍,经常补充年轻的、思想灵活的人进来。我们也要逐步实行科研人员流动、更新的制度。

邓小平. 邓小平文选·第二卷. 人民出版社,1983,70

用专业知识教育人是不够的。通过专业教育,他可以成为一种有用的机器,但是不能成为一个和谐发展的人。要使学生对价值有所理解并且产生热烈的感情,那是基本的。他必须获得对美和道德上的善有鲜明的辨别力。

[美]爱因斯坦. 爱因斯坦文集·第三卷. 商务印书馆,1979,310

使青年人发展批判的独立思考,对于有价值的教育也是生命攸关的。由于太多和太杂的学科(学分制)造成的青年人的过量负担,大大地危害了这种独立思考的发展,负担过重必导致肤浅。教育应当使所提供的东西让学生作为一种宝贵的礼物来领受,而不是作为一种艰苦的任务要他去负担。

[美]爱因斯坦. 爱因斯坦文集·第三卷. 商务印书馆,1979,310

我确实相信:在我们的教育中,往往只是为着实用和实际的目的,过分强调单纯智育的态度,已经直接导致对伦理价值的损害。我想得比较多的还不是技术进步使人类所直接面临的危险,而是"务实"的思想习惯所造成的人类相互体谅的窒息,这种思想习惯好像致命的严霜一样压在人类的关系之上。

[美]爱因斯坦. 爱因斯坦文集·第三卷. 商务印书馆,1979,293

我们要实现现代化,关键是科学技术要能上去。发展科学技术,不抓教育不行。靠空讲不能实现现代化，必须有知识，有人才。没有知识，没有人才，怎么上得去？

邓小平．邓小平文选·第二卷．人民出版社，1983，40

日本人从明治维新就开始注意科技，注意教育，花了很大力量。明治维新是新兴资产阶级干的现代化，我们是无产阶级，应该也可能干得比他们好。

邓小平．邓小平文选·第二卷．人民出版社，1983，40

抓科技必须同时抓教育。从小学抓起，一直到中学、大学。我希望从现在开始做起，五年小见成效，十年中见成效，十五年二十年大见成效。

邓小平．邓小平文选·第二卷．人民出版社，1983，40

我国科学研究的希望，在于它的队伍有来源。科研是靠教育输送人才的，一定要把教育办好。我们要把从事教育工作的与从事科研工作的放到同等重要的地位，使他们受到同样的尊重，同样的重视。一个小学教师，全部精力放到教育事业上，就是很可贵的。要当好一个小学教师，付出的劳动并不比一个大学教师少，因此小学教师同大学教师一样光荣。对于终身为教育事业服务的人，应当鼓励。

邓小平．邓小平文选·第二卷．人民出版社，1983，50

学习能达到你所希望的境界。

［美］戴维斯．引自：傅明伟等编．世界名人名言精选．上海交通大学出版社，2004，318

劳动者只有具备较高的科学文化水平，丰富的生产经验，先进的劳动技能，才能在现代化的生产中发挥更大的作用。

邓小平．邓小平文选·第二卷．人民出版社，1983，88

值得记住的是，17世纪几乎每一位重要科学家都是大学培养的。然而,同样真实的是,科学既没有进入大学的普遍教室,也没有进入大学课程中。

[美]理查德·S·韦斯特尔福.彭万年译.近代科学的建构.复旦大学出版社,2000,116

良好的方法可以增进学生的效能,乃至加速他们的心理成长而无所损害。

[瑞士]让·皮亚杰.引自:文三甲主编.名人与你同生日丛书·第八辑.

山西人民出版社,2000,38

每一位严肃的科学工作者都痛苦地意识到,他们被违反本意地放逐到一个在不断缩小着的知识领域里。这是一种威胁,它会使研究者丧失广阔的眼界,并且使他下降到一个匠人的水平。

[美]爱因斯坦.爱因斯坦文集·第一卷.商务印书馆,1977,307

使知识活了起来,并且使它保持生气勃勃,这同解决专门问题是一样重要的。

[美]爱因斯坦.爱因斯坦文集·第一卷.许良英等译.商务印书馆,1977,308

我们的努力也许不能改变世界,但起码要使人们对世界有越来越正确的看法。

[瑞士]乔治·威尼尔·斯特龙根.引自:文三甲主编.名人与你同生日丛书·第一辑.

山西人民出版社,2000,94

6.人文

在文艺复兴时期,大学之外一种占主导地位的人文传统与大学高墙之内连绵不绝的科学传统比肩而立。

[美]托马斯·库恩.吴国盛等译.哥白尼革命.北京大学出版社,2003,125

科学、技术与人文、艺术都是不可分离的,他们所追求的目标都是真理的普遍性,其共同基础是人类的创造力,或者说是人的创造力的本能。在教育上,实现科学、技术与人文、艺术的完美结合,充分发掘青年学生的这种潜在本能,是现代大学的重要任务,是大学成功的重要标志,是培养能领导新世纪发展需要之人才的重要方面。

[美]李政道.实现科学、技术与人文、艺术的完美结合是现代大学的重要任务.

中国高教研究.2002,(10):4

科学和人文需要汇通、结合,而不应互不相干。

[美]罗杰·斯佩里,引自:《诺贝尔奖金获得者传》编委会编.

诺贝尔奖金获得者传·第四卷.湖南科学技术出版社,1981,683

科学方法带给人类哪些希望和忧虑呢?我不认为这是提问题的正确方法。这个工具在人的手中究竟会产生出些什么,那完全取决于人类所向往的目标的性质。只要存在着这些目标,科学方法就提供了实现这些目标的手段。可是它不能提供这些目标本身,科学方法本身不会引我们到哪里去的,要是没有追求清晰理解的热忱,甚至根本就不会产生科学方法。

[美]爱因斯坦.爱因斯坦文集·第一卷.商务印书馆,1977,397

仅有自然科学和工程技术的知识是不够的,要把科学技术变成第一生产力,还要靠社会科学。

钱学森.当前我国科学技术工作中的六个问题.在全国政协科技委员会全体

会议上的讲话.1990-03-17

自然科学往后将包括关于人的科学,正象关于人的科学包括自然科学一样:这将是一门科学。

[德]马克思.马克思恩格斯全集·第42卷,128

十九世纪欧洲思想史有种共同的趋势,便是创造社会的科学,关于人生的科学——把从前的自然科学,如物理、化学等的方法,渐渐应用到人生

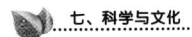

七、科学与文化

方面来。可见科学的方法可以应用于社会、政治方面。

[美]杜威.胡适译.杜威五大讲演.安徽教育出版社,1999,6

一个人文主义者的职责不单是用一种被动的方式去研究过去,并使自己沉醉在崇敬的心情之中,而是从现代科学的顶点出发,运用全部人类的经验和一颗充满希望的心。

[美]乔治·萨顿.引自:鲁大振等主编.世界科学名著导读手册.中国城市出版社,2003,306

对文艺复兴时期的知识史——科学和医学二者的历史都包括在其中——的任何研究,都必须考虑人文主义的影响。

[美]埃伦·G·杜布斯,陆建华,刘源译.文艺复兴时期的人与自然.浙江人民出版社,1988,173

较之自然科学的叙述而言,历史学的叙述更加易于被比拟为对现实的反映。

[德]H·李凯尔特.涂纪亮译.文化科学和自然科学.商务印书馆,1986,65

艺术史、宗教史、科学史是人类历史的根本所在,但是很大程度上一直是"秘密的历史";科学史是进步的,而艺术史和宗教史则不然;其他形式的进步依赖于科学的进步。因此,科学史是文明史的主线,是知识综合的枢纽,是科学和哲学的中介,是教育的基石。

[美]乔治·萨顿.刘珺珺译.科学的生命.商务印书馆,1987,2

我相信要想透彻了解科学的事实和理想,最好的方法就是历史的方法。

[美]乔治·萨顿.刘珺珺译.科学的生命.商务印书馆,1987,26

当用历史视角进行考察时,科学就是纯粹的好东西。它是人类的恩主,是真正民主、真正国际性的。

[美]萨顿.引自:赫尔奇·克拉夫编.任定成译.科学史学导论.北京大学出版社,2005,19

我们今天持有的科学馆本身是历史过程的产物,是斗争的产物,在这种斗争中仅仅只有得胜了的观点才幸存下来。

[丹]赫尔奇·克拉夫.任定成译.科学史学导论.北京大学出版社,2005,26

一个人除非理解历史,否则他就不能理解自然科学;除非他懂得历史是什么,否则就不能回答自然是什么这个问题。

[英]罗宾·柯林伍德.吴国盛,柯映红译.自然的观念.华夏出版社,1999,195

各个时代、各个地方人们在科学技术方面所揭示、所发表的一切,我们并不是全部都知道;至于个人私下从事的和做出的一切,我们更加不是全部知道。历史上的正产和流产,并没有都载入我们的纪录。

[英]弗兰西斯·培根.引自:北京大学哲学系外国哲学史教研室编译.
西方哲学原著选读·上卷.商务印书馆,1981,341

科学可以越出自己的天然领域,对当代思想的某些别的领域以及神学家用来表示自己的信仰的某些教条,提出有益的批评。但是,要想关照生命,看到生命的整体,我们不但需要科学,而且需要伦理学、艺术和哲学;我们需要领悟一个神圣的奥秘,我们需要有同神灵一脉相通的感觉,而这就构成了宗教的根本基础。

[英]W·C·丹皮尔.李珩译.科学史及与哲学和宗教的关系.商务印书馆,1975,21

在一门科学已成为完全专门性的以后,尤其是具有数学方面的专门性以后,它作为学术史上的一种力量就变得相对不显著了。

[美]托马斯·库恩.纪树生等译.必要的张力.福建人民出版社,1981,134

没有智慧的科学确定是很糟糕的东西,而没有智慧的技术就更糟糕了。

[美]乔治·萨顿.引自:鲁大振等主编.世界科学名著导读手册.中国城市出版社,2003,306

对思想发展过程的深入人心的心理学解释,数学推导的完美无缺,对现象的物理本质的深刻了解,明晰而又系统地描述主题的能力,学问渊博,

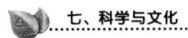

论述完备,满有信心的批评,不知还有什么会比这一切更令人感到惊讶的了。

[美]爱因斯坦.爱因斯坦文集·第一卷.商务印书馆,1977,167

科学史对学科的日趋专门化是最好的弥补,并能扩大视野,更全面地认识科学。

[英]贝弗里奇.陈捷译.科学研究的艺术.科学出版社,1979,8

科学作为一种现存的和完成的东西,是人们所知道的最客观的,同人无关的东西。但是,科学作为一种尚在制定中的东西,作为一种被追求的目的,却同人类其他一切事业一样,是主观的,受心理状态制约的。所以,科学的目的和意义是什么这个问题,在不同时期,从不同的人那里,所得到的回答是完全不同的。

[美]爱因斯坦.爱因斯坦文集·第一卷.商务印书馆,1977,298

人最后在事物中找出的东西,只不过是他自己曾经塞入事物的东西:找出,就叫科学;塞入,就叫艺术、宗教、爱情、骄傲。这两件事即使本身就该是儿戏,也应当继续搞下去,鼓足勇气搞下去——一种人找出,另一种人——我们这种人!——去塞入!

[德]尼采.引自:洪谦编.西方现代资产阶级哲学论著选辑.商务印书馆,1964,16

图书馆应尽最大可能发挥两种功能——用历史和科学的方法教育学生和促进科学研究。

[加]奥斯特.引自:吴阶平等编.世界著名科学家传记·医学家I.科学出版社,1996,139

科学的历史,它的产生、进化、普及,它的进步和倒退,不可避免地向我们提出了一系列心理学问题。

[美]乔治·萨顿.刘珺珺译.科学的生命——文明史论集.商务印书馆,1987,46

科学不讲价值,它不能证实"爱比恨好",或"仁慈比残忍更值得向往"诸如此类的命题。科学能告诉我们许多实现欲望的方法,但它却不能断定一个欲望比另一个欲望更为可取。

      [英]罗素．徐奕春，林国夫译．宗教与科学．商务印书馆，1982，91

  当对一个更加美好的社会的关注(这种在启蒙运动中仍占主导地位的东西)让位于去证明当下社会应当是永恒不变的东西的企图后，一种致命的、瓦解的因素遂渗入科学中。科学的成果，至少在部分上可以有助于工业生产；然而，当面临作为一个整体的社会进程的问题时，科学却逃避着它的责任。

      [德]麦克斯·霍克海默．李小兵等译．批判理论．重庆出版社，1989，3

  为了获得对人类的新的自我理解，把科学和人关于自己的知识结合起来。因为我们生活在自我疏远不断增长的情况中，所以我们亟须这种结合。

      [德]伽达默尔．薛华等译．科学时代的理性．国际文化出版公司，1988，131

  科学技术方面的资源是可以迅速转换的，但是文化能力、精神资本，还有情商，必须长期积累才行。

      [美]杜维明．儒家传统与文明对话．人民出版社，2010，225

  科学是使人的精神变的勇敢的最好途径。

      [意]布鲁诺．引自：谢德铣编．名人格言．山西人民出版社，1982，32

7．文明

  科学已经成为我们文明的一个不可缺少的和最重要的部分，而科学工作就意味着对文明的发展作出贡献。科学在我们这个技术时代，具有社会的、经济的和政治的作用，不管一个人自己的工作离技术上的应用有多远，它总是决定人类命运的行动和决心的链条上的一个环节。

      [德]波恩．李宝恒译．我的一生和我的观点．商务印书馆，1979，21

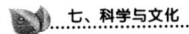 七、科学与文化

  科学技术的伟大进步,造就了人类社会的高度文明;无数科学家们的辛勤劳动与无私奉献,促进了世界上科学文化的迅猛发展。

严济慈.严济慈科技言论集.上海教育出版社,1990,355

  人类的物质文明,直接的是由于应用科学技术的发展;而科技的来源及基础,乃系纯粹科学的研究。

吴大猷.吴大猷科学哲学文集.社会科学文献出版社,1996,281

  从物质方面来说,我们今天所见到的文明,如果没有科学,是不可能的。从知识和道德方面来说,其与科学的关系亦同样深重。科学思想的扩展对人类思想的全部形式的改造已成了一个决定性因素。

[英]贝尔纳.伍况甫等译.历史上的科学.科学出版社,1983,3

  泰西之儒以格致之学为生民根本之务,舍此则无以兴物利民,由是孜孜然日以穷理致用为事。

孙中山.孙中山选集.人民出版社,1981,5

  科学方法的进步和应用的发展,对于社会上、思想上、人生观上,都有极大的影响。

[美]杜威.胡适译.杜威五大讲演.安徽教育出版社,1999,125

  由于 Copernicus 工作的结果,人类就失去了居于宇宙中心地位的名誉;由于 Darwin 工作的结果,人类就被剥夺了特种超动物存在的尊严;由于 Marx 工作的结果,那些可以用来从因果关系解释历史的因素就从理念的王国降到物质活动的领域;由于 Nieizsche 工作的结果,道德的本质就被剥去本身理想化的光辉;由于 Frend 工作的结果,可以用来从因果关系解释人们思想和行动的因素就确定在人们下身最隐秘的深处。

[德]卡尔纳普.引自:洪谦主编.逻辑经验主义.商务印书馆,1982,477

  在新的文明中,核聚变并不是像现在人们视之为万能的上帝那样一种

王牌能源,也只是各种能源中的一种。从这个意义上看,我们必须清楚核聚变的时代尚未到来。

[日]星野芳郎.引自:鲁大振等主编.世界科学名著导读手册.中国城市出版社,2003,48

科学进步的影响如此其大,我们可以说东方文化、西方文化的区别,即在于此。西方科学的进步比东方占先二三百年,所以不但物质方面受科学进步的影响,而因科学的观点,在道德方面所受的影响尤大。

[美]杜威.胡适译.杜威五大讲演.安徽教育出版社,1999,131

从科学史来看,凡要发现新事物,几乎必先具备一个目标,而且常以使用为主要目标。

[英]贝尔纳.伍况甫等译.历史上的科学.科学出版社,1983,10

弗兰西斯·培根爵士明确指出,作为欧洲文艺复兴中巨大变革的原动力的三大发明——印刷术、火药和磁罗盘——都是中国文明而非欧洲文明的产物。

[美]乔治·巴萨拉.周光发译.技术发展简史.复旦大学出版社,2000,185

科学对于人类事务的影响有两种方式。第一种方式是大家都熟悉的:科学直接地,并且在更大程度上间接地生产出完全改变了人类生活的工具。第二种方式是教育性质的——它作用于心灵。尽管草率看来,这种方式好像不大明显,但至少同第一种方式一样锐利。

[美]爱因斯坦.爱因斯坦文集·第三卷.商务印书馆,1979,135

科学的不朽的荣誉,在于它通过对人类心灵的作用,克服了人们在自己面前和自然界面前的不安全感。

[美]爱因斯坦.爱因斯坦文集·第三卷.商务印书馆,1979,137

物理学和数学在两个截然不同的方面对社会有重大影响。首先,它们有助于促进技术的发展。其次,像一切高尚的文化成就一样,它们可用来

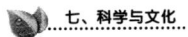

作为一种有效的武器,以防止人们屈从于一种使人意志消沉的物欲主义的危险,而这种物欲主义又转过来会导致无节制的利己主义的统治。

[美]爱因斯坦.爱因斯坦文集·第三卷.商务印书馆,1979,196

现在,谁还要去了解希腊、罗马或文艺复兴时代的伟大企业家或财政家?他们的名声早被遗忘了。其中少数没有被人遗忘是因为他们赞助了学者、艺术家和科学家的不谋私利的活动。

[美]乔治·萨顿.刘珺珺译.科学的生命.商务印书馆,1987,54

科学技术又是当代人类文化的重要组成部分,是代表一个民族文明水平的重要标志。作为一种观念形态和知识体系,科学技术对人们的精神生活,包括价值观念、行为准则、伦理道德、文化形式和理论思维,都有深刻的影响。

钱三强.钱三强科普著作选集.上海教育出版社,1990,248

科学是人的智力发展中的最后一步,并且可以被看成是人类文化最高最独特的成就。它是一种只有在特殊条件下才可能得到发展得非常晚而又非常精致的成果。

[德]恩斯特·卡西尔.甘阳译.人论.上海译文出版社,1985,263

提高全民族的科技文化素质,是社会主义物质文明和精神文明建设的基础。

宋健.引自:戴友夫编.著名科学家演讲鉴赏.山东人民出版社,1995,319

我们人类全部的物质文明的根源,是科学!

吴大猷.吴大猷科学哲学文集.社会科学文献出版社,1996,277

这些侵略掠夺之无限恼闷,都非科学与物质文明本身的罪恶,而且只有全世界普遍地发展科学与物质文明及全社会普遍地享受物质文明才能救济,这乃真正是科学与物质文明在人类历程中所处地位。

陈独秀.引自:邱若宏著.传播与启蒙——中国近代科学思潮研究.湖南人民出版社,
2004,195

科学的发达提高了人类的认识,使人们求知的方法更精密了,评判的能力也更进步了,所以旧宗教的迷信部分渐渐被淘汰到最低限度,渐渐连那最低限度的信仰——上帝的存在与灵魂的不灭——也发生疑问了。所以这个新宗教的第一特色就是他的理智化。近世文明仗着科学的武器,开辟了许多新世界,发现了无数新真理,征服了自然界的无数势力,叫电气赶车,叫"以太"送信,真个作出种种动地掀天的大事业来。

胡适.引自:胡适著.胡适文存三集·1,亚东图书馆,1930,11

欲谋社会精神物质两种生活的发展,是不可不先谋科学的发展的。

王统照.引自:王章维等著."五四"与中国现代化.北京师范大学出版社,
1999,34

我们科学技术工作者应当以身作则,在全社会发扬科学精神,提倡科学道德,讲求科学方法,积极倡导"献身、创新、求实、协作"的科学精神,和"坚持真理、诚实劳动、亲贤爱财、密切合作"的科学道德,以及辩证唯物主义的科学方法,为两个文明建设作出我们应有的贡献。

钱三强.钱三强科普著作选集.上海教育出版社,1990,249

科学之功用,非仅在富国强兵及其他物质上幸福之增进而已,而于知识界、精神界尤有重要之关系。

任鸿隽.引自:樊洪业等选编.科学救国之梦——任鸿隽文存.
上海科技教育出版社,上海科学技术出版社,2002,88

我们必须预见到科学将愈来愈深地影响我们的习俗。

[美]乔治·海曼·里科夫.引自:瞿葆奎主编.教育学文集·第19卷·美国教育改革.
人民教育出版社,1990,173

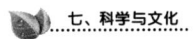

今之所谓物质文明者,皆科学之枝叶,而非科学之本根。使科学之枝叶而有应用之效验,则科学之本根,愈有其应用之效验可知。

      任鸿隽.引自:樊洪业等选编.科学救国之梦——任鸿隽文存.
      上海科技教育出版社,上海科学技术出版社,2002,210

举工业之械具资财,植物之滋植繁养,动物之畜牧改良,无不蒙科学之泽,所谓十九世纪之物质文明,亦即胚胎于是时矣。

      鲁迅.王士菁注译.鲁迅早期五篇论文注译.天津人民出版社,
      1978,65

科学技术是物质文明建设的强大动力,对整个人类社会的发展起着巨大的推动作用,社会生产力的发展,劳动生产率的提高,国家的富强,人民物质文化生活的改善,都离不开现代科学技术,都有赖于科学技术的进步,这一点已经得到广泛的承认。

      钱三强.钱三强科普著作选集.上海教育出版社,1990,248

精神文明建设,包括思想道德建设和教育、科学、文化建设两个方面,它渗透在整个物质文明建设之中,体现在社会生活的各个方面,都必须以现代科学技术为基础。

      钱三强.钱三强科普著作选集.上海教育出版社,1990,248

在开普勒看来,科学完全不是一种给人类用来获取物质利益或改善我们这个不完善世界中的生活并开拓进步道路的技术有可能得到发展的手段,恰恰相反——科学是一种使精神高尚的手段,是一种在凝思创造的永恒完美中寻找安宁和慰藉的方法。

      [德]海森伯.范岱年译.物理学和哲学——现代科学中的革命.商务印书馆,1981,48

只要人们明智地利用科学,在创造美好世界方面所能做的事情,几乎是没有止境的。

      [英]罗素.王雨,陈基发编译.走向幸福——罗素精品集.中国社会出版社,1997,29

图书在版编目（CIP）数据

科学名言/马来平主编.—济南：山东科学技术出版社，2013.10（2020.10重印）
（简明自然科学向导丛书）
ISBN 978-7-5331-7023-3

Ⅰ.①开… Ⅱ.①马… Ⅲ.①格言–世界–青年读物②格言–世界–少年读物 Ⅳ.① H033-49

中国版本图书馆 CIP 数据核字 (2013) 第 205823 号

简明自然科学向导丛书

科学名言

KEXUE MINGYAN

责任编辑：冯　悦
装帧设计：魏　然

主管单位：山东出版传媒股份有限公司
出 版 者：山东科学技术出版社
　　　　　地址：济南市市中区英雄山路 189 号
　　　　　邮编：250002　电话：（0531）82098088
　　　　　网址：www.lkj.com.cn
　　　　　电子邮件：sdkj@sdcbcm.com
发 行 者：山东科学技术出版社
　　　　　地址：济南市市中区英雄山路 189 号
　　　　　邮编：250002　电话：（0531）82098071
印 刷 者：天津行知印刷有限公司
　　　　　地址：天津市宝坻区牛道口镇产业园区一号路 1 号
　　　　　邮编：301800　电话：（022）22453180

规格：小 16 开（170mm×230mm）
印张：16.5
版次：2013 年 10 月第 1 版　　2020 年 10 月第 2 次印刷
定价：29.80 元